D1690620

Die Lehre Bruno Grönings

Thomas Busse
(Hrsg.)

Die Lehre Bruno Grönings

Thomas Busse
(Hrsg.)

Grete Häusler-Verlag Nachf.

© 1995 by Grete Häusler GmbH - Verlag
Rheindahlener Straße 78, 41189 Mönchengladbach
Telefon: 02166 / 95 99-0 · Fax: 02166 / 95 99-59
E-Mail: info@gh-verlag.de
Internet: www.gh-verlag.de

2. Auflage 2001

Alle Rechte, auch die des auszugsweisen Nachdruckes,
der photomechanischen Wiedergabe und der Übersetzung in andere Sprachen, sind ausdrücklich dem
Grete Häusler-Verlag
vorbehalten.

Gesamtherstellung: Offizin Andersen Nexö, Leipzig

ISBN 3-927 685-97-6

Inhaltsverzeichnis

Vorwort 11

Zum Geleit 21

Gott ist das Leben 23

Spielregeln des Lebens 26

Das Leben ist das Allerheiligste 28

Alle Menschen und Lebewesen sind göttlich 29

Selbsterkenntnis führt zur Gotterkenntnis 31

Die Seele ist das rein Göttliche 33

„Gottverbundenheit ist alles" 34

Ohne Instinkt keine Führung 37

Hochmut kommt vor dem Fall 40

Satan, der Widersacher Gottes 41

Satanische Menschen 45

Die Gezeichneten 49

Gott straft nicht 51

Ursachen von Krankheiten 53

Alle Leiden sind seelisch bedingt 61

Jedes Wohnhaus ist ein Krankenhaus 62

Bruno Grönings Mission – Aufruf zur großen Umkehr 63

„Es gibt kein Unheilbar!" 67

Niemals den Glauben aufgeben 68

Der Brückenbauer 70

Der Wegweiser 74

Der Transformator 76

Der Sender 78

Wer hat ein Recht auf Heilung? 82

Die göttliche Ordnung 87

„Nicht verlangen, sondern erlangen!" 88

Wunder gibt es nicht 91

Heilversprechen werden nicht gegeben 92

Es liegt am Menschen, gesund zu werden 93

Niemand ist ohne Sünde 95

Fehler sind erlaubt 96

Der Mensch muß sich vom Bösen lösen 97

Sorgen – die Krankheit aller Menschen 105

„Geben Sie mir Ihre Krankheiten, Sorgen und Nöte!" 106

Immer über dem Bösen stehen 108

Unzufriedenheit als Anzeichen für Böses 110

Die Macht der Gedanken 111

„Denken Sie nicht an die Krankheit!" 114

Der Mensch übt Selbstsuggestion aus 117

Hypnose und Suggestion sind das Böse 120

Nicht über Krankheiten sprechen 121

Die Kraft des Wortes 123

„Weg mit Ratsch und Tratsch!" 124

Der Körper ist ein göttliches Geschenk 127

Die Notwendigkeit der Kraftaufnahme 130

Die körperliche Haltung 137

Angesprochene Gegenstände 138

Angesprochene Orte 141

Sich Ruhe gönnen 142
Das Gute braucht Zeit 144
Einmal im Leben Egoist sein 150
Die Bedeutung der Gemeinschaftsstunden 151
Richtiges Verhalten nach Gemeinschaftsstunden 154
Die Kraft ist an allen Orten zu empfangen 155
„Ich bin hier und überall zugleich" 156
Regelung – Reinigungsvorgang im Menschen 157
Auch den Angehörigen wird Hilfe zuteil,
wenn man für sie bittet 163
„Ich sehe, ich höre und fühle alles!" 165
Wie Menschen die Heilung eines Nächsten stören können ... 169
Mitleid schwächt 171
Erfolgsberichte – die Bausteine des göttlichen Werkes 172
„Danken Sie nicht mir, danken Sie dem Herrgott!" 176
Ein demütiges Werkzeug 178
„Ich lebe nicht für mich, ich lebe für die Menschheit!" 180
„Ich verkaufe keine göttliche Kraft!" 183
Reich sein heißt gesund sein 191
Es liegt am Menschen, die Heilung zu behalten 193
Wie Krankheiten zurückkommen 194
Die Lügenkampagnen der Presse 200
Entscheidung zwischen Gut und Böse 205
Der freie Wille des Menschen 209
Wer nicht hören will, muß fühlen 211
Jeder Versuch führt zum Übel 212

Bruno Gröning und die Ärzteschaft	214
Von Medikamenten oder Operationen rät er nicht ab	221
Naturheilkräuter, die wahre Medizin	223
Der künstliche Weg der Wissenschaft	225
Das Ende des künstlichen Weges	228
Zurück zur Natur	230
Gesunder Humor	232
Es ist nicht alles Gold, was glänzt	233
Die Jagd nach materiellen Dingen	236
Spielsäle sind etwas Teuflisches	240
Erbschleicherei ist eine Schande	241
Die richtige Einstellung zum Tod	243
Der Mensch ist nicht nur einmal auf dieser Erde	245
Ohne Glauben kein Leben	246
Die ersten Christen – Vorbilder für die Menschheit	254
Bruno Gröning über die Kirche	255
„Laßt Taten sprechen!"	256
Die Weisheiten der Bibel	258
Jesus Christus, der Erlöser	259
Weihnachten, das Fest des Erlösers	263
Gebot der Nächstenliebe	270
Neid und Haß müssen aufhören	273
Jeder Krieg ist satanisch	274
Liebet eure Feinde	276
Bruno Gröning und seine Feinde	277
Er entlarvt seine Gegner	281

Geschäftemacher um Gröning	284
„Mein Kampf dem Bösen!"	286
Das Heilverbot	292
„Ich bin und bleibe gotthörig"	298
Bruno Grönings Leidensweg	300
Warum hat man sie nicht vorher erkannt?	303
Der Aufbau des göttlichen Werkes	304
Die Mitarbeiter im göttlichen Werk	307
„Ich helfe weiter!"	314
Nicht jeder Wunsch wird erfüllt	315
Er führt den Menschen nur zum Guten	318
Zur Wahrheit stehen	319
„Seien Sie nicht leichtgläubig! Überzeugen Sie sich!"	324
Nachwort	331

Vorwort

„Ich bin kein studierter Mensch, ich bin weder belesen, noch habe ich eine menschliche Lehre angenommen (...) und habe mich nicht verbilden lassen, wie die Menschen verbildet sind. (...) Ich bin und bleibe gotthörig!"

Diese außergewöhnlichen Worte spiegeln die Grundeinstellung eines Mannes wider, der vor allem in den fünfziger Jahren durch aufsehenerregende Heilerfolge in aller Munde war: Bruno Gröning.

Zeitungsreporter schrieben zur damaligen Zeit: „Sein Wort bannt die Krankheit!" Menschen, die zum Teil als „unheilbar" diagnostiziert waren, wurden gesund, obwohl Bruno Gröning offensichtlich nichts anderes tat, als von Gott und Seinem Willen zu sprechen und darauf aufmerksam zu machen, daß Gott der größte Arzt sei. Durch das Hören oder Lesen seiner Worte und die Umsetzung derselben mit gleichzeitiger Aufnahme der göttlichen Kraft erlangten seitdem nachweislich weiterhin viele Menschen ihre Gesundheit. Immer mehr Ärzte bestätigen und dokumentieren diese Heilerfolge. Eine medizinisch-wissenschaftliche Fachgruppe setzt sich heutzutage intensiv mit diesem Phänomen auseinander.

Bruno Gröning verglich das Leben einmal mit einem Spiel: Solange der Mensch die Spielregeln des Lebens (anders ausgedrückt: die göttlichen Gesetze) kennt und befolgt, geht es ihm gut, d. h., der Mensch lebt somit in der göttlichen Ordnung und erfährt nur Gutes wie Gesundheit, Zufriedenheit, Freude und Glück.

Wenn er umgekehrt aus dieser Ordnung herausfällt, was meistens unbewußt geschieht, ergreift ihn das Übel, wie z. B. Krankheit, Unfrieden, Trauer, Not, Unglück und vieles andere mehr.

Christus ermahnte bereits den Menschen nach erfolgter Heilung: „Aber sündige hinfort nicht, daß dir nicht Ärgeres widerfahre", und an anderer Stelle: „Was du säst, wirst du ernten", eindeutige Belege dafür, daß er vom Gesetz „Ursache gleich Wirkung" sprach.

Bruno Gröning schöpfte sein Wissen nicht, wie es heutzutage üblich ist, aus verstandesmäßigen Errungenschaften. Er ging seine eigenen Wege. Bereits als Kind zog es ihn in die Natur, er verschwand oftmals für Stunden im Wald. „Hier erlebte ich Gott: in jedem Strauch, in jedem Baum, in jedem Tier, ja selbst in den Steinen. Überall konnte ich stundenlang – es gab eigentlich keinen Zeitbegriff – stehen und sinnen, und immer war es mir, als weite sich mein ganzes inneres Leben bis in eine Unendlichkeit hinein."

In den letzten Jahren drangen immer häufiger Bücher über Weisheiten von Naturvölkern, wie z. B. von den Indianern, an die Öffentlichkeit. Die Akzeptanz und Achtung ihren Lebensphilosophien gegenüber scheint stetig zu wachsen. Tatanga Mani, vom Volk der Stoney Indianer, sagte einmal: „Viele Menschen spüren kaum noch Pflanzen wachsen, außer in Blumentöpfen, und lassen nur selten die Lichter der Straßen hinter sich, um den Zauber eines sternenübersäten Nachthimmels auf sich wirken zu lassen. Wenn Menschen so weit weg von all dem leben, was der Große Geist geschaffen hat, dann vergessen sie leicht seine Gesetze."

„Ich habe keine höhere Schule besucht, aber der Große Geist gab mir, was ich in keinem Klassenzimmer hätte lernen können: das Herz und den Willen, Erkenntnis zu erlangen. Ich wünsche mir, daß unsere jungen Menschen auf die Suche nach der Wahrheit gehen, nach jener Wahrheit, die die Natur allen gibt, die sich sehnlich darum bemühen. Viele gebildete Menschen verstehen sehr wenig von der Schöpfung des Großen Geistes und ihren Wundern, während viele ungebildete Menschen dieses Verständnis besitzen. Ich ging auf keine eurer höheren Schulen, und doch besuchte ich die beste Universität, die es gibt, die große Universität draußen in der Natur." [1]

Bruno Gröning besuchte nur die Volksschule bis zur fünften Klasse. Auch er blieb stets naturverbunden, ließ sich nicht verbilden. „Ich bin weiter nichts als ein ganz natürlich gebliebener Mensch." Dies war für ihn die Basis, um Wahres erkennen zu können. Seine Lehre hat deshalb auch keinen intellektuellen oder gar wissenschaftlichen Anspruch, sondern er schöpfte aus der Quelle, die ihm immer das Wichtigste war: Gott und Seine Schöpfung!

Dies machte man ihm jedoch zum Vorwurf. Man nannte seine einfachen, für jeden verständlichen Worte primitiv, vor allem die Menschen, die sich für gebildet hielten, stempelten ihn als ungebildeten, ja sogar dummen Menschen ab.

Aber entspringt nicht gerade aus der Einfachheit und Natürlichkeit des Herzens wahre Weisheit? Mahatma Gandhi, die „Große Seele Indiens", wie man ihn ehrerbietig nannte, sagte: „Ein Wissen, das sich auf den Kopf beschränkt und nicht im Herzen Wurzel faßt, ist (...) von geringem Nutzen." [2]

Heutzutage werden in unserer modernen, hochtechnisierten, ausschließlich vom Verstand geprägten, so fortschrittlich gepriesenen Zivilisation komplizierteste Erklärungen zu verschiedenen Bereichen von Wissenschaftlern abgegeben und kurze Zeit später wieder revidiert. Es ist nur eine Frage der Zeit, bis neueste Erkenntnisse alte überholen.

Bruno Gröning äußerte sich wie folgt dazu: „Was weiß der Mensch? Nichts weiß er, gar nichts! Warum wissen Sie nichts? Weil Sie ja kein menschliches Empfinden mehr haben können.

---

[1] Bydlinski/Recheis, Die Erde ist eine Trommel – Indianerweisheit aus Gegenwart und Vergangenheit, S. 97 und S. 89.
[2] Ausgewählte Kostbarkeiten – M. Gandhi, G. Berron, S. 18.

(...) Viele Menschen glauben, daß sie mit ihrem Köpfchen klar denken können, klar fühlen können. Sie sind aber alle nur in einem Taumel."

„Es ist das Unglück der Unvernünftigen, daß sie das, was nicht unvernünftig ist, für unvernünftig halten."

„Es ist arg, daß gerade die Menschen, die nichts erfassen, sich für wissend halten und daher nicht erfassen können, was Wissen ist."

„So viele Bücher, das kann ja alles nicht festsitzen. Der eine schreibt so über das Thema, und der andere schreibt anders. Was ist richtig? – Es gibt eine Verwirrnis."

Auch Goethe hatte dieses Verhängnis durchschaut, indem er sagte: „Das Wahre fördert, aus dem Irrtum entwickelt sich nichts, er verwickelt uns nur." [1]

„Was nicht wahr ist, baut nicht." [2]

„Durchaus bleibt ein Hauptkennzeichen, woran das Wahre vom Blendwerk am sichersten zu unterscheiden ist: jenes wirkt immer fruchtbar und begünstigt den, der es besitzt und hegt; dahingegen das Falsche an und für sich tot und fruchtlos daliegt." [3]

In unserer heutigen Zeit wird immer häufiger in Frage gestellt, ob es überhaupt etwas Wahres gibt. Man hegt Zweifel an dem Anspruch einer absoluten Wahrheit.

In der Bibel aber steht geschrieben, daß Jesus sagte: „Ich bin die Wahrheit!" (Johannes, 14,6), „Wer aus der Wahrheit ist, der hört meine Stimme!" (Johannes 18,37) und „Die Wahrheit wird euch frei machen!" (Johannes 8,32)?

Als Christen dürften wir also nicht daran zweifeln, daß es eine sich nicht verändernde Urwahrheit gibt. Bruno Gröning bezog sich auf diese Wahrheit, und sie befreite tatsächlich unzählige Menschen: Heilungen geschahen, Notleidende, von

---

[1] Ausgewählte Kostbarkeiten – J. W. v. Goethe, G. Berron, S. 40.
[2] A. a. O., S. 41.
[3] A. a. O., S. 41.

Sorgen Geplagte wurden wieder lebensbejahend, Atheisten fanden zum Glauben zurück. Daß dies von seiten der Gelehrten unserer Zeit auf Widerstand stoßen mußte, war leider zu erwarten. Wie immer fühlten sie ihre Machtstellung bedroht. Die Menschheit scheint noch nichts dazugelernt zu haben! Deshalb versuchte man mit aller Gewalt, Bruno Gröning als primitiv, dumm, ja sogar als unzurechnungsfähig abzustempeln. Ein nervenfachärztliches Gutachten jedoch ergab damals, daß er einen überdurchschnittlichen Intelligenzquotienten habe, und er wurde als bewußtseinsklarer, voll orientierter Mann mit sehr guter Konzentrations- und Merkfähigkeit eingestuft.

Die chinesische Weisheit sagt dazu: „Ein edler Mensch, der den rechten Weg gefunden hat, muß keineswegs die Tracht der Gelehrten tragen; noch weiß man von jenen, die die Tracht des Gelehrten tragen, keineswegs, ob sie den rechten Weg auch wirklich gefunden haben." [1]

„Die, welche ihre Fähigkeiten in bloß weltlichen Studien ausbilden, indem sie hoffen, dadurch ihre ursprüngliche Natur wiederzuerlangen, und die, welche die Sehnsucht ihres Verstandes mit weltlichem Denken vermischen, indem sie hoffen, dadurch zur Erleuchtung zu gelangen – solche Menschen tappen im Dunkeln!" [2]

„Nur die Allerklügsten und die Allerdümmsten ändern sich nie." [3]

Und Goethe sagte einmal: „Beim Zerstören gelten alle falschen Argumente." [4]

---

[1] Dschang Dse (I, 198), aus dem Buch: Worte, die Berge versetzen – Weisheit der Chinesen.
[2] Lao Dse (I, 186), aus dem Buch: Worte, die Berge versetzen – Weisheit der Chinesen.
[3] Konfuzius (I, 119), aus dem Buch: Worte, die Berge versetzen – Weisheit der Chinesen.
[4] Ausgewählte Kostbarkeiten – J. W. v. Goethe, G. Berron, S. 41

Bruno Gröning blieben die Verachtung, die Verleumdung, die Lüge und der Spott der unbelehrbaren „Gelehrten" nicht erspart. Viele Menschen, die vielleicht auch gerne zu ihm gekommen wären, um Hilfe und Heilung zu erlangen, wurden durch die Hetzkampagnen gegen ihn verunsichert und nahmen Abstand von ihrem Vorhaben. Die Verantwortung dafür müssen diejenigen tragen, die so gerne ihre Hände in Unschuld waschen! Aber alle, die diesen ungewöhnlichen Menschen näher kennenlernten, waren beeindruckt von seinem Wissen. „Egal, worüber man sich mit ihm unterhielt, es gab nichts, wozu er nichts sagen konnte." „Mit ihm konnte man tiefgründige Gespräche führen. Obwohl er nicht belesen war, wußte er über alles Bescheid." „Er hatte die Fähigkeit, komplizierte Zusammenhänge beeindruckend einfach zu erklären." „Bruno Gröning hatte eine Bildung, die vom Herzen kommt, eine Herzensbildung!"

Dies alles sind Aussagen von Zeitzeugen, wie z. B. Ärzten, Heilpraktikern, Psychotherapeuten usw., die Bruno Gröning in seiner nächsten Umgebung erlebten.

In der Vergangenheit wurde des öfteren der Vorwurf gegen Bruno Gröning erhoben, daß er gar keine Lehre vermittelt hätte. „Wo ist sie denn, wo kann man sie nachlesen?", hieß es abwertend.

Bruno Gröning hat seine Lehre nie schriftlich fixiert, sondern ausschließlich Reden und Vorträge gehalten und Gespräche geführt, die zum Teil auf Tonbändern aufgenommen oder mitstenographiert worden sind. Außerdem existieren einige wenige handschriftliche Notizen von ihm. Dieses Material habe ich dazu verwendet, seine Aussagen zu den unterschiedlichsten Themen zu sortieren und bestimmten Begriffen zuzuordnen, um sie einer breiten Öffentlichkeit zugänglich zu machen. Aus zeitlichen Gründen konnte jedoch nur ein Teil erfaßt werden. Eine erweiterte Auflage wird folgen.

Der Arzt Matthias Kamp schreibt in seinem Buch „Revolution in der Medizin – Rehabilitation eines Verkannten" über Bruno Grönings Lehre: „Bei genauerer Betrachtung der Vorträge Bruno Grönings wird ein Wissen um die Ursachen von Gesundheit und Krankheit deutlich, das in keinem medizinischen Lehrbuch zu finden ist. Ein Wissen, das in der Kompromißlosigkeit und Klarheit, in der es ausgesprochen wird, Anstoß erregen muß, stellt es doch wesentliche Bestandteile der Weltanschauung unserer ganzen Gesellschaft in Frage. In der Gesamtheit der Aussagen Bruno Grönings läßt sich deutlich eine Lehre erkennen."

Bruno Gröning erwähnte in diesem Zusammenhang folgendes: „Es muß in aller Deutlichkeit gesagt werden, daß die Lehre Grönings für die gesamte Wissenschaft von unschätzbarer Bedeutung ist. (...) Meine Lehre ist die wirkliche Lehre, die nicht nur Menschen zu empfehlen, sondern für die sogenannte exakte Wissenschaft von so sehr großer Wichtigkeit ist, daß sie in späterer Zeit diesen Weg einschlagen wird, um von sich aus der ganzen Menschheit all das zukommen lassen zu können, was wirklich, vor allem in der heutigen Zeit, für jeden Lebenden insofern wichtig ist, da der Mensch all das wieder in sich aufnehmen kann, was Gott für ihn bestimmt hat."

Wer sich näher mit seiner Lehre beschäftigt, wird eine große Vielfalt an Themen vorfinden, zu denen er sich äußerte, die weit über den Aspekt der Heilung hinausgehen. Sie sind mit praktischen Beispielen versehen und in ihrer Einfachheit und Klarheit, in ihrer Weite und Tiefe nicht die Worte eines verstörten, nicht zurechnungsfähigen, primitiven Mannes, sondern die unmißverständlichen Worte eines Gotterfüllten, völlig Verkannten, die jeder verstehen und beherzigen kann.

Von dem Wahrheitsgehalt seiner Worte möge sich jeder selbst überzeugen.

Thomas Busse

„Ich lehre unsere Mitmenschen all das,
was jeden Menschen durch die Lehre Christi,
die wir Menschen selbst in die Tat umzusetzen haben,
zu Gott führt."

Zum Geleit

„Ich bin kein Redner, ich bin nur ein Wahrsager, ich sage nur das, was wahr ist, was ich schon lange, überhaupt immer als Wahrheit erkannt habe. Denn die Wahrheit, von der er sich selbst zu überzeugen hat, ist nicht nur um den Menschen, sondern auch in dem Menschen."

„Ich weiß nicht viel, ich weiß weiter nichts als nur das, was Menschen heute nicht mehr wissen. Gerade deshalb sehe (...) ich es als meine Pflicht an, jeden Menschen dahingehend zu belehren, zu wem er gehört, was für ein Geschöpf er ist und wie er die Schöpferkraft in sich aufnehmen kann, um auch Herr seines Körpers zu werden."

„Deswegen, weil Menschen noch so unwissend sind, fühle ich mich nach wie vor verpflichtet, nicht nur den einzelnen, nicht nur hunderttausend oder Millionen, nein, alle Menschen dieser Erde aufzuklären."

„Was hier zu sprechen ist, ist nur das, was zur Wahrheit gehört, was aus dieser alleine hervorkommt, was die Wahrheit uns bietet. Das wird Ihnen hier nur gegeben."

„Es geht um die Wahrheit, den Menschen die Wahrheit zu unterbreiten, den Menschen das kundzutun, was Wahrheit ist und wie Gott das Leben und so auch den Menschen bestimmt, und auch, was er für das Leben und für den Menschen bestimmt hat."

„Sie werden die Wahrheit erfahren. Wir müssen nur langsamtreten, ich darf Ihnen nicht zuviel auf einmal sagen, ich kann Ihr Köpfchen nicht überfüllen, da läuft es dann sowieso über, und das ist zwecklos. Da werden einzelne Worte mal aufgehoben und werden entstellt wiedergebracht. Das wäre ein Fehler meinerseits, wenn ich Sie statt entlasten noch belasten würde."

„Ich streife nur alles."

„Ich beschränke mich auf das Minimalste."

„Ich sage ja, ich müßte viel, viel weiter ausholen, um noch deutlicher zu werden, aber da reichen all die Tonbänder, die ich (...) habe, nicht aus (...). Das führt so weit, daß tatsächlich ihr alle nicht in der Lage seid, diese Tonbänder fortzutragen, die ich vollzusprechen habe. Und dann sage ich noch: ‚Ich habe noch nichts gesprochen.' Aber das will und werde ich tun: Ich werde ein Tonbandarchiv aufstellen, das den höchsten Wert, den Wert aller Menschen wieder neu einigt, so daß auf diesen Tonbändern all das gesprochen ist, das auch späterhin noch in der Schrift festgehalten werden wird und festgehalten werden kann."

„Glaubten Sie, ich wäre hier, um Sie alle einzeln gesehen nur zu streicheln, (...) Sie zu liebkosen, Sie zu umarmen? Ich glaube, Freunde, es ist besser, ich sage offen die Wahrheit, wie Menschen das Leben hier verlebt haben."

„Den Menschen zu durchschauen und ihm sein Leben widerzuspiegeln, das ist das, was ich auch habe tun müssen, was ich auch getan habe."

„Wie notwendig es ist, daß man Ihnen immer wieder nur die Wahrheit sagt, nur das sagt, was Sie an Wahrheit auch selbst erfahren können. Nur müssen Sie dazu übergehen, sich davon zu überzeugen!"

„Willst du das Göttliche erleben, mußt du danach streben."

„Strebe nach dem Leben – Gott; Gott in uns!"

Bruno Gröning

Gott ist das Leben

(1) Gott ist das Leben. Die Liebe ist Gott.

(2) Gott ist gerecht, Seine Liebe ist echt. Echte Liebe ist die Gerechtigkeit Gottes.

(3) Wo die Wahrheit ist, da ist Gott.

(4) Gott liebt den Menschen. Und weil wir von Gott geschaffen sind, gehören wir zu Ihm. Er ist der Schöpfer.

(5) Gott ist unser Vater, Schöpfer unserer Erde. Er hat den Menschen den Auftrag gegeben mit den Worten: „Wachset und vermehret euch!" Er hat die Erde zum Paradiese geschaffen, der Mensch soll sie in Ordnung halten.

(6) Unser wirklicher Gastgeber ist Gott auf dieser Erde, und das ist Seine Erde, und das ist Sein Recht. Und wir haben uns nach unserem Gastgeber zu richten.

(7) Wer besitzt diese Erde? Wer beherrscht diese Erde? Übrigens, wer hat diese Erde, wer hat alle Lebewesen auf dieser Erde, die Ihnen ja nur hier bekannt sind, geschaffen? Wer ist der Besitzer dieser Erde? Wer besitzt uns? Wer ist es? Ist es der eine oder der andere Reiche, der sich diesen und jenen Erdteil erarbeitet, bzw. auch ergaunert hat? Ist er es? – Also, doch Gott. – Also zu wem müssen wir stehen? (Ein anderer flüstert: Zu Gott.) Doch nur!

(8) Gott kennt doch diese Seine Erde genau; Er zeigt sich in Seiner ganzen Pracht und Herrlichkeit – in dem, was Er für uns geschaffen.

(9) Liebe das Leben dieser Erde. Liebst du das Leben dieser Erde, das ist Gott, der sagt: „Es werde."

(10) In jedem Lebewesen ist Gott, Gott ist wirklich überall. Nur ist in dem einen weniger, in einem mehr, d. h., übermäßig viel ist nichts, sondern nur so viel Leben in ihm, wie Gott es bestimmt hat; aber Er steckt überall drin – überall!

(11) Gott will weiter nichts, als daß wir uns wohl, daß wir uns wirklich gesund fühlen auf dieser Seiner Erde.

(12) Der einzige Arzt ist Gott. Gott ist der Sender, du bist der Empfänger.

(13) Der Arzt aller Menschen ist und bleibt unser Herrgott. Wer mit Ihm lebt, der hat alles. Er wird reich werden, reich an Gesundheit, und das ist wohl das größte Glück, das einem Menschen von unserem Herrgott gegeben werden kann.

(14) Die Gesundheit geschieht nur im Namen Gottes.

(15) Wir alle sind von Gott abhängig. Ohne Gott gibt es kein Leben. Denn Gott ist das Leben selbst!

(16) Gott ist für uns alles, und was sind wir ohne Ihn? Ich sage überzeugterweise: ein Nichts! Wer dieses nicht glaubt, dem ist auch nicht zu helfen.

(17) Mit Gott leben, das ist ein ganzes Leben – ohne Ihn, das ist kein Leben.

(18) Kein Leben ohne göttlichen Segen.

(19) Gottes Segen denen, die Gott mögen.

(20) Gott gibt Ihnen einen guten Lohn.

(21) Gottes Wille ist bestimmt, Gott will, daß dem Menschen geholfen wird, so er erkannt hat, daß das Böse ihn herabgewürdigt. Gott hilft ihm, Gott führt ihn, und Gott verzeiht auch.

(22) Gott wird keinen Menschen, keines Seiner Lebewesen um seinen Willen bringen.

(23) Gott wird helfen, so der Mensch daran glaubt, so er den guten, den göttlichen Willen hat, in dem zu leben er ja bestimmt ist, und so er den Glauben an Gott nicht verliert; und Gott hilft ihm, glaube er nur!

(24) Gottvater sorgt für unser tägliches Leben.

(25) Gott verläßt Sie nie!

(26) Die helfende Hand reicht nach überall. Ich betone noch einmal, daß Gott, hier keine Grenzen gesetzt sind.

(27) Liebet das Leben – Gott! Gott ist überall.

Spielregeln des Lebens

(1) Spiele nicht mit dem Leben, sondern im Leben. Das Leben ist kein Spiel, das Spiel ist im Leben. Lebe das geregelte Leben, d. h., richte dich nach den Regeln des Lebens. Richtiges Lebensspiel hat seine Regeln.

(2) Gott gab uns Seine Spielregeln für alle Seine Spiele im Erdenleben. Diese Regeln können wir auch sehr gut dem Alten wie Neuen Testament entnehmen. Es gibt sehr, sehr viele gute Spiele, wie Jesus Christus uns lehrte. Einige wenige will ich hier aufzählen:

> Was der Mensch gibt, wird er empfangen.
> Was der Mensch sät, wird er ernten.
> Richtet nicht, so werdet auch ihr nicht gerichtet!
> Verdammet nicht, so werdet ihr nicht verdammt!
> Aus deinen Worten wirst du gerechtfertigt werden, und aus deinen Worten wirst du verdammt werden.
> Trachtet zuerst nach dem Reich Gottes und nach Seiner Gerechtigkeit, so wird euch solches alles zufallen!

Und er sagte, daß das Reich inwendig im Menschen ist.

> Bittet, so wird euch gegeben; suchet, so werdet ihr finden; klopft an, so wird euch aufgetan!
> Laß dich nicht durch das Böse überwinden, sondern überwinde das Böse mit Gutem!

Jesus Christus wußte, daß jede Krankheit durch Sünde kommt. Deshalb ermahnte Er den Kranken nach der Heilung: „Sündige hinfort nicht mehr, daß dir nicht Ärgeres widerfahre!"

(3) Das gute Spiel beginnt mit guten Gedanken, dagegen beginnt das böse Spiel mit bösen Gedanken. Man könnte das Erdenleben als eine Spielschule bezeichnen. (...) Um richtig spielen zu können, mußt du die Spielregeln beherrschen. Im

Spiel liegt das Gute (Göttliche). Solange du nach der S[ ] spielst, ist es ein wirkliches Spiel. Bringst du aber a[ ] einen bösen Gedanken hinein, so ist es kein Spiel mehr, bei auch nur einem bösen Gedanken hört schon das Spiel auf.

Das Leben ist das Allerheiligste

(1) Wer dieses Leben und das Hiersein noch nicht als das Allerheiligste empfunden hat, der ist eine arme Kreatur, muß ich sagen, ich gebrauche dieses Wort nicht gerne. Er ist eine schäbige Kreatur, die nur lästig ist, die den Menschen nur zum Unguten, nur zum Bösen führt.

(2) Wollen wir keinen Menschen verachten, wollen wir die Bruderliebe und vor allen Dingen die Schwesterliebe in uns aufnehmen und gut zueinander sein, wollen wir zu unserem Christentum zurückkehren, das viele Menschen seit Jahrzehnten verloren haben, wollen wir den Weg zu Gott zurückfinden!

(3) Alles, was der Herrgott für uns Menschen hier auf dieser Erde geschaffen hat, gehört zueinander. Jeder hat eine Lebensberechtigung.

(4) Ich würde es nicht wagen, Sie werden nie von einem Menschen hören, daß ich einem Tier weh getan habe. Was weiß der Mensch, was für eine Seele drin ist! Haben Sie dem Tier das Leben gegeben? Nein! Folglich haben Sie nicht das Recht, ihm das Leben zu nehmen!

Alle Menschen und Lebewesen sind göttlich

(1) Was ist der Mensch? Ein göttliches Geschöpf. Der Mensch besteht aus Geist, Seele und Körper. Ein Mensch ist er deshalb, weil Gott ihm einen erdgebundenen Körper verliehen hat. (...) Alles, was Gott geschaffen hat, ist göttlich.

(2) Jeder Mensch müßte von sich aus wissen, daß er ein natürlich göttliches Geschöpf und demnach auch dem göttlichen Gesetz unterworfen ist.

(3) Der Mensch ist ein Geschöpf der Liebe. Was in der Liebe geschaffen, kann nur in der Liebe leben. (Liebe ist Gott.) Was du liebst, mußt du dir erhalten.

(4) Wie oft habe ich es Ihnen gesagt, daß Sie wie jeder Mensch und alle Lebewesen göttlich sind, und niemand kann Ihnen das Göttliche absprechen. Sie bleiben es. Nur mit dem Unterschied, daß der eine mehr oder weniger dem Bösen verfällt, dem Bösen dient, daß er sich mit dem Bösen abgibt, daß er sich mit dem Bösen abfindet oder daß er sich ganz dem Bösen hingibt; daß er das als leichter, als besser empfindet, um ein schmutziges, ein dreckiges Leben zu führen, wie er das von sich aus für richtig hält, was er unter diesem einen Wort „Leben" überhaupt versteht. Da ist doch die Gefahr!

(5) Jeder Mensch und auch diese Körper, die Gott geschaffen hat, sind und bleiben göttlich; sind und bleiben auch göttlich, wenn diese vom Bösen erfaßt und auch vom Bösen geführt werden.

(6) Das Göttliche steckt in ihm! Der Mensch ist und bleibt göttlich, niemals ist er teuflisch, niemals ist er satanisch, niemals ist der Mensch böse, sondern er kann nur, wenn er Gott verläßt, wenn er sich selbst vernachlässigt, (...) von dem Bösen behaftet werden. Das Böse erfaßt ihn, und er muß dann dem Bösen dienen. Nicht der Mensch ist es, der Böses tut, sondern das Böse. Vom Bösen haben wir nichts Gutes zu erwarten! Aber ebenso von Gott nichts Böses!

Selbsterkenntnis führt zur Gotterkenntnis

(1) Wir Menschen sind alle ohne unseren Herrgott gar nichts, wir sind überhaupt nichts. Wir können uns unseren Herrgott nicht wegdenken. Wir alle sind und bleiben Kinder Gottes. Der einzige Vater, den wir haben, ist und bleibt unser Herrgott.

(2) Wer sich selbst nicht kann erkennen, der wird Gott ständig verkennen.

(3) Wer andere erkennen will, muß erst sich selbst erkennen.

(4) Einer muß mal den Anfang machen! In vielen Fällen sind es die Kinder, die den Anfang machen. Oder aber es sind die älteren Leute, es ist die Oma oder der Opa, die nichts anderes erwarteten im Leben als nur, sie würden sagen, einen gesunden Körper. Und ich würde sagen, daß sie die Ordnung in ihrem Körper haben und daß sie jetzt kurz vor dem Abtreten, wobei sie von ihrem Erdenleben erlöst werden, frei sind, daß sie doch zur Erkenntnis kommen und jetzt wissen, daß sie ein Kind Gottes sind, daß sie Gott folgen, daß sie jetzt in die göttliche Führung kommen, und daß sie den Weg so gehen können, den Gott für sie, für jeden Menschen bestimmt hat. Das ist das Wichtigste für ein Kind, das im Leben steht oder einen Menschen, der schon älteren Jahrgangs ist, der bald diese Erde, d. h. seinen Körper, verlassen muß.

(5) Heute haben Sie einen älteren Körper, heute wollen Sie kein Kind sein – obwohl Sie in Wirklichkeit, in Wahrheit ein Kind, ein Kind Gottes sind – aus reiner Erhabenheit. Als Ihr Körperchen klein war, (...) als Sie ein junger Erdenbürger hier waren, haben Sie ein schönes, ein gutes, ein herziges Gebetchen gebetet: „Ich bin klein ...!" Nun, haben Sie immer dazugestan-

den? Haben Sie das beherzigt? Vergessen? Ach, was für eine Erhabenheit: „Jetzt bin ich kein Kind mehr, ich kann es meine Kinder, ich kann das andere Kinder lehren, ich bin dafür nicht mehr, ich bin zu alt." Alt? Was sind Sie? Gerade, weil Sie schon viele Jahre (...) länger auf dieser Erde sind als die kleinen Kinder, müßten Sie mehr Vernunft haben, müßten Sie erst recht mehr Erfahrungen, mehr Wahrheit wissen, als Sie heute wissen. Dann wären Sie nicht so eingebildet, dann würden Sie nicht mehr sagen: „Ich bin doch ein Erwachsener, ich bin doch kein Kind mehr!"

Ich bin und bleibe ein Kind, ich werde mich nicht ändern, nein, und Sie alle und jeder kann glauben, was er will. Ich bin und bleibe ein Kind, bin nur ein Kind Gottes, mehr nicht; bilde mir nichts ein, nein, bin auch nicht feige, es zu sagen, weil ich weiß, ich bin nur ein Kind. Aber viele Menschen sind kein Kind mehr, weil sie erwachsen sind.

Die Seele ist das rein Göttliche

(1) Die Seele ist das Leben – Gott.

(2) Christus ist die unsterbliche Seele im Menschen.

(3) Die Seele ist das rein Göttliche im Menschen wie in jedem Lebewesen.

(4) Seelisch aufbauen heißt: der Mensch empfängt wieder über die Seele, die Gott ihm in seinen Körper gegeben hat, über die er die göttliche Sendung empfangen kann.

(5) Selig – das heißt, die Seele ist frei von allem Bösen.

„Gottverbundenheit ist alles"

(1) Der Mensch hat es nötig, mit Gott verbunden zu sein. (...) Und mehr wollte Christus nicht, mehr wollte Gott nicht, das ist die wirklich wahre, göttliche Lehre, das ist die Lehre Christi, wie Er sie uns, wie Er sie der Menschheit mit auf den Weg gegeben hat! Gottverbundensein, das ist alles!

(2) Das Leben ohne Gott ist kein Leben.

(3) Wer Gott verläßt, der ist verlassen. Wer Gott erhält, erhält sich selbst. Wo die Verbindung zu Gott nicht hält, der fällt.

(4) Da ist der Mensch menschenhörig geworden, und daher konnte er nicht mehr auf das hören, was Gott ihm zu sagen hat. Und daher stand er auch nicht mehr in der göttlichen Führung. Da wurde er schutzlos. Da wurde er rechtlos.

(5) Hier liegt es an dem Menschen selbst, wie er für sich, für seinen Körper sorgt. Nimmt er die Kraft Gottes in sich auf, bleibt er in der göttlichen Führung, dann hat er den Schutz. Kommt er aber aus dieser Führung heraus, dann hat er ihn nicht, dann ist er ohne Führung. Ich will Ihnen einen kleinen irdischen Vergleich geben. Wenn die Straßenbahn nicht in den Schienen verbleibt, ist sie ohne Führung; wenn der Bus, der drahtgebunden ist, von dieser Leitung abkommt, von der er die Kraft, die Energien, erhält und weiter vorwärtsgeführt wird, wenn er eine andere Straße fährt, wo er die oberste Leitung nicht hat, dann ist er ohne Kraft, ohne Energie. Bergauf kann er ohne Kraft nicht fahren – wie jedes Fahrgestell –, bergab immer. Wenn der Bus jetzt eine andere Straße einschlägt, wo dieser Kraftstrom, diese Energien nicht vorhanden sind, die Straße gerade bergab führt, wird der Wagen noch viel schneller rollen

als da, wo dieser Strom ist, da kann er bremsen, da kann er ihn steuern, mehr oder weniger geben, wie er gerade braucht. Wenn nicht, da fährt er in den Abgrund, dort wird er zerschellen. Ohne diese Kraft kommt er den Berg nicht hinauf, da braucht er Hilfe. So ist es auch mit dem Menschen. Wenn der Mensch nicht da bleibt, wo er die Führung hat, wo er die Kraft empfängt, dann wird er kraftlos sein, dann wird er in die Tiefe abrutschen, und er muß wieder dahin geführt werden, wo die Verbindung ist, wo er die Energien wieder in sich aufnehmen kann.

(6) Da gibt es unter all diesen technischen Sachen auch ein Fernsteuergerät, so daß man tatsächlich auch Motoren durch einen Apparat fernsteuern kann, d.h. fernsteuern deswegen, weil diese Motoren in irgendein Gestell eingebaut sind: in Flugzeuge, Schiffe, Autos, Torpedos oder in sonst irgend etwas. Jedenfalls kann dieser Motor technisch geleitet, geführt und gesteuert werden. Das ist aber der künstliche Weg. Und der natürliche ist nicht anders, nur daß er ohne Apparat ist, wie es hier der Fall ist, so daß der Mensch tatsächlich, soweit er den festen Glauben an den Herrgott hat, auch ferngesteuert wird.

(7) Der Mensch muß gotthörig werden. Er muß in die göttliche Führung kommen, ohne diese gibt es kein Leben!

(8) Einige sind entlastet. Ihr Herzchen ist nicht mehr so beladen, deshalb, weil sie das Sicherheitsgefühl haben, weil sie über das Wissen verfügen: „Es kann so leicht nichts passieren, wenn ich nur das Rechte für mich selbst, für meinen Körper tue. Ich brauche mich vor dem Bösen nicht mehr zu fürchten, ich weiß, daß ich den Kampf gegen das Böse zu führen habe. Und ich weiß, daß ich selbst es bin, der das Böse nicht mehr in seinen Körper aufzunehmen hat. Ich weiß, daß ich Kraft aufnehmen muß, d.h. die Verbindung zu Gott beibehalten, da Gott alleine dieser große Kraftspender ist, und daß ich diese

Seine Kraft in mich aufnehme; und ich werde mein Augenmerk darauf lenken, so ich fühle, daß das Böse mich angeht, schon, wenn ich von dem Bösen umgeben bin, wo das Böse doch überall lauert, so werde ich von dieser guten Kraft Gebrauch machen und das Böse von mir abwenden. Und sollte doch mein Körper erfaßt sein, so weiß ich genau, gleich von vornherein, was ich zu tun und zu lassen habe: diese Kraft walten zu lassen gegen das Böse. Und das Böse wird dann meinem Körper nichts antun können." Jeder Mensch hat den göttlichen Schutz. Nur müßte er es wissen, nur müßte er von diesem, vom göttlichen Schutz, Gebrauch machen. Und das ist das, was die meisten Menschen leider, leider nicht getan hatten; das alles hatten sie nicht gewußt.

Ohne Instinkt keine Führung

(1) Gott ist unser Vater, Schöpfer unserer Erde. Er hat den Menschen den Auftrag gegeben mit den Worten: „Wachset und vermehret euch!" Er hat die Erde zum Paradiese geschaffen, der Mensch soll sie in Ordnung halten. Was tut und was tat der Mensch? Zerstörung! Warum? Weil er tatsächlich dem Satan verfallen ist; er wäre das nicht, wenn er den wahren, menschlichen Instinkt behalten hätte. Den hat er verloren, den will ich ihm wiedergeben. Der Mensch ist so weit gesunken, daß er vom Tier noch lernen kann. Das Tier hat seinen Instinkt behalten. (...) Wir müssen zurückfinden, nicht um Tier zu werden, nein, um den menschlichen Instinkt wieder aufzunehmen. Nehmen wir die Ratte, wie sie dem Menschen schädlich ist und auf der anderen Seite doch nützlich. Wir sind auf einem Schiff. (...) Wenn dieses Schifflein unterzugehen droht, so verlassen die Ratten 24 Stunden vor Untergang das Schiff, sie steigen aus. Wenn irgendwo auf einem Erdteil ein Erdbeben entsteht – d.h., es ist noch nicht da –, so geben Sie nur Obacht, was die Tiere tun: sie flüchten auch 24 Stunden vorher – ob Hund, ob Katze – aus diesem Umkreis. (...) Wir können es im Augenblick nicht verstehen. Warum? Weil wir unseren Instinkt verloren haben! Fernsteuerung. Es ist nicht unbekannt, daß Flugzeuge, Schiffe, Panzer, Autos, auch Spielzeug usw. ferngesteuert werden – von diesen Dingen wissen Sie genau. (...) Und weil der Mensch die Fernsteuerung verloren hat, kann er von dem Göttlichen, von dem Himmlischen, nichts mehr empfangen. Er ist außer Kontakt.

(2) Der Mensch ist ja so klein geworden, daß das Tier oder die Tiere überhaupt ihm schon weit, weit überlegen sind.

(3) Welcher Mensch hat noch den menschlichen Instinkt in sich? Die meisten Menschen lassen sich schon von Menschen führen, sie können ja ihrem eigentlichen Instinkt nicht mehr nachgehen. Das Tier steht heute weit über dem Menschen. Warum? Weil es seinen tierischen Instinkt behalten hat. Es gibt auch Tiere, wie Haustiere, die tatsächlich vom Menschen verzogen sind, sie werden auch langsam Menschen und befolgen, was der Mensch von ihnen verlangt. Ein Tier muß Tier bleiben! Ein Tier wird niemals Gefahr laufen, wenn es nicht von seinem Herrn verhindert wird. Wenn z. B. ein Hund allein über die Straße läuft, wird er nie unter ein Fahrzeug geraten, wenn sein Herr ihn laufen läßt. Wird er aber zurückgerufen, so wird er irre, wird überfahren, was nie geschehen wäre, wenn sein Herr ihn nicht gerufen hätte. Vom Tier kann der Mensch noch lernen! (...) Es kommen immer wieder Menschen, die nichts unversucht lassen und sagen: „Herr Gröning, das müssen Sie so tun, jenes müssen Sie anders tun!" Wenn ich mir dies alles anhören würde und wenn ich dieses alles befolgen würde, so könnte ich überhaupt nichts mehr. Richtig handle ich, wenn ich mich von einem Menschen nicht beeinflussen lasse, daß ich den Weg gehe, den ich zu gehen gedenke. Denn von einem Menschen sich lenken zu lassen, wäre verkehrt. Ich lasse mich auch lenken, lenken von der göttlichen Kraft.

(4) Was Sie nicht sehen, das fühlen Sie, deswegen haben Sie mehr Sinne in Ihrem Körper erhalten, aber diese müssen Sie kennen, von diesen müssen Sie Gebrauch machen!

(5) Der Mensch ist abgerutscht, indem er den wahren menschlichen Instinkt verloren hat; nicht erst gestern und heute, nein, Generation um Generation zurück, und nach und nach ist der Mensch so weit gekommen, wie er heute ist. Kurz gesagt, heute ist er so weit, daß er nicht weiterkann.

(6) Zurück zur Natur! Die Verbildung, wie weit der Mensch heute in allem verbildet ist, brauche ich nicht zu sehen. Er hat aber, kurz gesagt, seinen wahren Menscheninstinkt verloren, er kann nicht mehr geführt, nicht mehr ferngesteuert werden. Der Herrgott hat, weil die Menschen zuviel daran gearbeitet haben, die Führung verloren und sagt: Nun wurschtelt mal rum! Ich weiß, daß ich verpflichtet bin, den Menschen das mit auf den Weg zu geben, daß sie sofort umschalten, daß sie den wahren, menschlichen Instinkt wieder aufnehmen. Hiermit spreche ich jedem Menschen dieses an! Wie komisch, wie sonderbar das ist! Aller Anfang ist schwer!

(7) Ich gebe Ihnen den alten, den eigentlichen menschlichen Instinkt wieder. Dann haben wir alles, dann werden wir hier auf dieser Erde, gleich welcher Religion, gleich welcher Nation, (...) den Frieden haben. Das ist der Segen Gottes! Sie sollen nur weiter empfangen, und dieses soll weiter fortgepflanzt werden.

Hochmut kommt vor dem Fall

(1) Hochmut kommt vor dem Fall, (...) das ist das, was Sie bedenken sollen.

(2) Weil der Mensch eine Bildung in sich aufgab und eine Verbildung schuf – und das ist die Einbildung –, ging er vom wahren Weg ab. Und durch die Einbildung war der göttliche Mensch vom rechten Weg abgekommen und auf den satanischen gekommen.

(3) Ich habe mich als kleiner Bub gewundert und habe gesagt: „Der hat dieses Amt und der jenes Amt, und warum sind sie nicht in der Lage, den wahren, göttlichen Glauben zu finden?" Nein, wem der Herrgott gab ein Amt, dem gab er auch den Verstand. Wer sich aber nahm ein Amt, dem nahm der Herrgott den Verstand! Wenn also Menschen nichts unversucht lassen, sich hier und dort einzuschleichen, um ein gut bezahltes Amt zu erhalten ... – genauso Menschen, die sich an meine Seite drängten, um mit meinem Tun und Wirken nur Geld zu verdienen. Ich war noch nie eingebildet, aber die Menschen an meiner Seite waren nur eingebildet. Sie glaubten schon, sie wären der Herrgott selber.

(4) Der Mensch soll von sich aus Gutes tun an seinen Mitmenschen und sich nicht als Herr aufspielen. Das ist falsch, denn letzten Endes sind wir nur Menschen, und wenn der eine und der andere mehr hat, dann soll er sich freuen, aber deswegen seinen Mitmenschen nicht knechten.

(5) Der Weise denkt nicht an seine Größe und wird darum groß.

Satan, der Widersacher Gottes

(1) Es hat mal einen Menschen gegeben, der nie etwas Gutes tun konnte, und dieser Mensch wurde damals vom Herrgott beiseite gestoßen. Er nannte ihn den Satan! Und dieser hat jetzt den Menschen und Gott Rache geschworen. (...) Dieser Satan, der beiseite gestoßen wurde, hat es tatsächlich fertigbekommen, den Menschen mit allem möglichen Gutaussehenden zu verlocken; er hat es fertigbekommen, den Menschen von dem wahren, göttlichen Weg abzuziehen. Er hat ihn verlockt, er hat ihn gelockt und auf den Irrweg geführt, auf dem die Menschheit sich zum größten Teil befindet. Hinter sich hat er die Brücke, die zum göttlichen Weg führte, zerstört.

(2) Satan war auch mal ein Mensch. Der ist endgültig beiseite gestoßen worden. Dieser eine hat Rache geschworen. Das ist der Satan!

(3) So wahr wie es ist, daß es einen Herrgott gibt, so gibt es auch einen Satan. Und dieser Satan hat seine Extraaufgabe und läßt tatsächlich nichts unversucht, weil er ein Schlechter ist und sich rächen will an dem, was der Herrgott Gutes zu tun gedachte.

(4) Und daß der Satan hier unter den Menschen wütet, das kann man nicht genug sagen.

(5) Wer ist der Satan, was tut und was läßt dieser? Soweit ich allein feststellen konnte – das andere müssen Sie selbst wissen –: nie etwas Gutes! Sie können nie von einem Satan verlangen, daß er Gutes tut, das ist unmöglich. Der Satan ist nun mal da, und dieser läßt nichts unversucht, den Menschen vom wahren, göttlichen Glauben abzuziehen. Der Satan hat es so gut verstanden, den Menschen zu verlocken. Das stellen wir auch heute immer wieder noch fest, daß ihn das Geld und das Gold,

das Schöne verlockt; und so lockte auch der Satan, der es fertiggebracht hat, den Menschen vom wahren, göttlichen Weg abzudrängen. Jetzt hatte der Mensch die Verbindung zum Herrgott verloren. Der Mensch wurde auf den Irrweg geführt und hatte da auch nichts Gutes zu erwarten. Ich kann es gut verstehen, daß ihn das Verlockende heute noch lockt. Und das ist an erster Stelle das Geld. (...) Jetzt wundert sich der Mensch, daß er keine Hilfe erhält. Er hat sich ja vom göttlichen Wege gelöst, nicht nur Sie, nein, schon die Vorfahren.

(6) So arbeitet der Satan schon Generationen um Generationen zurück und nagt an den Menschen. Sie können vom Satan nie verlangen, daß er Gutes tut. Denn dafür ist er ja der leibhaftige Satan! Es ist schon richtig, wie die Kirche das aufgefaßt, (...) nur sind sie alle so leicht darüber hinweggegangen. Niemand hat sich etwa den Kopf darüber zerbrochen. Wenn ein Kindlein geboren wird, so sagt man, es muß getauft werden, um die Erbsünde zu verlieren. Ja, es ist richtig, es ist diesem Kindlein die Erbsünde in Fleisch und Blut mitgegeben, daß es schon schlecht ist. Wenn Sie von einem Stück Fleisch, das schlecht ist, etwas abschneiden, so können Sie nicht erwarten, daß das abgeschnittene Stück gut sein kann. Es ist genauso schlecht wie das große, von dem Sie das kleine entfernt haben. Und hier ist es nicht anders, daß der Mensch tatsächlich das Kindlein, das er zur Welt bringt, auch erblich belastet hat, und zwar mit diesem Teuflischen, das der Mensch so im Laufe der Jahre angenommen hat. Er sagt: „Jeder ist sich selbst der Nächste", und je größer die Not, je größer das Elend, desto schlechter wird der Mensch. (...) Um diesem Kindlein die Erbsünde abzunehmen, wird es getauft. Ich sage, die Erbsünde ist der kleine Teufel, den das Kind mitbringt. Das Schlechte ist immer das Teuflische! Und wenn dieses Kindlein heranwächst, und die Mutter oder der Vater oder ein anderes Familienmitglied sind schlecht, so ist es selbstverständlich, daß dieses Kind nicht besser, sondern auch schlecht werden muß.

Ich will Ihnen hier nur ein kurzes Beispiel geben: Sie haben eine Kiste mit Kartoffeln, und in diese Kartoffeln legen Sie eine angefaulte hinein, sie ist schlecht. Wenn diese eine angefaulte Kartoffel zwischen den vielen liegt, so ist es selbstverständlich, daß sie nach und nach ganz verfault. Aber ehe sie ganz zur Fäulnis übergeht, so steckt sie schon die dicht daneben liegenden an. Und dies greift immer weiter um sich, so daß, wenn Sie sich die Arbeit und die Mühe nicht machen, dieses Schlechte herauszusuchen und wegzuwerfen, Ihnen alle Kartoffeln verfaulen. (...)

Also wächst bei diesem Kindlein der Teufel mit, er wird vielleicht noch größer als bei einem der schlechten Angehörigen. Jetzt kommt der weitere Umgang, das Kindlein wird größer, und mit ihm wächst dieses Teufelchen. Es wird zum Teufel, und dieser Teufel gesellt sich gern zu den Schlechten, da fühlt er sich wohl. „Ich muß dieses tun, muß alles mögliche tun, das gefällt mir, jawohl." Er kann nicht anders, weil er ja den Teufel im Leibe hat. Statt besser schlechter! Dieser Teufel, das ist eine Vorarbeit, das ist eine Vorstufe, um für den leibhaftigen Satan Platz zu machen. Man sagt hinterher auch schon: „Das ist ein Satansbraten, dieser Mensch." Ja, er ist tatsächlich ein Braten für den Satan. Der Teufel hat so schön vorgearbeitet, das ist die zweite Stufe, und hat dem Platz gemacht, so daß er sich in diesem Menschenleib verkriechen kann. Und es ist selbstverständlich, daß man von diesem Satansmenschen nichts Gutes zu erwarten hat. (...)

Es gibt heimliche, auch „unheimliche". Die heimlichen, die sind versteckt, und die unheimlichen, die lassen sich immer fassen. Und zwar merkt man das, wenn die Staatsführung, die ja mit Polizei bestückt ist, derart viel zu tun hat und diese Menschen, die nur Schlechtes tun, dauernd ins Gefängnis schicken muß. Aber sind sie draußen, tun sie dasselbe wieder oder noch in einem viel stärkeren Maß. Ich habe selbst die Bekanntschaft gemacht mit vielen solcher Menschen. Sie können nicht dafür.

Da braucht man nur zurückgehen und nachzuforschen, wer die Angehörigen sind. Da spricht auch viel die nächste Umgebung mit.

Aber es kommt auch vor, daß in einer Familie tatsächlich ein Kind, ein Mensch darunter ist, der ein schlechter ist, genauso wenn ich sage, in einer Kiste mit Kartoffeln ist auch eine schlechte. Wenn man diese nicht gleich zu beseitigen weiß, dann droht Gefahr, Gefahr für die Angehörigen, für die daneben liegenden Kartoffeln. Alle Menschen, die derartig Schlechtes tun – ich sage immer: sie sind krank, nicht gesund, damit will ich sagen, sie sind schlecht, sie sind nicht gut –, sie müßten einmal geheilt werden, wie ich auch selbst nichts unversucht gelassen habe, diese Menschen zu heilen (...) und ihnen mal zu sagen, ob es nicht besser wäre, sie würden den guten, den vernünftigen Weg einschlagen und derartig Schlechtes, Sündhaftes unterlassen. Aber die meisten lassen sich nicht warnen, sie haben auch ein Wohlgefallen daran, wenn sie Monate oder Jahre im Gefängnis oder Zuchthaus bleiben können. Man hat sich daran gewöhnt. Statt besser noch schlechter. Vor diesen Menschen muß man sich hüten! Wie schön wäre es doch, wenn Sie Tür und Tor offen lassen könnten, daß ein Mensch den anderen nicht bestiehlt, im Gegenteil, daß er seinen Mitmenschen unterstützt und nicht ausnützt. Aber weil es so ist, wie ich schon sagte, hat der Satan tatsächlich Platz gefunden in vielen Menschenleibern, und diese lassen nichts unversucht, das Gute zu zerstören. (...) Zum größten Teil wissen sie gar nicht, daß sie dem Satan total verfallen sind.

(7) Dem Satan ist sein Werk gelungen. Sein Werk ist vollbracht! Er hat den Menschen so weit getrieben, daß ihm ohne die göttliche Hilfe nicht mehr geholfen werden kann. (...) Von dem Satan haben wir nichts Gutes zu erwarten. Daß es uns Menschen heute hier auf dieser Erde so geht, ist das satanische Werk, obwohl wir Menschen mehr oder weniger die Schuld haben, daß es uns so geht.

Satanische Menschen

(1) Der Satan hat nichts unversucht gelassen, sich in die Menschenleiber zu verkriechen. Und diese satanischen Menschen haben nur die eine Aufgabe, Schlechtes zu tun. Warum gibt es Menschen, die dauernd stehlen, lügen und betrügen müssen, die dauernd ins Gefängnis gesteckt werden? Das sind Menschen, die dem Satan verfallen sind, um nur Schlechtes zu tun und den anderen nur Schlechtes zu wünschen. Das können keine gesunden, normalen Menschen sein. Jeder Mensch, wie er zur Welt kommt, bringt den kleinen Teufel schon in sich mit. Das nennt der Mensch die Erbsünde. Er muß getauft werden, das ist gut, ich begrüße es. Aber wenn er nicht beseitigt wird, wenn die Eltern oder Angehörigen, Bekannten oder Verwandten teuflisch sind, so wird aus diesem Teufelchen ein Teufel, und es kann so weit greifen, daß der Satan persönlich in diesem Menschen Platz findet. Von diesen satanischen Menschen haben wir sehr viele auf dieser kleinen, göttlichen Erde. So gesehen müßte die Erde so schwer sein. Diese vielen Auseinandersetzungen, Zank und Streit, nur Krieg, nie Frieden, es wühlt auf der ganzen Erde. Kein Mensch weiß, woher das kommt!

(2) Ich kann von einem satanischen Menschen nicht verlangen, etwas Gutes zu tun. Das habe ich noch nicht festgestellt. Genauso wie Sie das festgestellt haben, wenn Sie einem Kind, in dem etwas Böses drin ist, auch dauernd auf die Finger klopfen, tut es das Schlechte doch immer wieder. Und nicht anders bei erwachsenen Menschen. Sie müssen stehlen, morden, rauben, nur Schlechtes tun. Sie können sie einsperren, soviel Sie wollen. Knapp 14 Tage draußen, schon gehen sie wieder rein. Sie können nicht dafür, und deswegen kann man vom schlechten Menschen nichts Gutes erwarten.

(3) Da könnte ich Ihnen vieles erzählen, wie diese satanischen Menschen aussehen, wie sie sich regen und bewegen, und viele sind so verführerisch, ihnen sieht man es gar nicht an.

(4) Wie mir gerade (...) mitgeteilt wurde, stand unten ein Mensch, der einem wie dem anderen Heilungssuchenden gesagt hat: „Gehen Sie da nicht hinein, das ist ein – wie hieß das? – ein Satanswerk." Ja, der Satansmensch wagt derartiges zu sagen, er versucht, Sie wieder abzuziehen. Wer den Sieg davontragen wird, werden wir sehen. Die satanischen Menschen lassen tatsächlich nichts unversucht, den Menschen vom guten, vom wahren, göttlichen Weg abzuziehen. Sie können es nicht einmal leiden, wenn es einem Menschen gesundheitlich gutgeht. Da sagt er: „Na, du siehst ja so schlecht aus, du scheinst Würmer zu haben oder am Magen, du scheinst etwas auf der Lunge zu haben ..." Und so geht es weiter. Statt den Menschen zu helfen, geschieht das im Unterbewußtsein, denn der Satan läßt nichts unversucht, den Menschen etwas Schlechtes zu wünschen.

(5) Immer überzeugen, ob das ein satanischer Mensch ist oder nicht. Wenn ja, dann können Sie das sagen. (...) Wenn ein satanischer Mensch zu Ihnen kommt, sagen Sie ihm, (...) er hätte unter diesen Guten und Gottgläubigen nichts zu suchen. Er soll dahin gehen, wo er hergekommen, er soll dahin gehen, wo er sich wohlfühlt und soll Sie in Ihrem Tun und Wirken nicht hindern.

(6) Wie ich mich von diesen satanischen Menschen nicht verzerren lasse, so haben Sie dies auch nicht nötig. Denn diese Menschen werden nichts unversucht lassen, Sie von diesem wahren, göttlichen Weg wieder abzuziehen. Und so gibt es hier und dort immer wieder Menschen, die nichts unversucht lassen, Ihnen dieses auszureden, indem sie sagen, daß es Quatsch sei, ein Bluff, und es hielte nicht lange vor, und Sie würden wieder krank. Diese satanischen Menschen sind tatsächlich in der Lage,

den Menschen etwas aufzusuggerieren – obwohl man von mir behauptete, mein Tun und Wirken wäre Hypnose oder Suggestion. In einen hypnotischen Zustand ist der Mensch tatsächlich schon vor Tausenden von Jahren von diesen satanischen Menschen versetzt worden. Der Mensch ist nicht frei, er kann nichts frei tun, er darf nicht einmal frei denken, er ist tatsächlich in einen hypnotischen Zustand versetzt.

(7) Am ehesten kommt das Böse immer bei dem Menschen, der vom Bösen umgeben ist.

(8) Das Böse entlastet keinen, sondern belastet den Menschen immer mehr.

(9) Das Böse wird sich zur Wehr setzen. Das Böse wird immer alles dazu tun, damit es nicht beseitigt wird, und das Böse ist so hinterlistig und weiß sich überall ein- und anzuschleichen.

(10) Das Böse läßt nichts fehlen und setzt alles daran, um immer wieder Menschen daran zu hindern, den guten Weg einzuschlagen; und erst recht, daß sie diese Hinderungen wahrnehmen und daß sie zu guter Letzt doch den Mut und die Kraft verlieren, daß sie dann den Gedanken gar nicht mehr aufnehmen, diesen Weg noch weiter zu gehen. Ich könnte sagen, sie sind feige, mutlos, ratlos, tatlos, sie sind kraftlos geworden. Nicht wahr? Denn das Böse bringt sie um die gute Kraft. Wehe dem, der unter dem Einfluß des Bösen steht! Wohl dem, der sich aber dem Guten hingibt, wie er das Gute schon als gut empfindet und wie er glaubt, daß er auch dem Guten dient – dienen darf. Das ist mehr als Glück, das ist ein Segen Gottes. Denn das hat der Mensch sich dann schon verdient, daß er dem Guten, daß er Gott dienen darf.

(11) Schaut euch eure Umgebung an, duldet keine bösen Menschen um euch, zieht euch davon zurück, wenn ihr sie nicht zum Guten führen könnt! Sie sind Werkzeuge des Satans!

(12) Hüten Sie sich vor satanischen Menschen!

(13) Werfen auch Sie den satanischen Menschen, an dem nichts mehr zu ändern ist, beiseite!

(14) Es muß schon immer so kommen, daß der Mensch tatsächlich auch das Gute vom Bösen unterscheiden kann. Und wenn alles gleich wäre, daß es nur dauernd gutginge, es wäre nicht gut! Und es ist richtig, daß es Menschen gibt, die satanisch sind, (...) sonst würden die Guten ja nichts von den Bösen merken. Nein, das muß schon so sein.

Die Gezeichneten

(1) Man glaubt, die Gezeichneten sind die Krüppel, nein, das sind nicht die Gezeichneten vom Herrgott. Die Gezeichneten sind die, die den Glauben an unseren Herrgott verloren, die ihn beschmutzen, die nicht das Gute haben wollen, sondern all das Schlechte.

(2) Es ist Ihnen nicht unbekannt, wie es unter den Menschen heißt: „Hütet euch vor denen, die der Herrgott gezeichnet hat." Menschen haben das so auszulegen versucht, indem sie sagten: „Die Kranken, die Krüppel sind die Gezeichneten, hütet euch vor denen!" Ich sage: Nein! Die Gezeichneten sind die, die sich jetzt selbst herausstellen, indem sie Böses tun, und die ich nach und nach herauszustellen weiß. Das sind die schlechten Menschen, das sind die Gezeichneten! Denn die sondern sich ja von den guten Menschen ab. (...) Kurz gesagt, diese schlechten Menschen auszumerzen, wäre auch falsch. Denn wenn Sie wissen wollen und das auch spüren wollen, daß es tatsächlich einen Herrgott gibt, so ist dieses ja nur möglich, wenn es hier und dort einzelne wenige Schlechte gibt und geben muß, damit Sie auch den Unterschied verspüren. Sie müssen da sein, und sie sind auch da, und sie bleiben auch da. Aber das sind einzelne, und die Guten werden sich von ihnen fernhalten. Das sind die Schlechten, das sind die Gezeichneten!

(3) Der Mensch sagt hier auf dieser Erde: „Hütet euch vor denen, die Gott sich gezeichnet." Er zeigt mit dem Finger auf den einen oder anderen Kranken mit den Worten: „Das ist eine Strafe Gottes!" Hiernach müßten alle Kranken die Gezeichneten sein. Das stimmt nicht! Ich sage zu diesem: Pfui, Teufel! Die Gezeichneten sind die satanischen Menschen, die nichts unversucht lassen, den noch guten, gläubigen Menschen zu verführen und ihn von dem wahren, göttlichen Weg abzuziehen. Das sind

die satanischen Menschen. Es gibt auch hier nur zwei Seiten, eine linke und eine rechte, lang und kurz, dick und dünn, gerade und krumm usw., Gesundheit und Krankheit wie Leben und Tod. Genauso hier plus und minus, sonst hätten Sie kein Licht.

(4) Wer da spottet über Gott und Seinen Sohn, der erhält von Satan seinen Lohn.

Gott straft nicht

(1) Nicht wie die Menschen glauben, die Krankheit wäre eine Strafe Gottes. Es ist damit zu vergleichen, wenn ein Kind das Elternhaus verläßt. Da können die Eltern die Hände nicht mehr darüberhalten, sie können das Kind nicht mehr schützen. So haben auch wir unseren Vater verlassen. Wir dürfen nicht vergessen, daß wir allein nur Kinder Gottes sind. Nur Er kann uns helfen! Und Er wird uns helfen, wenn wir den Weg wieder zu Ihm gefunden haben.

(2) Das Recht hat kein Mensch – zu sagen, daß der Herrgott den einen oder anderen Menschen straft oder zu strafen weiß. Ich sage dieses nach wie vor: Der Herrgott hat es nicht nötig, Menschen zu strafen. Dafür gibt es ja den Satan, den Teufel. Der Herrgott läßt diesen Menschen, der es nicht wert ist, unter dem göttlichen Schutz zu bleiben, fallen. Der Teufel wartet nur auf diesen. Was der anstellt, ist seine Sache, dafür ist er der Teufel. Der Herrgott versucht nur, in jeden Menschen das Gute hineinzubringen und dieses in ihm zu festigen, soweit er den Glauben aufgenommen und gefestigt hat.

(3) Wie teuflisch doch der Mensch gesprochen, wenn er immer wieder sagte: „Hütet euch vor denen, die Gott sich gezeichnet." Ja, der Mensch wußte ja nicht, was falsch und richtig war. Er sagte: „Ja, meine liebe Frau, daß Sie krank sind, das schadet nichts, das ist die Schlechtigkeit, das ist eine Strafe Gottes." Genauso wie er sagte: „Dem schadet das gar nichts, den hat der Herrgott zu strafen gewußt." Also demnach müßten Sie alle, alle Menschen, denen ich bisher im Leben begegnet bin – denn ich kenne nur eines, nur kranke Menschen –, vom Herrgott gestraft sein. Früher, als ich noch nicht in die Weltgeschichte, d. h. an die Öffentlichkeit gezerrt wurde, habe ich heimlich gearbeitet – und seitdem „unheimlich". Aber immer wieder waren es kranke

Menschen, die ich angetroffen habe. Ich habe aber nicht feststellen können bei diesen Kranken, daß es eine Strafe Gottes war. (...) Wenn ein Mensch es wagt zu sagen, das wäre eine Strafe Gottes – ich finde keine Worte dafür –, ich sage zu diesem: Pfui Teufel!

(4) Pfui Teufel! Wie ein Mensch sich solches erdreisten kann, den Herrgott in Schmutz und Dreck zu ziehen. Der Herrgott hat es nicht nötig, Menschen zu strafen. Er läßt sie nur abfallen. Er läßt sie abfallen, wie auch ich hier jedem Menschen nur Vorbild bin, daß ich alle schmutzigen Menschen abfallen lasse. Ich lasse sie eine gewisse Zeit laufen, dann lasse ich sie abfallen.

Ursachen von Krankheiten

(1) Die Krankheit gehört nicht zum Menschen. Gott gab und gibt einen gesunden Körper. Nur was die Menschen damit machen, was sie denken und was sie wollen, schafft die Unordnung und liefert sie dem Satan aus. (...) Es ist so wichtig, was der Mensch für Gedanken aufnimmt, denn Gedanken sind Kräfte. Will der Mensch gut, so hilft ihm Gott; will er bös, so hilft ihm Satan! Es zieht die Krankheit ein, denn sie ist ein Werk Satans!

(2) Gott hat den Menschen schön, gut und gesund geschaffen. So will Er ihn auch haben. Ursprünglich waren die Menschen ganz mit Gott verbunden, da war nur Liebe, Harmonie und Gesundheit, es war alles eins. Aber als der erste Mensch auf die Stimme, auf die böse, die außerhalb dieser Einheit sprach, hörte und das getan hat, da zerriß diese Verbindung, und seitdem steht Gott hier und dort der Mensch. Zwischen Gott und den Menschen entstand eine große Kluft. Da ist keine Verbindung. Der Mensch, allein auf sich gestellt, kann noch so gläubig sein und beten, er wird auf seinem Lebensweg von dem Bösen angegangen und in die Tiefe gezogen. Sie sind auf Ihrem Lebensweg da angekommen, da unten. Sie erleben Unglück, Schmerzen, unheilbare Leiden.

(3) Wie ist es überhaupt möglich gewesen, oder wie kann es überhaupt möglich sein, daß Menschen krank wurden? (...) Der Mensch ist von Generation zu Generation anstatt besser schlechter geworden, d.h., der Mensch hat seinen eigentlichen menschlichen Instinkt verloren. Und zwar hat es so weit um sich gegriffen, daß, wie Ihnen allen nicht unbekannt ist, es zwei Seiten gibt. Hier in diesem Falle eine gute und eine schlechte, d.h. eine gesunde und eine kranke. Und dann gibt es, das gehört nämlich zusammen, eine teuflische Seite und eine göttli-

che. Und all dieses hat der Mensch in sich aufgenommen. Warum? Weil er den Kontakt verloren hat, weil er sich von der Natur, von dem wahren, göttlichen Glauben abgesondert und die Verbindung zum Herrgott verloren hat. Der Satan läßt nichts unversucht und hat es hier zustande gebracht, daß er sich in die Menschenleiber festgesetzt, festgenagt hat. (...) Der Mensch hängt heute in der Luft. Er kann nicht selbst empfangen, was der Herrgott den Menschen sendet. Der Mensch ist tatsächlich im Laufe der letzten Jahrtausende schlecht und schlechter geworden, und dieses muß auch mal ein Ende haben.

(4) Der Mensch ist im Laufe der Zeit statt aufwärts abwärts gegangen.

(5) Die Zeiten sind immer gleich gut, nur nicht die Menschen.

(6) Jesus Christus wußte, daß jede Krankheit durch Sünde kommt. Deshalb ermahnte er den Kranken nach der Heilung: „Sündige hinfort nicht mehr, daß dir nicht etwas Ärgeres widerfahre!"

(7) Weil wir nicht mehr heilig sind, sind wir nicht heil.

(8) Wie ist es überhaupt dazu gekommen, daß der Mensch krank geworden ist? Statt besser immer schlechter. Es sind mehr Menschen geworden, es gab auch mehr Krankheiten. Woher? Der Mensch ist im Laufe der Jahre derart schlecht geworden, und wenn ein Mensch schlecht ist, so hat er ein „Ungewissen", so eine Unruhe in sich, und die Unruhe bringt das Weitere. Seine Seele ist nicht rein, und er ist seelisch belastet, seelisch krank. Nicht, daß Sie die Schuldigen sind, nein, das sind die Vorfahren schon, (...) von denen Sie abstammen. Einer belastete den anderen!

So ist auch das seelische Leid hier leicht spürbar, wenn die Eltern mit ihren Kindern hier waren, daß einer den anderen, d. h. ein Mensch den anderen seelisch belasten kann. Als noch wenige Menschen auf dieser Erde waren, ist man dazu übergegangen, wenn der eine mal hier und dort irgendwo eine kranke Stelle in oder an seinem Körper verspürte, irgend etwas zu geben; man riß ein Kräutlein ab, irgend etwas, was auch zu den Lebewesen gehört. Wenn der Mensch das Kräutlein in die Hand nahm, dann verspürte er etwas, ja, es ging so etwas durch den Körper – und sein Leiden, seine Schmerzen hatte er verloren. Die ersten Menschen hatten so manches, sie nahmen auch das Kräutlein mal in den Mund oder legten das irgendwo auf: „Ach, das heilt schon", ja, und das Auge war gesund, das Gehör war wieder da. Und man hat im Laufe der Jahre festgestellt, daß das Naturheilkräuter waren. Der Herrgott hat uns auf diese Erde gesetzt und hat uns alles mit auf den Weg gegeben, daß wir uns auch heilen können. (...) Wenn wir als Menschen das auch getan haben, indem wir später uns von diesen Kräutern einen Tee gebraut haben, ihn getrunken, dann war unser Bauchweh, unser Kopfweh oder gleich was verschwunden.

So ist man näher und näher darauf gekommen, bis es weiter um sich gegriffen hat; und der Mensch glaubte, sich von diesem Göttlichen, was der Herrgott uns auf dieser Erde gegeben hat, lösen und etwas Künstliches herstellen zu müssen. Da sah es anders aus. Der Mensch hat sich überhaupt von dem rein Natürlichen gelöst, er wurde verbildet, auf einen Weg geführt, der kein natürlicher, sondern ein künstlicher war. Und damit kann man einem Menschen nicht helfen. Die Natur heilt! Der größte Arzt aller Menschen ist und bleibt unser Herrgott. (...) Der Mensch wird auf dem natürlichen Wege ferngesteuert – von wem? An den wir alle glauben müssen, auf dem Weg, den wir alle gehen müssen (...). An den wir glauben müssen, ist allein unser Herrgott! Wir Menschen sind nur Kinder Gottes. Wir sind von dem wahren, göttlichen Weg abgekommen, wir sind einen anderen Weg gegangen. Und deswegen sind wir aus dieser

Fernsteuerung herausgekommen. Wir werden nicht mehr gesteuert, der Mensch läuft wild umher, er hat sich abgesondert vom göttlichen Weg und kann nicht mehr geführt werden.

(9) Ich stehe nach wie vor dafür, daß die Grundursache aller Krankheiten ist, daß das Volk künstlich durchgehalten wird. Ich bin ein Mensch, der nicht studiert hat und der der Wissenschaft nicht nachgelaufen ist, sondern der aus eigener Erfahrung und aus Eingebung dieses erprobt hat. Ich bin zu dieser Überzeugung gekommen, obwohl ich kein Arzt bin. Kunst und Wissenschaft sagen: „Fort von der Natur, hinein in die Kultur." Und hier liegen die Ursachen der Krankheiten! Die Industrie ist schuld! Sie hat Mittel hergestellt, um den Menschenkörper total zu verseuchen.

Ich habe zu den Ärzten schon immer gesagt: „Überall ist Mord – Mord – Mord! Herr Doktor, Sie sind eine Vertriebsstelle für die Hersteller von Medikamenten." Ich stehe nach wie vor dafür: Naturheilkräuter. Die Natur gibt den Menschen alles durch das, was der Herrgott für uns wachsen läßt. Warum alles künstlich herstellen? Woraus werden diese Präparate hergestellt? Aus allem möglichen Zeug! Die Zusammensetzung kann der Menschenkörper unmöglich vertragen. Wenn heute ein Kranker zum Arzt geht und etwas verschrieben bekommt, heißt es immer „dafür" statt „dagegen"! (...) Ich stehe auf dem Standpunkt, den Menschen alles verständlich zu machen, mit Tatsachen zu kommen, ihnen alle diese schädlichen Dinge vor Augen zu führen (...). Fort mit Kunstdünger – fort mit künstlichen Medikamenten! Denn wer war der erste Arzt, und was war die erste Medizin? Die Natur!

(10) Jeder dieser abgebauten Körper weist einen großen Energiemangel auf. Hier ist es sehr notwendig, der Menschheit anhand von Gleichnissen klarzumachen, daß die Energien für alle Lebewesen vorhanden sind und auch das Notwendigste sind, um existieren, besser gesagt leben zu können (...). Je grö-

ßer der Verlust an Energien ist, desto länger oder öfter bedarf es einer Wiederaufladung, bis der Körper so viel an Energien aufweist, daß er wieder einsatzfähig ist. (...) Der Körper ist im Ganzen gesehen nur dann widerstandsfähig, wenn die Widerstände im Körper selbst ihre vollen Energien besitzen.

(11) Wenn eine Störung in einem kleinen, kindlichen Körper ist, dann wird er die Nahrung nicht so leicht annehmen, erst dann, wenn die Störung beseitigt ist. Aber dann fürchten die Mütter, dann fürchten die Eltern, das Kind würde verhungern, es muß ja Nahrung haben. Nein, da ist ein Zeichen gegeben, daß in diesem Körper eine Störung vorhanden ist! Ursache gleich Wirkung! Welches aber ist die Ursache? Die Wirkung ist da, ja! Nun, natürlich ist die Mutter schuldlos, ist der Papa schuldlos, sind die Nachbarn oder die Familienangehörigen schuldlos ... – Nein, die sind nicht schuldlos! Mal zurück, also mal Rückschau halten! Wer hat die Mutti geärgert? Wer hat sie in Schrecken versetzt? Was ist da, was war, was war in letzter Zeit? Was war in der allerletzten Zeit? Und das ist auf das Kind zurückgefallen. Richtig! Natürlich hat die Mutter sich geärgert darüber, natürlich hat sie alles in sich aufgenommen, aber schuldlos ist keiner. Da hätte ja die werdende Mutter dafür sorgen müssen, (...) daß sie sich von solchen Menschen, die sie schon durchschaut hat, daß sie stören könnten, nicht umgeben lassen durfte, d. h., daß sie sich da herauszieht aus dem Kreis oder aber zuvor schon dafür sorgt, daß sie alle einwandfrei gut sind, dann wäre die Störung nicht gekommen. Wenn die Mutter und der Vater nicht dafür die Vorsorge treffen, kommt es ja in vielen Familien vor, daß die Eltern sich zeit ihres Lebens um das eine Kind kümmern müssen, in dessen Körper eine Störung vorliegt, erst eine kleine, danach eine große. Die Störung wächst mit dem Körper und verbreitet sich. Sie haben zeit ihres Lebens darunter zu leiden. Wie sorgen sich dann die Eltern um das Kind! Was kostet sie das für Sorgen und Nöte!

Wäre es nicht leichter, da vorzubeugen, liebe Freunde, da vorzuarbeiten, daß derartiges nicht zustande kommt?! Es wäre doch viel, viel leichter, noch bevor dieses alles ist, Ordnung zu schaffen. Da mußten sie nicht erst verheiratet sein (...). Hätten sie vorgesorgt, hätten sie in ihrem Verwandten- und Bekanntenkreis aufgeräumt, hätten sie Wahres gewußt, hätten sie es ihnen sagen können. Wenn sie nicht feige gewesen wären und ihnen die Wahrheit gesagt hätten, hätten sie vieles aus dem Wege geräumt. Und beim Mann genau das gleiche: daß er störungsfrei ist und daß er mit seiner Frau ein störungsfreies Eheleben führen kann und daß dann auch aus diesem eine gesunde Familie zustande kommt, das ist Bestimmung Gottes, nicht ihre, nein, Gott hat es so bestimmt. Das Gefühl spricht da zu beiden Geschlechtern, da kommt die Empfängnis, und da kommt das aber zustande. Mit Störung erzeugt gibt immer Störung, trägt das Kind zeit des Lebens, wenn nicht da gerade einer kommt, der diese Störung zu beseitigen weiß. Während dieser Zeit, da die Mutter das Kind unter ihrem Herzen trägt und weitere Störungen aufnimmt, wird das Kind ganz gestört sein und das Schlimmste ist noch kurz vor der Geburt. Wenn da die Mutter Schiffbruch erleidet, d. h., wenn sie von ihren Angehörigen angegangen wird und immer wieder in Schrecken versetzt wird, alles verlagert sich hier in den Körper des kleinen Kindes, das doch unschuldig ist. Und dann: „Ja, wie ist das dann möglich, wo habe ich Böses getan, ich habe doch immer Gutes getan, ich bin doch ein gläubiger Mensch, ich gehe doch zur Kirche, in meiner Familie ist doch alles in Ordnung!" Dann sage ich: „Lieber Freund, liebe Frau, hast du vergessen, hast du deine Pflicht vorher getan? Ja oder nein? Jetzt, wo du in den Ehestand getreten, jetzt, wo du auf dem besten Wege bist, eine Familie zustande zu bringen, wo der Vater sich verpflichtet hat, diese Sorgen auf sich zu nehmen, wirklich dafür zu sorgen, hast du in deiner Umgebung auch Ordnung geschaffen?" Jetzt aber, da das Kind (...) die Störungen im Körper hat, werden die Eltern wieder gestört, die Mutter ist zerrissen, der Vater ist zerrissen, dann kommen die herzlichen Verwandten auch, die so tun, als ob. Auch sie bauen ab, verfallen in dieses Leid! – Wie konnte das nur sein? Ja, zu guter Letzt geben sie den Glauben an das Gute, geben sie den Glauben an Gott auf. „Das ist doch nicht gerecht, Kinder, ich kenne euch doch, ihr seid doch immer lieb und nett zueinander gewesen." Und so weiter und so fort. So sie aber ehrlich sind, werden sie selbst von sich sagen: „Ja, ich war nicht immer ehrlich, und ich habe vieles aus Feigheit angenommen, und ich habe aus Feigheit die Wahrheit verschwiegen, ich habe es nicht gewagt, meinen Nächsten die Wahrheit zu sagen, obwohl ich schon einige Erfahrung gesammelt hatte, aber ich war feige." Ja, das hat dieser Mensch sich nachher selbst zuzuschreiben.

Jetzt werden Sie sagen, ja, jetzt erteilt der Gröning uns hier Rügen! Nein, Freunde, ich sage nur, wie der Mensch gelebt, wie die Macht dieser Gewohnheit ihn erfaßt hat, und daß er nichts anderes mehr glauben konnte, nur an das, was er von Menschen eingegeben erhielt! Da beginnt die Not, da beginnt das Elend! Ich könnte hier viele, nicht Gleichnisse, sondern Tatsachen hervorbringen, wie die eine und die andere Ehe, die nachher zu einer Familie wurde, Schiffbruch erlitten hat. Erst war jeder in einem, seinem Boot, das ihn über Wasser hielt, ein Boot wurde abgetreten, weil zwei sich hernach in einem Boot befanden, und in diesem einen Boot gab es nachher Zuwachs; und die Belastung, die erregte Bewegung war derart stark, daß das Boot immer mehr Wasser in sich aufnahm und somit hier die Familie langsam, aber systematisch zugrunde gegangen ist. Niemand aber weiß, woher das kommt! Wenn jeder das Seinige gewußt (...), wenn er nur um dieses Wissen nicht gebracht worden wäre, hätte er sich in diesem Boot ruhig verhalten; jeder hätte alles dazu getan, was notwendig war, auch wenn die Wellen darüber geschlagen und viel Wasser in das Boot hineingekommen, so hätten sie in Ruhe das Wasser wieder ausgeschöpft. Niemand wäre beunruhigt, denn sie konnten ja glauben, sie kommen ja von Gott, Gott hat sie geschaffen. Sie haben sich nicht gefürchtet: „Das ist Natur, das ist Gott. Er jagt uns ja keine Angst ein,

Er macht uns nur auf diese Gefahrenzone aufmerksam; wir sollen nur das Nötige dazu tun. So wir die Ruhe bewahren, können wir es tun." Wer sie aber nicht bewahrt, wer um diese, um das Heiligste gebracht worden ist – das ist die Ruhe –, der wird alles durcheinanderbringen und wird weitere seiner Nächsten nach sich ziehen. Und so haben die meisten Familien, so haben die meisten Menschen Schiffbruch erlitten, so sind die meisten Menschen untergegangen, sie sind dem Siechtum verfallen, sie waren vollständig durcheinander, es war niemand da, der sie beraten und belehren konnte.

Alle Leiden sind seelisch bedingt

(1) Irgendeine Disharmonie im Äußeren beweist, daß eine geistige Disharmonie vorhanden ist. Wie das Innere, so das Äußere. Die einzigen Feinde des Menschen sind in ihm selbst.

(2) Ich bin mit den größten Kapazitäten von Ärzten zusammengewesen, die alles bestreiten wollten und sagten: „Alles ist nicht seelisch bedingt. Sie haben sich geirrt!" Und ich habe gesagt: „Sie haben angenommen, daß ich mich geirrt habe." Ich habe ihnen den Beweis gestellt. Die Tatsache ist, daß alle Leiden seelisch bedingt sind, es gibt nicht ein Leiden, das nicht seelisch bedingt ist. Sie haben es nicht gewußt, Sie können ja das Leben nicht zurückleben, Sie leben oder erleben das Leben Ihrer Zeit, nichts anderes.

(3) Und das, was den Menschen jetzt so durch den Körper gefahren ist von Generation zu Generation, das seelische Leid, es wurde größer und größer. Der Mensch sündigte weiter und weiter, mehr und mehr, und ich glaube, daß Sie mich verstehen, wenn ich sage, daß er durch dies Sündhafte, das der Mensch schon früher begangen und jetzt noch mehr, krank sein muß. Ist mir klar. Ich habe mich viel mit Menschen unterhalten – nicht nur mit Deutschen –, mit Wissenschaftlern, auch mit Ärzten, und ich behaupte, noch und auch weiterhin, daß alle Leiden seelisch bedingt sind. Der eigentliche Ursprung ist das Seelische. Ich könnte Ihnen das ganz klipp und klar darlegen, aber dazu bräuchten wir mehr Zeit.

(4) Das seelische Leid ist das schwerste Leid. Wer sich selbst aufgibt, dem kann Gott und dem kann auch ich nicht mehr helfen.

Jedes Wohnhaus ist ein Krankenhaus

(1) Früher gab es Wohnhäuser. Als die Menschheit immer mehr zurückfiel, gab es Wohn- und Krankenhäuser. (...) Und heute haben wir statt Wohnhäusern nur Krankenhäuser! Es wurden auch die Wohnhäuser umgewandelt in Krankenhäuser. Wenn ich mal Zeit habe, gehe ich in jedes Haus und werde in jeder Wohnung einen kranken Menschen finden. (...) Aus den Wohnhäusern wurden Krankenhäuser, und es steckt ein Mensch den anderen an. Einer war krank, dann sind alle krank.

(2) Wir können mit Bestimmtheit sagen, daß 90 % aller Menschen krank sind. Was hat man sich zuerst, als die ersten Menschen auf dieser Erde waren, (...) geschaffen? Einen Unterschlupf! Heute nennt man es Haus, Wohnhaus. Aber als man feststellte, daß es kranke Menschen gab, hat man Krankenhäuser gebaut. Und das hat so weit um sich gegriffen, daß wir gar keinen Unterschied mehr haben zwischen Wohn- und Krankenhäusern, wir haben nur noch Krankenhäuser. Ich kann in jedes Haus, in jede Wohnung gehen, überall ist zumindest ein Kranker. Also haben Sie keine Wohnhäuser mehr, haben Sie nur noch Krankenhäuser.

(3) Unter Garantie sind 90 % aller Menschen krank, der eine ist mit einem schweren Leiden behaftet, und der andere oder die anderen mit einem leichteren Leiden, das aber auch zu einem größeren Leiden führen könnte.

(4) Die Krankheit hat sich ausgedehnt über die ganze Erde, über diese Erde, auf der wir leben.

Bruno Grönings Mission – Aufruf zur großen Umkehr

(1) Euer Flehen und Bitten zum Herrgott war nicht umsonst.

(2) Mein Tun und Wirken dient lediglich nur dazu, alle Menschen dieser Erde wieder auf den rechten Weg, auf den göttlichen Weg zu führen. Das ist die große Umkehr. Ich heile, um alle Menschen wieder gut zu wissen.

(3) Mein Auftrag, mein Ziel geht darauf hinaus, Menschen zu helfen, Menschen zu heilen.

(4) Ich will den Menschen auf den wahren, göttlichen Weg zurückführen. Die Brücke zu diesem Weg habe ich gebaut. Diesen Weg können Sie alle gehen. Wenn Sie diesen Weg gehen, dann haben Sie alles! Deshalb mein Wirken hier auf dieser Erde. Ich will den Menschen umformen. Viele sind tatsächlich satanisch geworden. Den Menschen, die teuflisch sind, die einen kleinen oder großen Teufel im Leibe haben, will ich diesen abziehen. Denn ich führe den Kampf mit dem leibhaftigen Satan, und ich kann dieses meistern, es macht mir nichts aus! Und Sie alle sollen wieder zu dem wahren, göttlichen Glauben zurückgeführt werden, Sie sollen den wahren, göttlichen Weg wieder gehen, damit Sie die Verbindung wieder erhalten und behalten.

(5) Ich sage Ihnen, gehen Sie nicht noch tiefer, sondern ich rufe Sie auf zur großen Umkehr! Kommen Sie hoch, und über die Kluft baue ich Ihnen eine Brücke! Gehen Sie vom Leidensweg auf den göttlichen Weg! Auf diesem gibt es kein Unglück, keine Schmerzen, kein Unheilbar; da ist alles gut, dieser Weg führt zu Gott zurück!

(6) Der Mensch hat sich von dem wahren Göttlichen gelöst, ist von ihm ganz abgekommen. Und jetzt gebe ich Ihnen die Verbindung, das ist die einzige Chance, die ich allen Menschen nur geben kann.

(7) Ich will nichts unversucht lassen, den Menschen von diesem Teuflischen, dem Satanischen abzubringen. Es gibt heute 10 % gute Menschen und 90 % schlechte. Ich will diese Zahl aber wenden. Ich möchte 90 % gute Menschen und nur 10 % schlechte.

(8) Ich hole den Menschen nur aus der Hölle heraus und entführe ihn in das Göttliche, in das Paradies. Nur muß er das zu nutzen wissen.

(9) Das ist meine Pflicht und Schuldigkeit, den Menschen frei zu machen, frei zu machen von dem Bösen.

(10) Das ist meine Hauptsorge überhaupt: daß ich mich um die Seele, die das rein Göttliche in dem Menschen wie in jedem Lebewesen ist, kümmere und sorge, daß die Seele frei wird, daß sie nicht mehr belastet wird von dem vielen Bösen und daß sie sich selbst wieder öffnet und daß der Mensch und jedes Lebewesen die wahre, göttliche Sendung empfangen kann. Sagen wir ruhig: Ich bin der kleine Seelsorger, ich sorge mich um die Seele, ich öffne sie, und ich weiß, wie sie zu öffnen ist, um den Menschen zu befreien.

(11) Meine Pflicht ist eine viel größere, was die meisten aus meinem Freundeskreis heute noch nicht einmal ahnen können. Mein größtes Augenmerk ist immer darauf gelenkt, dem zu helfen, der dieser Hilfe sehr bedürftig ist. Vor allem dann, wenn auch nur für einen einzelnen Menschen die Gefahr besteht, daß nicht schnellstens das geschieht, was zu geschehen hat. Im anderen Falle ist er, der einzelne, dem Bösen ausgeliefert, und er

würde dann dem Siechtum verfallen. Am ehesten kommt das Böse immer bei dem Menschen, der vom Bösen umgeben ist. Und das Böse tut von sich aus zielbewußt alles, den einzelnen Guten mit Bösem zu überschütten, um ihn hernach dem Bösen ganz ausliefern zu können. Wer dieser einzelne ist, muß nicht unbedingt hier auf dem Tonband gesagt werden. (...) Heute ist es dieser, morgen jener, übermorgen kannst du es sein! Und wie wäre es in dem Falle, wenn du plötzlich zu diesen Betroffenen zähltest und ich deinen Ruf nicht höre und das nicht tue, was ich hier zu tun habe, was doch einem großen Teil des gesamten Freundeskreises bekannt sein müßte?

(12) Ich habe Ihnen auch des öfteren schon zu wissen gegeben, was mein eigentliches Ziel ist: Ich will jeden Menschen wieder zum Glauben zurückführen, denn jeder Mensch ist ein Wesen der Natur, jeder Mensch ist ein Kind Gottes. Wir Menschen haben nur einen Vater, und das ist unser Herrgott. Und weil viele Menschen vom Glauben abgekommen sind, so will ich sie wieder zum Glauben zurückführen. Ich will keinen Menschen mehr schlecht wissen. Einzelne wenige hat es gegeben und wird es auch wieder geben.

(13) Es sind viele Menschen zu mir gekommen, nicht nur jetzt, nein, solange ich auf dieser Erde bin, die haben sich nicht bedankt für die Heilung, nicht dafür, daß sie gesund geworden sind, nein, sie haben ihren Dank, ihren herzlichen Dank ausgesprochen, weil sie den göttlichen Glauben, den göttlichen Weg wiedergefunden haben. Dafür haben sie sich bedankt. Das ist ja mein Hiersein auf dieser Erde, den Menschen zum wahren, göttlichen Weg wieder zurückzuführen!

(14) Ich wußte, warum ich kommen mußte, warum es notwendig war. (...) Ich tue es für Sie!

(15) Es ist mein größtes Bestreben, Menschen, die vom wahren, göttlichen Glauben abgekommen sind, wieder auf diesen Weg zu führen.

(16) Ich bin für die ganze Menschheit da, ich muß meiner Pflicht genügen, ich muß helfen – das alles verlangt der Herrgott!

(17) Mein Wunsch ist es von jeher gewesen, nicht nur einem Menschen zu helfen, sondern allen Menschen, die auf dieser großen, göttlichen Erde leben, soweit sie es verdient haben, daß ihnen geholfen wird.

(18) Ich gebe Ihnen zu wissen, daß ich ohne Arbeit, ohne einem Menschen überhaupt zu helfen, nicht mehr leben kann. Ich muß helfen. Ich tue meine Pflicht, was die Ihre ist, bleibt jedem selbst überlassen.

(19) Ich gehe meinen Weg, ich gehe davon nicht ab. Ich bin und fühle mich verpflichtet, Menschen zu helfen und Menschen zu heilen, und dieses geschieht nur im Namen Gottes.

(20) Ich will nicht aufrufen zur Revolution, was Sie auch schon (...) befürchteten. Nein! Das gibt es nicht. Ich beschwöre keinen Haß herauf. Ich hetze Sie nicht auf. Nein! Ich rufe Sie zur Ordnung. Ich sage nur die Wahrheit, mehr nicht.

(21) Gott gibt Ihnen einen, Seinen Segen; darum werde ich bitten; dafür will ich beten; dafür werde ich das tun, was hier nicht nur meine Pflicht und Schuldigkeit ist, sondern was hier mein Erdenleben, mein Hiersein bedeutet. Denn ich bin mir meines Hierseins, meines Erdenlebens bewußt, wovon viele, die meisten Menschen, nichts wissen.

„Es gibt kein Unheilbar!"

(1) Hier auf dem göttlichen Weg gibt es kein Unheilbar, keine Schmerzen, kein Leid, keine Sorgen, da gibt es Gesundheit, Freude, Wonne und Zuversicht.

(2) Es gibt kein Unheilbar. Gott ist der größte Arzt.

(3) Sie brauchen nicht zu fürchten, wenn der eine oder andere schwer gelähmt oder blind ist, daß ihm die Hilfe nicht zuteil werden kann. Die Hilfe kann jedem Menschen zuteil werden.

(4) Niemals den Mut sinken lassen, wenn man Ihnen auch schon gesagt hat: Da können wir nicht mehr helfen. Da macht es mir am meisten Spaß, wo die Hilfe schon versagt hat!

(5) Es gibt vieles, das nicht erklärt werden, aber nichts, das nicht geschehen kann!

Niemals den Glauben aufgeben

(1) Wer sich selbst aufgibt, dem kann Gott und dem kann auch ich nicht mehr helfen.

(2) Überlegen Sie genau, wie Sie sich selbst versündigt haben, wie Sie immer wieder der Sünde, wie Sie immer wieder dem Bösen verfallen sind! Wie Sie immer wieder nur dem Bösen dienten, denn Sie hatten sich ja mit dem Bösen abgegeben, viele sogar schon abgefunden. Denn Sie haben sich verloren gesehen.

(3) Da wundern sich Menschen, wenn sie hier und dort und überall und immer wieder geklagt haben und sagen: „Ich kann an Gott nicht mehr glauben, ich bin jetzt schon 20, 30 Jahre und noch länger krank, ich habe zum Herrgott gebetet, ich habe alles Mögliche getan, ich bin früher so viel zur Kirche gegangen, ich habe den Glauben nicht verloren; aber jetzt, erst vor soundso viel Wochen, jetzt habe ich den Glauben endgültig verloren, es gibt keinen Herrgott mehr." Ja, zu dieser Überzeugung ist der eine oder andere Kranke gekommen. Als ich ihnen aber sagen konnte, wie es immer wieder der Fall war: „Ja, und was ist jetzt? Jetzt sollen Sie die Hilfe erhalten, und jetzt haben Sie sich vom wahren, göttlichen Glauben losgesagt!" Wenn man die Hoffnung aufgibt, dann ist das Ziel am nächsten. Wenn man gar nicht mehr damit rechnet, daß es noch das andere, das Gute gibt, wie es überhaupt im Menschenleben mal vorgekommen ist und auch vorkommen wird, und mit einemmal ist es da. Und die Menschen wundern sich und können es nicht glauben: „Ja, wir haben nie gedacht, daß wir das noch mal wieder erhalten." Und das, was der Mensch verloren, ist das Beste! Ich sagte eben, ich stehe vor allen Menschen, die tatsächlich die Verbindung zum Herrgott verloren haben. Ich stelle nur die Verbindung wieder her, so daß sie tatsächlich wieder vom

Herrgott geführt werden. Denn ich sage nach wie vor: Der größte Arzt aller Menschen ist und bleibt allein unser Herrgott. Wir Menschen dürfen nicht vergessen, daß wir nur Kinder Gottes sind.

(4) Wer standfest ist, wer den wahren, göttlichen Glauben in sich festhalten kann, siegt!

(5) Das anhaltende Gute überwindet das Böse.

Der Brückenbauer

(1) Der Satan hat seinerzeit, als er begann, diese Wühl- und Ketzarbeit aufzunehmen, den Menschen zu verlocken, den Menschen auf den Irrweg zu bringen, die Brücke gesprengt, die zum göttlichen Weg führte. Folglich war es dem Menschen nicht mehr möglich, auf diesen wahren, göttlichen Weg zu kommen. (...) Die Brücke war nicht mehr da. Es war nur alles ein künstliches Halten. Und jetzt kann ich Ihnen ganz kurz sagen, daß die Brücke wiederhergestellt ist. Man hat in der ganzen Welt aufgehorcht: Es gibt einen Menschen, der Wunder wirkt! Man nannte ihn erst den Wunderdoktor. „Dieser Mensch kann etwas, er hat schon soviel bewiesen. Hin, nur hin!" Ja, und wie stellte sich das der Mensch überhaupt vor? Er glaubte, er stünde tatsächlich vor einem Doktor, der ihn wieder zusammendoktert. Nein, so sieht es nicht aus. Diese Vorstellung ist falsch gewesen. Ich will ja weiter nichts, als mit dieser göttlichen Kraft dem Menschen das wiedergeben, was er verloren hat. Ich will den Menschen wieder dahin bringen, wo er sich einst befunden hat: auf den göttlichen Weg. Hier heißt es: Verdirb oder lebe! Wer leben will und wer weiß, daß es einen Herrgott gibt, wer einen kleinen Funken noch in sich hat, der weiß diesen Weg auch wieder zu gehen. Und wer diesen Weg geht, der geht den richtigen Weg, der geht den Weg des Friedens! (...) Ich will keinen Menschen dazu zwingen, das zu glauben, was ich gesagt habe. Sie können es glauben, Sie brauchen es nicht zu glauben. Sie brauchen auf meine Rede nicht zu hören. (...) Ich möchte hier keinen Maßstab anlegen. Ich will keinen Menschen kränken, im Gegenteil, ich will jedem Menschen die Hand reichen.

(2) Der Mensch ist, Tausende von Jahren zurück gesehen, von dem eigentlichen, von dem wahren, göttlichen Weg abgekommen, und er hat sich irreführen lassen von einzelnen weni-

gen, und das ist der Irrweg, den der Mensch, schon Generationen zurück gesehen, gegangen ist. Und die Menschen, die satanisch waren, die haben diese Menschen zurückgelockt von dem guten, göttlichen Weg und haben hinter sich die Brücke gesprengt, wie es sonst jeder andere auch tut. Wir brauchen nur ganz kurz zurückzudenken an den letzten Krieg, in dem ja jeder, der einen Weg verlassen und über eine Brücke gegangen, diese Brücke hinter sich gesprengt hat, so daß es den anderen Guten nicht mehr möglich ist, mit den Bösen zusammenzukommen. Aber so dachte jeder von sich, er wäre der Beste. Und so wurde dieser Weg zu dem eigentlichen wahren Göttlichen, den der Mensch hätte gehen müssen, unterbrochen durch die Brücke, die seinerzeit von den bösen, satanischen Menschen zerstört wurde.

Und heute ist es schon so weit, daß diese Brücke wiederhergestellt ist, ich habe Jahre daran gearbeitet. Nicht, daß ich (...) in die Weltöffentlichkeit gezerrt werden wollte, aber trotzdem, ich bin den rechten Weg gegangen. Ich bin überall, auch unter diesen satanischen Menschen, gewesen, ich habe nichts aus dem Auge gelassen, um diesen Dingen näher auf den Grund gehen zu können, wo sie eigentlich hin wollten.

Seit dem vergangenen Jahr, als ich, ohne daß ich es wollte oder etwas dazu tat, an die Weltöffentlichkeit gezerrt wurde, habe ich angefangen, diese Brücke zu bauen. Die Brücke ist fertig, so daß Sie alle wieder auf den göttlichen Weg zurückgehen können! Es hat hier und dort Menschen gegeben, die zu mir gekommen sind, mich gebeten haben, daß sie wieder ihren Glauben zurückerhalten, und viele Menschen sind gekommen, die sich schon bedankt haben. Sie haben nicht von der Heilung gesprochen, nein, sondern daß sie ihren, d.h. den wahren, göttlichen Glauben wiedergefunden haben und daß sie wieder das sind, was unsere Vorfahren vor Tausenden von Jahren mal waren und was der Mensch eigentlich sein müßte. Und dieses ist der einzige Weg!

(3) Ich habe die Gelegenheit so genutzt, um noch nebenbei die Brücke zu bauen, die zum göttlichen Weg führt. Es war keine schöne Zeit, aber ich habe es geschafft.

(4) Es sind so viele Menschen gekommen, die sagten, ich wäre ein guter Brückenbauer.

(5) Dieser Weg, den der Mensch bisher gegangen ist, ist ein falscher, und das ist der Irrweg, nicht mehr der göttliche. Aber auf dem schlechten Weg sein und dann von dem Guten etwas erlangen, nein, das geht nicht. Also wollen wir Menschen versuchen, auf den guten, auf den göttlichen Weg wieder zurückzugehen. (...) Die Brücke ist da, die Brücke hält! Das kann keiner mehr bestreiten. Und wenn Sie diesen Weg gehen, werden Sie so nach und nach das erhalten, was Sie als Mensch auch wert sind. Dann wissen Sie, dann weiß der Herrgott auch, daß die Verbindung zum Herrgott, die der Mensch nicht mehr gehabt hat, wieder hergestellt ist, und Er sagt: „Jetzt sorge ich für den Menschen, nicht früher." Genauso kann die Birne nicht brennen, wenn sie keinen Anschluß zum Werk hat. Genauso schaffe ich die Verbindung wieder, und Sie können leben, Sie erfüllen dann Ihren Zweck als Mensch.

(6) Ich sehe hier den Kronleuchter vor mir. Um das Leben dieser Glühbirnen zu bewirken, muß Strom eingelassen werden. Dieser Strom wird künstlich erzeugt, kommt aber von einem Werk. Wenn die Verbindung vom Werk zur Glühbirne da ist, erfüllt die Birne ihren Zweck. Und ist die Verbindung abgeschnitten, daß irgendwo eine schlechte Hand sich darangemacht und die Verbindung zum Werk abgeschnitten hat, so können Sie nicht erwarten, daß die Glühbirne leben kann. Nur eine einzige schmutzige Hand kann das bewirken!
Aber um darauf zu kommen, gibt es noch viel, viel mehr. Nehmen Sie ein Radiogerät, das in Ordnung ist, und eine ungezogene Hand, die an einem schlechten Menschenkörper ist, der

so gestellt ist, nur Schlechtes zu tun, führt es soweit, daß es diesen Empfangsapparat zerstört. Sie schneidet die Verbindung zu dem Rundfunksender ab. Folglich können Sie auch nicht empfangen. Wie auch hier, wenn Störenfriede am Werk sind, wäre es überhaupt zwecklos, Ihnen so ein Gerät zu geben.

Der Mensch muß all das Schlechte von sich räumen, von sich jagen, nichts unversucht lassen, ein guter Mensch zu sein. Und wenn jemand, der schlecht ist, es wagt, eine Hand an ihn zu legen, dann soll er sie abwehren und sagen: „Hier hast du nichts zu suchen, dieser Körper gehört mir, ich lebe mit diesem." Also, die Verbindung abzuschneiden ist leicht. So wie das hier in diesen zwei Beispielen geschildert ist, wird es Ihnen jetzt verständlich sein, daß der Mensch auch die direkte Verbindung zum Herrgott verloren hat. Wenn so ein Gerät oder so eine Lichtleitung vom Werk abgeschnitten ist, kann sie erst wieder durch einen Fachmann in Ordnung gebracht werden. Aber dieser Fachmann muß jetzt Obacht geben, daß da keine schmutzige Hand mehr hinreichen kann, um dieses wieder zu unterbrechen, sonst sind die Birnen wieder tot und erfüllen nicht ihren Zweck. Vergleichen Sie die Birnen mit dem Menschen, dann haben Sie es. Oder vergleichen Sie das Radiogerät mit einem Menschen. Der Mensch empfängt hier die Heilwelle wie das Radiogerät die Radiowelle. Und dieser kleine Fachmann, der die Verbindung wieder zum Herrgott herstellen kann, will ich nicht nur sein, sondern ich kann schon ganz offen sagen, der bin ich! Ich will allen Menschen wieder das mit auf den Weg geben, was sie verloren haben, soweit sie bereit sind, diesen Weg wieder zu gehen, den Weg, auf dem sie schon früher waren, nur daß sie sich von diesen satanischen Menschen herabzerren liessen, die sagten: „Kommt, hier ist es schöner, hier ist es besser." Und so kamen sie nachher auf einen Irrweg.

Der Wegweiser

(1) Ich stehe vor den Menschen nur wie ein Wegweiser, der ihnen den Weg wieder weist, ihnen den Weg wieder zeigt, den sie seit Jahrtausenden so nach und nach verlassen haben. Dieser Weg ist der wahre, göttliche Weg. Denn als der Satan den Menschen von diesem Weg lockte, hat er hinter sich die Brücke gesprengt, die zu diesem Weg führte. Und folglich hat es nur einzelne wenige gegeben, die den wahren, göttlichen Glauben beherzigten, und die anderen sind jetzt auf dem Irrwege gefangen. Es gab und gibt auch heute noch ein großes Durcheinander. Damit Sie mich verstehen, ich gebe Ihnen soviel darüber nachzudenken, wenn ich Ihnen sage, die Brücke zu diesem göttlichen Weg habe ich wieder errichtet, und Sie können wieder zurück. Diesen Weg zeige ich Ihnen.

(2) Ich will für die Menschen nur ein Wegweiser sein. Ein kleiner Brückenbauer bin ich gewesen, und jetzt bin ich der Wegweiser, indem ich den Menschen den richtigen Weg zeige, den Weg zum Herrgott.

(3) Ich will ihm [dem Menschen] nur den Weg zeigen, den Weg, den er zu gehen hat, wenn er gewillt ist, ein gutes Leben zu führen. Nur ein Wegweiser will ich sein, ich zeige ihm den Weg. Und dazu stehe ich hier auf dieser Erde. Es mag einzelne unter Ihnen geben, die sich sagen: „Er nimmt sich viel heraus, der kleine Kerl!" O nein, das, was ich tue, und das, was ich sage, kann ich immer verantworten.

(4) Der Mensch ist soweit, er steht vor dem Abgrund. Und ich rufe den Menschen zurück, zurück auf den Weg, auf dem er sich einst befunden.

(5) Es ist doch besser, wenn man da wieder ist, wohin man gehört, wo alle nur einen Weg gehen; das ist doch viel leichter, als würden wir uns jetzt teilen und Sie wieder Ihren Irrweg gehen – dann stehe ich wieder alleine. Gut, dann kommen andere, folgen werden schon einige, die das Gute, das Göttliche bejahen, d. h., sie beginnen da, wo sie sich selbst bejahen, da kommt das Göttliche zum Vorschein.

Der Transformator

(1) Ich stehe tatsächlich vor den Menschen wie ein Transformator, der den Strom vom göttlichen Werk empfängt und weiterverteilt an den einzelnen, wie er ihn braucht, um wieder leben zu können. Vergleichen Sie auch dieses hier mit dem Elektrizitätswerk, mit dem Transformatorenhäuschen und den einzelnen Brennstellen. Dann haben Sie alles! Es ist da kein Unterschied, man braucht nur etwas darüber nachzudenken, und somit ist es eine Selbstverständlichkeit. Tatsächlich empfängt der Mensch auch Strom, was ich (...) unter Beweis gestellt, daß jeder Mensch, der gekommen ist, diesen Strom empfangen hat. Eine Entfernung spielt auch hier keine Rolle.

(2) Ich stehe vor allen Menschen nur als ein ganz kleiner Vermittler, als ein ganz kleines Werkzeug oder als ein ganz kleiner Transformator auf dieser Erde, der den Heilstrom verteilt. Dieser Heilstrom ist kein menschlicher, es ist der reine, der ganz natürliche, es ist der göttliche.

(3) Ich stehe vor Ihnen wie ein ganz kleines Werkzeug Gottes oder wie ein ganz kleiner, winziger Transformator auf der Erde, der Ihnen das vermittelt, was Sie brauchen, um gesund zu werden.

(4) Natürlich können Sie nicht den direkten Strom vertragen.

(5) Ich will Ihnen das Leben nicht erschweren, ich will es Ihnen leichter machen. Ich will Ihnen die Gesundheit geben, d. h. nicht ich, sondern ich stehe vor Ihnen nach wie vor nur als ein kleiner Vermittler unseres Herrgotts. Unser Herrgott ist und bleibt alles. (...) Der größte Arzt aller Menschen ist und bleibt allein unser Herrgott. Nur auf Seine Hilfe können wir rechnen.

(6) Ich will helfen und heilen. Ich selbst tue nichts, aber ich weiß, daß mir die Kräfte zufließen und daß ich diese auswerten kann, um Menschen zu heilen.

(7) Nicht ich heile, sondern es heilt die göttliche Kraft durch mich.

(8) Sagen Sie bitte niemals, daß ich Sie geheilt habe. Nein! Der Glaube an Gott, die Verbindung zum Herrgott, das ist die Heilwelle, die Sie empfangen haben, die über meinen oder durch meinen Körper geht. Ich bin nur ein kleiner Vermittler, mehr nicht, ein winziger Transformator. Von mir können Sie den Strom haben, und es liegt ganz an Ihnen selbst, wie Sie diesen empfangen.

(9) Wenn einer fragt, ob ich geheilt habe, dann sage ich nach wie vor: Ich nicht. Das habe ich noch nie getan, ich habe nur den Heilstrom richtig verteilt. Wo ich wußte, daß es für den Körper in Ordnung war, daß er aufnahmefähig war, da erhielt er den Strom. Von Heilen keine Spur! Ich nie!

(10) Was nutzt das alles, daß es wirklich einen Menschen gibt, der viel des Guten, was auch alle Menschen nötig haben, das Gute, das von Gott kommt, aufnimmt, wenn er keine Abnahme findet? Wenn da ein verschlossenes Herz vor ihm steht, wenn der Mensch seinen Verstand spielen läßt, durch den er soviel Zeug aufgenommen, unnötiges Zeug, das er für sein Leben nicht braucht?

Der Sender

(1) Der Sender sendet! Ich sagte schon, ich stehe wie ein kleiner Transformator hier auf dieser kleinen, göttlichen Erde. Und ich komme deshalb auf den Rundfunk zu sprechen: Ich bin der Sender, der die Heilwelle sendet, Sie sind der Empfänger, der die Heilwelle empfängt. Rundfunk, heute eine Selbstverständlichkeit, vor dreißig Jahren nicht. Von dem kleinen Gröning haben Sie auch gehört. Genauso war damals der Streit wegen Rundfunk und Schallplattenindustrie, die haben sich auch gezankt. Und heute sind es die Pharmazeuten.

(2) Wenn ich vor 30 Jahren gekommen wäre und hätte Ihnen etwas erzählt von einem Radioapparat, so hätten Sie mich ausgelacht. Wenn ich Ihnen gesagt hätte, wenn jemand in Berlin oder in München oder irgendwo im Ausland spricht, so kann man das in dieser kleinen Kiste hören, so hätten Sie gesagt: „Der ist verrückt!" Das war für die Menschen damals unverständlich, sie konnten das nicht fassen. Heute ist das für sie selbstverständlich. Nur einzelne wenige haben es gewußt, daß es tatsächlich solche Apparate gibt, wie das möglich ist. Wie es auch hier einzelne wenige zu Anfang gewußt haben, daß es einen so kleinen Kerl gibt, der so etwas tun kann. Und nach und nach wird es für die Menschen so eine Selbstverständlichkeit werden wie heute mit dem Rundfunk.

(3) Wenn Sie schon so weit vorgeschritten wären, um sich einzuschalten auf den Sender, auf den Sender Gröning, dann könnten Sie die Heilwelle empfangen. Sender Gröning – deswegen bin ich nicht erhaben, auch nicht zu haben. Denn jeder will etwas haben, manch einer gar viel. So brauchen Sie sich tatsächlich nur auf diesen kleinen Sender, nennen wir ihn meinetwegen so, einzuschalten, und so empfangen Sie schon das, was Sie brauchen.

(4) Greifen wir zurück zum Radiogerät. Wenn der Apparat, das Empfangsgerät nicht in Ordnung ist, kann der Sender senden, soviel er will, und Sie können mit diesem Gerät nichts empfangen. Ich stehe genauso vor den Menschen wie ein Sender, und Sie als Mensch, wie ich es als Mensch natürlich auch bin, sind der Empfänger. Sie sollen ja nur das empfangen, was ich sende, und das, was ich sende, ist die Heilwelle. Vorerst bei dem Menschen, wenn er krank ist.

(5) Ein Rundfunkempfangsgerät, das nicht in Ordnung ist, kann auch nicht die Sendewelle empfangen, muß erst in Ordnung gemacht werden. (...) Wenn die Kiste in Ordnung ist, so brauchen Sie immer etwas für den Empfang, und das ist die Antenne, wie Sie hier das Kügelchen haben. Vergleichen Sie jetzt mit dem Apparat: Wenn der Apparat auf irgendeinen Sender eingestellt wird, so können Sie die Sendewelle empfangen. Auch hier, nur daß es die Heilwelle ist. Sie sind genauso ein Apparat, Sie können genauso empfangen. Sie brauchen auch kein Kügelchen. Es gibt ja Apparate, die die Antenne in dem Innern schon eingebaut haben. Und dasselbe haben Sie auch, nur ist das im Laufe der Jahre alles bei Ihnen erschlafft, es ist nicht mehr da, Sie konnten von dem rein Natürlichen nichts mehr empfangen. (...) Und jetzt sind Sie so geschaltet – ich habe etwas an Ihrem Körper getan, wo und was, ist für Sie unwichtig, das werden Sie später erfahren –, daß die Antenne wieder da und auf Empfang geschaltet ist. Das Radiogerät ist mit künstlichem Strom gespeist. Sie haben jetzt auch soviel Strom hineinbekommen, soviel Strom, daß Sie empfangen können wie Ihr Apparat. Ebenso wie die Röhren angeheizt werden müssen, so ist es bei Ihnen auch. So ein Apparat muß auch erst durchheizen, und wenn Sie den Stecker reinstecken, müssen Sie erst warten, bis er durchgeheizt ist. Erst kommt die Wärme, auch bei Ihnen, dann kommt der Strom und reguliert das Weitere. Besser ist es immer,

wenn der Mensch dann das alles ausspricht, was er verspürt. Er muß das herausgeben, sowie er das ausspricht, ist es verschwunden.

(6) Der Mensch wird nur umgeschaltet, d. h., daß er wieder empfangen kann, empfangen wie ein Radiogerät. Der Sender sendet, und das Empfangsgerät empfängt. Und wenn der Apparat nicht in Ordnung ist, können Sie nicht empfangen, und wenn die Antenne nicht in Ordnung ist, wenn Sie überhaupt keine haben, dann muß es schon ein starker Apparat sein. Aber Sie haben heute eine Antenne bekommen, das ist das Kügelchen. Das werden Sie auch schon verspürt haben, daß etwas Komisches dadurchging. (...)
Ich brauche auch nicht hier zu sein. (...) Wenn die Empfangsstation in Ordnung ist, können Sie zu Hause genauso empfangen wie hier und sind wieder richtig geschaltet. Und lassen Sie ja nicht diese Verbindung abreißen. Die Heilwelle geht genauso durch den Äther, durch die Wand, durch Berg und Erde wie die Radiowelle. Diese ist künstlich, und jene ist natürlich. Deswegen ist es möglich, daß Sie auch zu Hause oder gleich, wo Sie sich befinden, wenn Sie sich die Zeit nehmen, auch die Heilwelle empfangen. Wie heute mit jedem Rundfunkgerät, das Sie in die Hand oder unter den Arm nehmen, und schon hören Sie, was in der Welt passiert. Das ist nichts Ungewöhnliches. Und hier auch nicht, hier erst recht nicht! Es gibt vieles, das nicht erklärt werden, aber nichts, das nicht geschehen kann!

(7) Ist es erforderlich, daß Sie mit Ihrem Rundfunkempfangsgerät zum Sender gehen, um die Sendewelle von dem bestimmten Sender zu empfangen? Das braucht man nicht. Sie bleiben schön mit Ihrem Apparat zu Hause. Sie schalten diesen Apparat nur ein auf einen bestimmten Sender. Auf dem Gebiet des Rundfunks gibt es ja mehrere Sender. Hier gibt es nur erst noch einen. Sie brauchen nur den Apparat einzuschalten, d. h.,

den Strom mit reinzugeben, wie Sie auch Strom haben. Stellen Sie sich vor, Sie sind jetzt Empfangsgerät, und so wie Sie diesen Strom hineinlassen in diesen Apparat, schalten Sie die Skala auf einen bestimmten Sender, und Sie hören, was der Sender sendet. (...) Der Sender sendet laufend weiter, und deswegen ist es nicht nötig, daß der Sender zum Empfänger kommt oder umgekehrt. Jeder bleibt dort, wo er ist, er braucht sich nur auf den Sender einzustellen. Und weil er das nicht wußte, müssen wir vorerst Gemeinschaftsempfang machen. Ich kann derweil ruhig aus Deutschland herausgehen, ich kann sonstwo im Ausland sein, ich sende Ihnen schon die Heilwelle, gleich wo Sie sich befinden, Sie brauchen sich nur einzuschalten. Das ist für Sie als Mensch das neueste, aber unbekannt ist es Ihnen nicht, daß es auf dem künstlichen Wege genau dasselbe gibt. Und hier habe ich nur ein Gerät herausgegriffen, das Radiogerät, was von Menschenhand geschaffen. Und was von der göttlichen Seite kommt, ist das Natürliche.

Wer hat ein Recht auf Heilung?

(1) Ich gebe Ihnen zu wissen, wer eine Berechtigung auf Heilung hat: Eine Berechtigung hat der Mensch, der bereits den göttlichen Glauben in sich trägt und mit ihm gelebt hat. Eine Berechtigung hat ferner, wer den Glauben an unseren Herrgott, den Glauben an unseren himmlischen Vater verloren hat, aber jetzt wieder bereit ist, ihn in sich aufzunehmen, und ebenfalls bereit ist, mit ihm zu leben.

(2) Wer empfängt und wer hat ein Recht auf Heilung? Ein Recht hat nur der, der den göttlichen Glauben in sich trägt. Ich gebe Ihnen zu wissen, daß Sie alle, so wie Sie hier und überall in dieser großen und göttlichen Welt leben, nur Kinder Gottes sind. Der alleinige Arzt, der Arzt aller Menschen, ist und bleibt unser Herrgott. Nur Er kann helfen. Er hilft aber nur dem Menschen, der den Weg zu Ihm gefunden hat oder aber (...) bereit ist, den Weg anzutreten, den Glauben in sich aufzunehmen und mit ihm zu leben. Sie brauchen nicht an den kleinen Gröning zu glauben, aber Vertrauen müssen Sie mir entgegenbringen und dem Herrgott für Seine große Tat, für Seine große Macht, für Seine Herrlichkeit danken.

(3) Ich gebe Ihnen zu wissen, daß Sie zu mir das Vertrauen und an unseren Herrgott den Glauben haben und ihn stärken und diesen göttlichen Glauben Ihr ganzes Leben in sich tragen müssen. Nicht nur, wie es bisher Menschen gegeben hat, die glaubten, wenn sie täglich oder die Woche einmal das Gotteshaus betreten, daß sie schon die Menschen wären, die sich zu diesen zählen können. Nein, so ist es nicht, man soll nicht beten und hinterher gleich ein anderer, ein schlechter Mensch sein. Nein, mit dem Glauben leben, dann können Sie kein schlechter Mensch sein, dann sind Sie es wert, als Mensch angesprochen zu werden.

(4) Sie sollen aufgeklärt werden, damit Sie genauestens wissen, wie Sie sich zu verhalten haben. Ich gebe Ihnen zu wissen, daß Sie mir das größte Vertrauen entgegenbringen müssen und den Glauben an unseren Herrgott mehr stärken denn je.

(5) Haben Sie Vertrauen zu mir. Haben Sie Glauben, den Glauben an unseren Herrgott, dann haben Sie alles!

(6) Vertraue und glaube – es hilft, es heilt die göttliche Kraft.

(7) Hier ist nur das eine in den Vordergrund zu schieben, daß Sie mir das größte Vertrauen entgegenbringen und den größten und festesten Glauben an unseren Herrgott haben, nicht nur Minuten oder Stunden, Monate, Jahre, sondern überhaupt Ihr ganzes Leben, das ist Grundbedingung.

(8) Wenn Sie zu mir gekommen sind mit dem größten Vertrauen, so empfangen Sie auch das, was Sie brauchen, um gesund zu werden. Das ist die Heilwelle.

(9) Es geht aber nicht, wenn der eine und der andere sagt: „Ich glaube an Gott." Oder: „Ich gehe zum Gröning, ich habe zu ihm Vertrauen." Wenn das nur leere Worte sind, wenn es nicht aus dem Inneren kommt, ist es zwecklos. Diesen Menschen kann ich nicht helfen. Nur, wenn sie aus reiner innerer Überzeugung, aus reinem inneren Drang zu mir gekommen sind, kann ihnen die Hilfe gewährt werden.

(10) Wer mit Mißtrauen hierhergekommen ist, kann auch wieder mit Mißtrauen nach Hause gehen. Wer aber mit Vertrauen zu mir gekommen ist, den bitte ich, diese wenigen Worte zu beherzigen und das zu empfangen, was er braucht, um gesund zu werden.

(11) Wer sich hiergegenstellt, dem wird diese Hilfe niemals zuteil werden. Es gibt Menschen, die es nicht verstehen können, einmal aus Dummheit, zum anderen aber ist es tatsächlich so, daß sie dieses nicht in sich aufnehmen können oder daß sie gar das schmutzige Leben vorziehen. Diese Menschen verachte ich, verachte sie solange, bis sie den Weg, den Weg zu unserem Herrgott wiedergefunden haben.

(12) Der eine hat die Reife früher, der andere später. (...) Unreifes Obst kann man nicht essen, der Apfel muß erst seine Reife haben, ehe Sie ihn essen, und wenn er die Reife hat, so werden Sie auch gesund bleiben. Unreifes Obst ißt man nicht. Einen noch unfertigen Anzug können Sie auch nicht anziehen. So ist es auch bei den Menschen: der eine hat die Reife früher und der andere später, der eine ist gleich aufgeschlossen, die anderen kommen nach und nach. Es ist logisch, auf einem schmalen Weg gehen die Menschen nicht nebeneinander, sondern hintereinander. Deswegen darf man die Unvernunft nicht sprechen lassen. Noch einmal: Nichts verlangen, sondern erlangen!

(13) Ich habe jedem Menschen immer wieder zu wissen gegeben: Wer den Weg zu mir gefunden, der soll die Angst und vor allen Dingen das Geld zu Hause lassen. Was er mitzubringen hat, ist allein seine Krankheit und außerdem die Zeit, die Sie ja alle immer wieder am laufenden Band zu opfern gewußt haben.

(14) Was ich hier vorzubringen habe, geht bestimmt jeden einzelnen Menschen an, ganz gleich, welcher Nation oder Konfession er angehört, ganz gleich, ob er arm ist oder reich, mir ist jeder Mensch gleich, auch die Hautfarbe spielt hierbei keine Rolle und noch viel weniger die Muttersprache.

(15) Ich frage keinen Menschen nach Religion und Nation. Alle sind sie Menschen, alle Kinder Gottes. Ich bin wohl katholisch getauft und verleugne meinen katholischen Glauben nicht. Aber deswegen kann ich nicht sagen: Wer ein Protestant ist oder wer einer Sekte angehört, den stelle ich beiseite. Nein, das geht nicht.

(16) Ich bin nun mal ein Deutscher und befinde mich heute noch auf deutschem Boden. Ich fühle mich verpflichtet, erst mal hier zu helfen, wo ich stehe. Aber alle Menschen, die auf dieser großen, göttlichen Erde leben, haben eine Berechtigung, genau dasselbe zu verlangen, was auch Sie haben. Jedem soll das Große und Gute, das Reichste, was es überhaupt gibt, zuteil werden. Nicht Reichtum an Geld, sondern Reichtum an Gesundheit.

(17) Mensch ist Mensch, wir Menschen sind alle nur Kinder Gottes, da gibt es keinen Unterschied. Ich räume auch hier dem Deutschen das Recht nicht ein, daß er mich für sich allein beansprucht.

(18) Ich darf und werde niemanden benachteiligen noch bevorzugen.

(19) Ich bin bereit, allen Menschen zu helfen, alle Menschen zu heilen.

(20) Werfen Sie die Krankheit ab, und nehmen Sie die Gesundheit in sich auf. Dieses geschieht im Namen Gottes! Sie brauchen nicht gleich Mißtrauen zu haben, wenn Sie in diesem Augenblick noch nichts verspüren. Meistens geschieht es ja sofort. Aber Sie müssen soweit sein, daß Sie sich frei machen von Ihren Sünden, frei von Ihrer Schlechtigkeit, um die Gesundheit aufnehmen zu können. Ich gebe Ihnen zu wissen, daß die Gesundheit etwas Großes, etwas Gutes, daß sie das rein

Göttliche ist. Und der Herrgott geht nicht an die Menschenleiber, die sich von den Sünden noch nicht befreit oder die gar nicht daran denken, den Weg zu Gott anzutreten.

(21) Um das aufzunehmen, was der Herrgott Ihnen mit auf den Weg geben will, müssen Sie rein dastehen, muß Ihr Körper, muß Ihr Herz, muß all das, was Sie an und in Ihrem Körper besitzen, rein sein.

(22) Soweit Sie aufnahmefähig sind, soweit Sie frei sind, soweit Sie sich von dem Schlechten befreit haben, können Sie das Gute in sich aufnehmen. Das Gute ist die Gesundheit.

(23) Ich habe gesagt, daß es am Menschen liegt, ob ich ihm helfen kann, gleich, was für ein Leiden er hat. Es liegt nicht an mir, es liegt am Menschen! Allen zu helfen, kommt nicht in Frage, denn hier geht es um gute und um böse Menschen. Z.B. können meine Freunde mit sonst jemand kommen; wo ich weiß, daß der Mensch sich nicht ändert, ist nichts zu machen.

(24) Es liegt aber hier am Menschen selbst, wie er sich frei gemacht hat, um die Heilung zu empfangen, d.h., er muß rein sein. Er muß wissen, daß er kein Gotteslästerer ist. Er muß wissen, daß er sich verpflichtet und verbunden fühlt, mit dem Herrgott zu leben. Dann ist er rein. (...) Die Gesundheit ist etwas Gutes und bleibt nur in dem Körper, der rein dasteht.

(25) Ich wünsche Ihnen von Herzen das Allerallerbeste. Ich wünsche Ihnen die beste Gesundheit. Seien Sie rein, machen Sie sich frei von aller Schmutzigkeit, beseitigen Sie den Satan aus Ihrem Leib. Nehmen Sie den Herrgott in sich auf, lassen Sie den Herrgott in Ihrem Herzen wohnen, und dann werden Sie Ihr Leben lang auch die Gesundheit erhalten.

Die göttliche Ordnung

(1) Vertrauen zum Guten ist die Grundlage der göttlichen Ordnung.

(2) Ich rufe Sie zur Ordnung! Ich will, daß Sie ein gesundes, ein gutes Leben führen, wie Gott es bestimmt hat, und daß Sie sich mit diesem Unhold, mit dem Bösen, nicht mehr abgeben, auch nicht mit ihm abfinden, ihn ja nicht dulden, nein, ihn von sich weisen! Wenn Sie das alles tun, da sind Sie überzeugt, dann ist alles anders, viel schöner, da beginnt erst das Leben, d.h., da beginnt erst Gott in dem Menschen zu wirken.

(3) Die Ordnung ist Gott. Die Ordnung ist Gesundheit.

(4) Gut bei allem ist Ordnung.

„Nicht verlangen, sondern erlangen!"

(1) Ich räume keinem Menschen das Recht ein, von mir etwas zu verlangen, sondern nur zu erlangen. Sie sollen erlangen, Sie sollen empfangen, das empfangen, was Sie brauchen, um gesund zu werden.

(2) Verlangen Sie doch ruhig – ich tue es doch nicht, das habe ich nie getan. Wie ich in der Vergangenheit gewesen bin, d. h. in dem Leben zurück, so bin ich heute; und so wie ich heute bin, will ich immer sein. Mich können Sie nicht umkrempeln.

(3) Ich möchte nicht verfehlen, Ihnen dieses auch mit auf den Weg zu geben: daß der Mensch das, was er verlangt, nie erhalten darf und nie erhalten wird.

(4) Menschen sagen: „Ich muß gesund werden." Sie müssen sagen: „Ich werde gesund!", denn verlangen können sie nichts.

(5) Ich habe es nicht nötig, daß Menschen sagen: „Das und das kann er nicht", und daß Menschen einem vielleicht ein Muß auferlegen, daß ich es tun muß. Nein, ein Mensch hat kein Recht, von mir Derartiges zu verlangen, daß ich ihm helfen und ihn heilen muß. Ein Mensch nicht! Dieses Verlangen habe ich, ich verlange es selbst von mir, weil ich mich berufen fühle, Menschen zu helfen und sie zu heilen. Und ich schenke mein Leben allen Menschen dieser Erde und helfe ihnen, wo ich nur kann, soweit sie bereit sind, meine Hilfe anzunehmen. Ich will helfen und heilen! Ich gebe dieses den Menschen auf den Weg. Wer dieses hier verstanden hat und wer bereit ist, die Hilfe und Heilung entgegenzunehmen, der mache sich frei und lasse die Krankheit hier oder werfe sie nach und nach ab.

(6) Es hat Menschen gegeben, die sich erdreisten wollten: „Der Gröning muß aus dem Haus kommen, er muß uns helfen, er hat die göttliche Kraft, er darf nicht drin bleiben." Auch gibt es Menschen, die einem nicht vom Leibe gehen und sagen: „Ich gehe nicht früher, bis ich gesund geworden bin." Das gibt es auch. Ich würde mich hüten, wie auch Sie, unreifes Obst zu essen. Wenn Sie unreifes Obst essen, besteht die Gefahr, daß Sie krank werden. Ich lasse das immer reifen und esse es nur, wenn es reif ist. Und wenn Sie Ihre Gesundheit erhalten wollen, dann essen Sie es auch nur reif; Sie lassen sich die Zeit, bis es reif ist. Genauso könnte ich auch hier sagen: „Ja, wenn ich diesem menschlichen Befehl nachgehe, daß er sagt, du mußt helfen, dann begehe ich auch eine große Sünde, denn der Mensch hat noch lange nicht die Reife, er tut selbst von sich aus nichts dazu, er wirft das Schlechte nicht ab." Da müßte ich ja auch schlecht werden, wie Sie von unreifem Obst krank werden. Das darf und werde ich nicht tun!

(7) Nichts verlangen, sondern erlangen! Der eine früher, der andere später.

(8) Jetzt bitte ich Sie, die Zeit von sich aus nicht zu bestimmen, daß eine Heilung so schnell wie nur irgend möglich geht, sondern all die Dinge über sich ergehen zu lassen. (...) Bestimmen Sie bitte von sich aus keine Zeit, es geht über kurz oder lang, es kann mitunter nur Sekunden dauern.

(9) Sie alle werden das erhalten, wie Sie es zu erhalten haben.

(10) Ich habe überhaupt nicht die Absicht gehabt, Ihnen gleich die Hilfe zu geben. Ich halte schon, was ich verspreche, nur muß man mir Vertrauen soweit entgegenbringen. Und wenn es nicht gleich geschieht, geschieht es später, (...) restlos. Es bedarf nur alles seiner Zeit! Schön, daß Blinde sehen und Gelähmte gehen, aber es ist immer noch nicht so 100%ig, denn

Sie müssen sich erst umstellen. Meistens geht es schnell, aber wer sich darauf versteift, daß es schnell geht – das Recht steht keinem Menschen zu, derartiges zu verlangen. Nur nicht drängen und verlangen, sondern den Herrgott bitten und immer und immer dafür danken.

(11) Es ist ganz logisch, daß Sie nicht alles gleich so verarbeiten können, wie Ihnen das in Worten gegeben ist. Wer das sagt, der lügt! So schnell geht es nicht zu verarbeiten. Und deswegen muß man langsam, langsam, aber sicher treten. Mit Gewalt ist nichts zu machen. Es leuchtet Ihnen auch ein, daß hier nur die Zeit sprechen kann. (...) Nichts verlangen, sondern erlangen! Ich räume keinem Menschen das Recht ein, daß er von mir etwas verlangen kann. Was ich verlange, das ist Schmutz und Dreck, das ist die Krankheit, das Schlechte, das Schlechte, das dem Menschen schon in Fleisch und Blut übergegangen ist, in sein Denken, in sein Wesen.

Wunder gibt es nicht

(1) Wunder gibt es überhaupt keine, es ist nur ein Wundern.

(2) Heute sagte mir einer: „Es ist wieder ein Wunder geschehen!" „Nein", habe ich gesagt, „dies ist kein Wunder, das ist nur ein Wundern, wie es allgemein auch keine Wunder gibt." Wie man hier immer behauptet: „Das ist ein Wunder, was der Mensch da tut." Nein, falsch, es ist ein Wundern, Wunder wirken kann keiner! Und was der Herrgott tut, das Wunder, das Natürliche, die Natur selbst, das ist wohl ein Wunder. Aber für Sie ist es heute eine Selbstverständlichkeit, für Sie ist es kein Wunder mehr. Sie müssen es nur von der richtigen Seite betrachten.

(3) Es ist kein Zauber, sondern es ist ganz natürlich, so hat Gott es bestimmt!

(4) Aber es wird für Sie immer ein Wunder bleiben, weil Sie das Auffassungsvermögen noch nicht haben, weil Sie sich selbst noch nicht erkannt, so daß Sie auch Gott nicht erkennen können.

(5) Wer kann dieses Wunder bewirken? Glauben Sie, ein Mensch? Ich sage nein! Das kann nur Einer, nur Gott selbst!

(6) Das Wunder kann genauso auch an Ihrem Körper geschehen, wenn Sie sich ganz Gott hingeben, wenn Sie sich Ihm öffnen, wenn Sie sich selbst lossagen von allem Bösen.

Heilversprechen werden nicht gegeben

(1) Ich kann und darf auch keinem Menschen etwas versprechen. Ich lasse nichts unversucht, den Menschen zu helfen (...), soweit es mir möglich ist.

(2) Ich brauche auch einem Menschen kein Versprechen zu geben, aber Einem, zu dem ich gehöre, der mich hierhergesandt; und dem habe ich es gegeben, und dazu stehe ich.

Es liegt am Menschen, gesund zu werden

(1) Ich bitte, nicht die Frage zu stellen, was ich heilen kann, sondern wen ich heilen kann. Es liegt nicht an mir, sondern an jedem Kranken selbst. Wenn heute 100 Menschen gekommen sind, um Hilfe und Heilung zu erhalten, so kann es sein, daß heute 99 geheilt werden und einer nicht. Und wenn morgen wieder 100 kommen, so kann es vorkommen, daß 99 nicht geheilt werden und nur einer geheilt wird.

(2) Es liegt hier immer an den Menschen. Wie ich gesagt habe: wer es wert ist, daß ihm geholfen wird. Es geht hier nicht um Geld, es geht um den Glauben!

(3) Sollte ich Sie belügen, sollte ich sagen, daß es hier auf einen ankommt, wie ich es bin? Nein, Freunde, es kommt auf Sie selbst an, wie Sie das Gute aufnehmen! Wann können Sie es aufnehmen? Nicht früher, bis Sie sich selbst von dem Bösen gelöst, daß Sie wirklich mit dem Bösen nichts mehr gemein haben! Früher kommt die Aufnahme nicht! Früher ist es nicht möglich!

(4) Es liegt nicht an mir, Sie können haben, was Sie wollen. Und es ist falsch, wenn Sie fragen: „Was kann er heilen?" Nein, Sie müssen die Frage stellen: „Wen kann er heilen?" Sie können sich genauso sperren. Ich bin ja nicht verpflichtet, dem Menschen zu helfen, der keine Hilfe haben will. Sie können sich sperren, aber dann ist es nicht meine Schuld.

(5) Allen kann ich nicht helfen, sondern es kommt auf den Menschen an. Deshalb nicht fragen, was ich heilen kann, sondern die Frage stellen, wen ich heilen kann. Genauso können Sie daliegen, ich sage: „Steh auf!" Und Sie sagen: „Nein, ich

stehe nicht auf." Und so können Sie trotzen, „nein" sagen, „das tue ich nicht." Ja, dann können Sie eben nicht gehen, müssen liegenbleiben.

(6) Der Mensch sagt nicht von sich aus, daß Gott ihm helfen kann, ihm helfen wird. Wenn er den ersten Schritt zu Gott tut, damit wird ihm geholfen. Er, der Mensch, muß sich Gott nähern, er muß den Weg gehen, den Christus uns an- und auch aufgezeigt hat. Wir müssen Ihm folgen; der Mensch muß alles dazu tun. Tun heißt, zur Tat übergehen.

(7) Christus hatte auch nicht alle – wie es in einem Buche geschrieben steht – geheilt, die geheilt werden wollten, nein – auch nicht alle blieben gesund, wie es da heißt „geheilt". Viele hatten auch diese Heilung, Sie sagen „Heilung", wieder verloren, auch das hat es gegeben, gibt es heute auch. Es liegt immer an dem Menschen, wenn er vom Guten, wenn er von Gott wieder abkommt, daß er sich wieder dem Bösen hingibt, daß er sich wieder verlocken, verleiten läßt, daß er übermütig wird, da kommt das zustande.

Niemand ist ohne Sünde

(1) Ich glaube, daß Sie schon da angelangt sind, (...) daß Sie erkannt haben, daß Sie wirklich nicht nur einen Teil, sondern eine große Schuld tragen. Ich gehöre nicht zu denen, die sagen, der Mensch ist schuldlos. Nein, er soll zur Selbsterkenntnis kommen, daß er es nicht ist.

(2) Sie werden selbst ehrlich werden und sagen: „Ja, ich will auch zu den Ehrlichen zählen, ich will offen und ehrlich sagen, ich war ein Schweinehund, ich habe den Schweinehund in mir, er hat mich geführt. Ich gebe zu, ich habe mich verlocken und verleiten lassen, ich war zu schwach. Ich konnte nicht anders, ich habe es nicht gewagt, ihm zu widerstehen, ich wagte auch nicht, gute Kraft aufzunehmen, um diesen Schweinehund aus mir selbst herauszubringen." Kommen Sie nicht zu mir und sagen Sie, Sie haben keinen in sich gehabt! Es gibt Menschen, oft genug auch im Freundeskreis, die den Schweinehund immer noch in sich tragen, die davon nicht ablassen können. Das ist die Macht der Gewohnheit. Es gibt Menschen, die sagen: „Ich kann nicht anders, ich muß ihn zwiebeln, ich muß sehen, ich muß feststellen, daß es dem schlechtgeht, daß der sich ärgert und daß der herabgewürdigt ist, ich werde ihm schon zeigen, was eine Harke ist!" Und so vieles andere mehr! Verlangen Sie nicht, Freunde, daß ich jetzt weiter loslege, sonst werde ich noch persönlich, sonst würde ich die Menschen noch persönlich aufzählen. Diese Art Menschen dient heute noch dem Bösen.

Fehler sind erlaubt

(1) Wenn Sie etwas Schlimmes erlebt haben, wenn Sie falsch gehandelt haben, nicht schlimm! Aber ziehen Sie daraus die Lehre! Nicht noch einmal falsch handeln!

(2) Einen Fehler begehen und sich nicht bessern, das erst heißt einen Fehler begehen.

Der Mensch muß sich vom Bösen lösen

(1) Wenn hier viele Katholiken unter Ihnen sind, ist Ihnen das nicht unbekannt: Ehe Sie die heilige Kommunion empfangen, müssen Sie in den Beichtstuhl, wo ein Geistlicher ist, und diesem Geistlichen die Sünden beichten, all das, was Sie als Sünde empfunden haben, all das, was Sie Schlechtes getan oder auch nur gedacht haben. Und wenn Sie damit fertig sind, wird er immer wieder fragen: „Ist nicht noch etwas anderes, haben Sie nicht noch diese oder jene Sünde begangen?" Er läßt nichts unversucht, Sie an Einzelheiten zu erinnern. Und dann, wenn Sie fertig sind, dann sagt er: „Zur Buße beten Sie dieses oder jenes Gebetchen", oder was weiß ich, wieviel er als Buße auferlegt. Es kommt immer darauf an, wie viele Sünden Sie als kleiner Mensch, oder richtig gesagt, wie viele große Sünden Sie als kleiner Mensch begangen haben. Und wenn Sie diese Buße getan haben, so können Sie daraufhin die heilige Kommunion empfangen, aber nicht früher.

Und Sie müssen nüchtern bleiben, d. h., Sie dürfen vorher nichts gegessen haben. In meiner Heimat sind wir abends oder tags zuvor zur Beichte und am nächsten Tage zum Empfang der heiligen Kommunion gegangen, durften aber ab der zwölften Nachtstunde keine Nahrung aufnehmen, nicht einmal trinken, sondern mit einem ganz nüchternen Magen zur Kirche gehen, um die heilige Kommunion empfangen zu können. Und dann fühlte der Mensch sich wieder wie neu geboren, er war frisch, frei, er konnte wieder jedem Menschen in die Augen sehen und sagen: „Gott sei Dank, daß ich diese Sünde, dieses Laster wieder loswerde."

Aber es gibt auch Menschen, die sich dies zur Gewohnheit machen. Ich kenne Menschen aus meiner Heimat, die tagtäglich dasselbe wiederholten. Es gibt auch Menschen, die nur wöchentlich einmal, monatlich einmal, auch im Jahr nur einmal gehen. Welche sind jetzt die besten? Ich sage nach wie vor: einmal –

und das müßte genügen! Aber wer es nicht lassen kann ...! Da der Mensch ja nur Mensch ist und leicht verführt wird, verführt zum Bösen, dann aber seine Sünden bekennt, sie bereut und die heilige Kommunion, d. h. die Heilung empfängt, der ist geheilt. Wenn er das Bestreben hat, ein guter Mensch zu bleiben, dann ist es gut, wenn nicht, dann muß er dasselbe wiederholen. Jetzt vergleichen Sie bitte das mit dieser Heilung. Sie müssen seelisch vorbereitet sein, denn all Ihr Leiden ist seelisch bedingt!

(2) Der Mensch muß, um das wahre Göttliche zu erhalten, seelisch darauf vorbereitet sein. Ich greife zurück. Wenn Sie die heilige Kommunion empfangen wollen, müssen Sie sich von all Ihren Sünden frei machen. Sie müssen zur Beichte gehen, Sie müssen dem Geistlichen Ihre Sünden beichten, all das Schlechte, was Sie im Leben begangen haben. Und er legt Ihnen eine Buße auf – genauso hier das Warten –, und dann können Sie erst die heilige Kommunion empfangen.

Ich weiß aber, wenn der eine oder andere nicht alle seine Sünden gebeichtet hat, so wird er unruhig. Und der Mensch verfällt dadurch in ein seelisches Leid. Es gibt ja auch Menschen, die sich sagen: „Wenn ich nicht anders kann, dann gehe ich eben jeden Tag zur Beichte und zur heiligen Kommunion, oder ich gehe alle Woche oder alle Monate." Viele beichten auch einmal im Jahr, denn es summiert sich doch etwas zusammen, was der Mensch tatsächlich, ob er es wollte oder nicht, an schlechten Taten ausgeführt. Aber im Jahr einmal ist schon ganz schön, da macht er sich immer wieder frei von all diesem Schlechten, von all seinen Sünden.

Genauso wie ein Haus, das jeder Witterung ausgesetzt ist, auch immer wieder aufgefrischt werden muß, um es zu erhalten. Die Kleidung genauso, die Wäsche, alles, was der Mensch sich auf dieser Erde geschaffen – er erneuert es, er erfrischt es, er versucht, es immer wieder neu, sauber zu erhalten. Aber an sich selbst, an seinen eigenen Körper, an sein Inneres hat er noch nicht gedacht. (...) Das ist das Äußere, aber das Innere, was darunter ist, ist meistens nebensächlich. (...) Besser ist ja, wenn der Mensch sich von vornherein gleich sauber hält. Ich sage nach wie vor: Wie sich jeder bettet, so schläft er. Das Äußere macht es nicht, das Innere ist es.

(3) Um ihre Sünden loszuwerden, gehen sie [die Menschen] zur Kirche und bereuen ihre Sünden, d. h., sie beichten sie dem Geistlichen. Dieser Geistliche legt ihnen eine Buße auf dafür, weil sie gesündigt haben, und somit hat er jeden Menschen im Namen Gottes von diesen Sünden losgesprochen. Jetzt wollten die Menschen das Allerheiligste empfangen, das Göttliche, und das ist hier die heilige Kommunion. Ich sage nichts Neues. Wenn sie dies empfangen hatten, dann fühlten sie sich frisch, frei und froh: „Endlich bin ich diesen Schmutz los, endlich bin ich wieder von allen Sünden frei!" Und die Menschen waren auch frei, und das Empfinden haben sie immer wieder. Nur müssen die Menschen sich etwas mehr dranhalten und sagen: „Ich möchte, ich will und werde nicht mehr sündigen. Ich werde jetzt nur noch versuchen, Gutes zu tun, das wäre ein scheußliches Gefühl, mit diesen Sünden belastet zu sein." Und wer sich belastet fühlt, der läßt nichts unversucht, nichts Böses mehr zu tun, damit er nicht mehr belastet ist. Es muß immer so sein, daß man den Menschen genau in die Augen schauen kann. Man darf sich auch nicht scheuen, den Menschen, wenn er schlecht ist, wenn er etwas Sündhaftes tut oder zu tun gedenkt, davon abzuhalten oder ihm die Wahrheit ins Gesicht sagen, entweder – oder: „Nimmst du Vernunft an, dann wird es dir auch so gutgehen, dann wirst du auch so leicht, so frei, so froh sein. Denn die Sünde ist eine große Belastung!"

(4) Machen Sie sich jetzt frei von all dem Schlechten, und nehmen Sie das Gute auf, das hier die Heilwelle ist, nicht die menschliche, sondern die göttliche. Machen Sie sich frei von all dem Schlechten, und fühlen Sie, was in und an Ihrem Körper vorgeht. Es ist nicht meine Schuld, wenn Sie nicht empfangen,

es ist nicht meine Schuld, wenn Sie nicht gesund werden, es liegt an jedem Menschen selbst! Genauso wie ein Mensch noch unvorbereitet ist, wenn er die Absicht hat, die heilige Kommunion zu empfangen, und er hat nicht alle Sünden gebeichtet, so macht er sich selbst Vorwürfe. Wenn er den Mut aufbringt, so läuft er nochmals zur Kirche, um die Sünden, die er vergessen oder absichtlich nicht gebeichtet hat, noch zu bekennen. Er macht sich davon frei. Und hier muß er es auch!

(5) Wenn Sie glauben, daß Sie sich gereinigt, daß Sie das Schlechte abgeworfen haben, dann nehmen Sie das Gute auf. Das Gute geht nur da hinein, wo das Schlechte entfernt ist. Überlegen Sie: Das, was ich Ihnen gebe, sind praktische Beispiele, die Ihnen täglich vor Augen kommen – dann haben Sie alles. Wenn ein Bekleidungsstück schmutzig wird, muß es gereinigt werden; alles wird gereinigt, nur hat der Mensch nicht daran gedacht, sich selbst zu bereinigen. An alles hat er gedacht, alle Achtung! Der Mensch hat auf dieser Erde viel geschafft, nur an sich selbst hat er nicht gedacht. Das Äußere rein und sauber zur Ansicht, nur den Körper von außen, aber nicht von innen zu bereinigen. Dazu ist er noch nicht gekommen. Den Geist, den der Mensch hat, seinen Geist und sich von allem, was er sieht und hört, was schlecht ist, (...) frei zu machen, daran hat er noch nicht gedacht.

(6) Nehmen Sie eine Schale, die gefüllt ist, gleich womit, meinetwegen mit Obst, das tagelang gestanden hat, und keiner hat sich darum gekümmert, und keiner wußte dieses zu behandeln – und es ist schlecht geworden. Sie können dieses Obst nicht mehr genießen. Und jetzt kommt jemand und will Ihnen neues, gesundes Obst geben. Da wäre es eine große Dummheit, wenn man das gute, das neue, das gesunde Obst auf dieses schlechte legen würde, denn dieses gute würde dann auch in denselben Zustand übergehen, wie das schlechte schon ist. Wenn Sie das gesunde Obst haben wollen, so müssen Sie doch

erst das schlechte, das ungesunde, das nicht mehr genießbare beiseite schütten; aber nicht nur das, sondern diese Obstschale als solche auch säubern, um dann das gesunde zu empfangen. Vergleichen Sie die Schale mit Ihrem Körper und das Obst mit Ihren kranken Organen – und das Gesunde ist das, was Sie sich erhoffen. Aber es ist unmöglich, wenn Sie das Schlechte nicht abwerfen können, heißt in diesem Falle, wenn Sie sich mit Ihrer Krankheit beschäftigen.

(7) Ganz ablassen müssen wir von dem Satanischen, wie es den Menschen bis heute schon mehr oder weniger in Fleisch und Blut übergegangen ist.

(8) Ich glaube, daß wir uns richtig verstanden haben, und ich glaube, daß Sie jetzt das Gute für sich beherzigen werden, denn das will aufgenommen werden. Nur dann findet die Aufnahme statt, wenn Sie sich wirklich vom Bösen endgültig lossagen.

(9) Wie viele Menschen es doch so abzutun wissen, indem sie von sich aus behaupteten und heute noch behaupten, sie seien ein gläubiger Mensch, sie beten, sie seien ein Christ, und sie haben immer geglaubt, und sie haben zu Gott gebetet, und Er hat sie nicht erhört, und sie sind von dem Übel nicht frei geworden. Nein, Freunde, Sie müssen sich von dem Übel abwenden! Sie dürfen sich niemals mit dem, das Sie als Übel empfinden, abgeben. Und dürfen sich auch nicht mit dem Übel abfinden, indem Sie gleichgültig werden, wie viele doch gleichgültig geworden sind: „Da ist nichts mehr zu machen, da ist nicht mehr zu helfen. Ich werde so langsam dahinsiechen, es kann mir kein Mensch mehr helfen." Er sagt nicht von sich aus, daß Gott ihm helfen kann, ihm helfen wird. Wenn er den ersten Schritt zu Gott tut, damit wird ihm geholfen. Er, der Mensch, muß sich Gott nähern, er muß den Weg gehen, den Christus uns an- und auch aufgezeigt hat. Wir müssen Ihm folgen; der Mensch muß alles dazu tun. Tun heißt, zur Tat überge-

hen; sich nicht nur mit eigenen Worten trösten oder womöglich mit Worten Ihrer Nächsten trösten lassen; und sich nur in einen Glauben versetzen, daß Sie von sich aus sagen, daß Sie glauben, aber dieses Wort „Glauben" niemals in die Tat umsetzen.

(10) Vergessen Sie nicht, wenn Sie die Äpfel von einem Baum pflücken, so sind sie nicht alle gleich reif, genauso ist es bei Menschen. Der eine hat die Reife früher, der andere später. Und die Reife muß er erst haben, um empfangen zu können. Die Krankheit muß erst abgeladen werden, um für die Gesundheit Platz zu machen. Werfen Sie das Satanische ab, und nehmen Sie, wenn Sie gut, glücklich und zufrieden leben wollen, das Göttliche an!

(11) Sie können nichts empfangen, wenn ich Ihnen etwas in die Hand legen will, und Sie haben die Hand voll, und das, was Sie drin haben, ist schlecht. Wenn Sie das nicht abgeben, kann ich Ihnen das Gute nicht geben, dann fällt es auf den Boden, und Sie haben es nicht erhalten. Es nützt auch nichts, wenn ich Ihnen dieses Geschenk, das zu erhalten Sie gekommen sind, die Gesundheit, (...) vermitteln will, und Sie haben das Alte, das Schlechte, die Krankheit nicht abgelegt. Sie sollen rein werden, Sie sollen gut werden!

(12) Ich ersuche Sie doch laufend, daß Sie jetzt baldmöglichst den guten Weg einschlagen und daß Sie die Treue erst mal zu sich selbst halten und daß Sie wirklich all das tun, was Sie sich selbst versprochen; und daß Sie auch an das glauben, was Sie für sich nötig haben; und daß Sie sich wirklich auch an das Versprechen halten, wenn Sie sich von dem Bösen lossagen, daß Sie sich mit dem Bösen, mit diesem Übel, nicht mehr vereinigen, sondern mit dem, was Sie wirklich zum Guten führt und was Ihnen auch guttut. Damit Sie dieses Gute und die Güte Gottes in sich aufnehmen und dieses dann auch weitergeben können an Ihren Nächsten.

(13) Jetzt müssen Sie allem Bösen aus dem Wege gehen, Sie dürfen das Böse nicht mehr in sich aufnehmen, Sie müssen sich ein Fleckchen aussuchen, wo Sie die himmlische, die göttliche Ruhe wieder aufnehmen können, so daß dadurch dann die Ordnung in Ihrem Körper zustande kommt. Sie müssen Ihrem Körper Beachtung schenken, Sie dürfen sich nicht mehr mit dem Bösen verbinden, vorerst von dem lossagen, wie Sie sich auch losgesagt, indem Sie sagten: „Hier habe ich ein Kämmerlein, hier bleibe ich, hier stört mich keiner!" Und da nehmen Sie alles auf, und da nehmen Sie auch die Kraft auf, so daß hier die Störung aus dem Körper beseitigt wird.

(14) Das Böse wird sich zur Wehr setzen. Das Böse wird immer alles dazu tun, damit es nicht beseitigt wird; und das Böse ist so hinterlistig und weiß sich überall ein- und anzuschleichen.

(15) Ihr wart ja alle nicht so rein, und die meisten waren überhaupt nicht rein, sie waren nur unrein. Und ich habe sie von dem Unreinen soweit befreit, daß sie heute rein sein können. Gott geb's, und Gott gibt's, daß der Mensch auch immer zur Reinheit stehen kann. Es fragt sich nur, ob der Mensch es will.

(16) Letzten Endes haben Sie auch in dem Glauben gelebt, es käme hier auf den Gröning an. Nein, es kommt auf Sie selbst an, es kommt auf jeden einzelnen an, (...) auf Sie, auf Ihre Nächsten, gleich, wer es sein mag. Wie Sie zum Guten eingestellt, wie Sie bereit sind, das Gute in sich aufzunehmen. Und ob und inwieweit Sie fest zu Ihrem Wort stehen, das Sie sich selbst geben, indem Sie sich selbst sagen: „Ich will ab sofort mit dem Bösen nichts gemein haben. Und ich will und ich werde an das Gute glauben, alleine schon deshalb, weil ich es nötig habe und vor allen Dingen sehr nötig habe auch für meinen Körper." Also muß der Mensch sich an dieses sein gegebenes Wort hal-

ten. Er selbst ist so geschaffen, daß er die göttliche Sendung empfangen kann. Meine lieben Freunde, wenn Ihnen dieses alles nicht genügen sollte, dann nehmen Sie die Bibel zur Hand, nehmen Sie die Heilige Schrift. Studieren Sie sie nicht nur; nicht nur, daß Sie sie in Ihrem Hirn aufnehmen, nein, beherzigen Sie das Gute, beherzigen Sie das, was Sie daraus als gut schon empfinden. So Sie es bejahen, sind Sie schon auf dem rechten Weg.

(17) Willst du das Glück dir erringen, dann mußt du das Böse bezwingen.

Sorgen - die Krankheit aller Menschen

(1) Wenn Sie sich Sorgen machen, bekommen Sie dann das Verlorene zurück? Und wenn Sie sich vorher schon etwas aufsuggerieren: „Ja, was wird dann werden ..." Wird da etwas besser dabei? Und meistens tippen Sie daneben. Warum? Das kann Sie nur erregen. Wenn Sie geradeaus gehen, dann kann das nicht passieren. (...) Sie müssen das Leben mit anderen Augen betrachten. Es gibt Menschen, die sich soviel Sorgen vorher machen. Ja, kommt das Gute wieder, wenn Sie sich Sorgen machen? Nein, das wird immer schlechter. Das ist die Krankheit aller Menschen, daß sie sich Sorgen machen!

(2) Sie haben einen kostbaren Gegenstand in der Hand. Plötzlich lassen Sie ihn fallen, ohne daß Sie es wollten. Die Scherben sind da. Jetzt weinen Sie und grämen sich. Jetzt frage ich Sie: Wird es wieder ganz, wird es wieder in Ordnung gehen, wo das schon so vernichtet ist, bekommen Sie es wieder? Dieses nicht. Vielleicht ein anderes. Ja? Aber deswegen, von dem Weinen, von dem Grämen, von den Sorgen, die man sich sonst macht um diesen Gegenstand, gleich, was es sei, wird es nicht besser. Das ist an praktischen Beispielen aus dem menschlichen Leben herausgegriffen, da lernt man es am besten verstehen.

(3) Nicht grübeln, nicht verzagt sein! (...) Belasten Sie sich bitte nicht, lassen Sie mir die Sorgen. (...) Geben Sie mir doch die Sorge!

„Geben Sie mir Ihre Krankheiten, Sorgen und Nöte!"

(1) Geben Sie mir Ihre Krankheiten und Ihre Sorgen! Sie werden allein nicht fertig damit. Ich trage sie für Sie. Aber geben Sie mir diese freiwillig, stehlen tue ich nicht!

(2) Geben Sie mir Ihre Krankheit, Ihre Sorgen und Nöte und alles Schlechte, ich nehme alles, ich war ja auch mal Lumpensammler! Ich weiß aus diesem Schlechten etwas zu machen. (...) Ich kann neue Sachen herstellen, kann aus Altem Neues machen, überholen, alles reparieren.

(3) Ich glaube mit Bestimmtheit sagen zu können, daß Sie all Ihre Sorge, all Ihr Leiden mir übergeben. Ja, Sorge auch! Wie ich damit fertigwerde, ist meine Sache! Ich habe schon so viel aufgenommen und kann noch mehr dazunehmen. Und das ist erst der Anfang; es sind ja so wenige Menschen, die zählen eigentlich noch gar nicht, bei den Unzähligen, wie sie hier auf der kleinen, göttlichen Erde sind.

(4) Das Schlechte will ich Ihnen abnehmen, ich weiß, daß es für Sie eine Belastung ist. Das ist alles! Und viele tausend sind mir hierfür schon dankbar. Es hat mich nicht schwach gemacht, im Gegenteil, ich werde immer stärker.

(5) Ich will doch von Ihnen nichts weiter als die Krankheit, nichts weiter als die schlechten Gedanken, nichts weiter als das Böse überhaupt, das vorher über Ihnen stand.

(6) Ich kann Ihnen die Schmerzen abnehmen, und wenn ich sie Ihnen abgenommen habe, so fühlen Sie sich froh, frei und wohl.

(7) Ich tue nur Gutes! Wenn einer den Satan im Leibe hat, dann versuche ich, ihn herauszunehmen, wenn nicht, lasse ich ihn noch laufen.

(8) Wenn Sie Schmerzen kriegen, sofern das nicht der Regelungsschmerz ist, nehme ich Ihnen das ab, wenn Sie mich geistig rufen.

(9) Abwerfen und das Neue empfangen! Jetzt sehen Sie zu, daß Sie die Gesundheit empfangen, d. h. das Neue. Den Dreck wirft man ab, und die Gesundheit empfängt man. Und nicht an die Krankheit denken!

(10) Werfen diesen Schmutz Sie ab, Sie haben sich das selbst aufsuggeriert. Sie können es aber loswerden, wenn Sie es mir jetzt schenken. Tun Sie es! (...) Wer mir sein Leiden geschenkt hat, hat kein Recht mehr, danach zu fragen. Es gibt Menschen, die suchen die Krankheit wieder. Das haben Sie alle nicht nötig. (...) Wenn ich etwas verschenkt habe, so darf ich diesem nicht mehr nachweinen.

(11) Also, jetzt öffnen Sie Ihr Herz, und schütten Sie wirklich alles aus! Fort mit all den Sorgen und Nöten!

Immer über dem Bösen stehen

(1) Wenn Sie Ärger bekommen, wenn Sie sich in einem seelischen Leid verfangen, dann verlieren Sie den Appetit, können nicht schlafen, finden keine Ruhe. So greift eins das andere an. Wenn Sie jetzt täglich Ärger hätten, würden Sie ein Wrack werden, es würde so lange gehen, bis Sie in sich zusammenbrechen. (...) Und es ist immer wieder dasselbe, daß der Mensch durch ein seelisches Leid erfaßt und plötzlich krank wurde. Es greift eines ins andere. Die schwersten Krankheiten sind da vorgekommen.

(2) Nicht ärgern, wenn Ihnen Menschen einen Schaden zufügen. Die Hauptsache ist, Sie bleiben leben, Sie bleiben gesund. Sie können sonst alles verlieren. Das hat man ja im letzten Krieg gesehen, daß Menschen ihr Hab und Gut verloren haben und trotzdem heute noch lebensfroh sind.

(3) Wenn Ihnen einer ein böses Wort sagt, gesagt hat, dann geht es so: Dann haben Sie zwei, drei böse Worte und mehr von sich gegeben – ein Zeichen, daß Sie das Böse aufgenommen. Wenn der andere Ihnen das Böse vorerst gegeben hat, Sie das angenommen, dann konnten Sie Ihren Körper nicht mehr beherrschen, haben ihm [dem anderen] eine runtergehauen. Und wenn jetzt wirklich sehr viel Böses geschehen ist und Sie um Ihre ganzen Energien, die Energien Ihres Körpers, wie er sie braucht, gebracht worden sind, brechen Sie zusammen. Wenn Sie es jetzt noch sehen: „Er [der Körper] liegt! Was habe ich getan? Das wollte ich nicht!" – zu spät, Sie haben das Böse angenommen! Ich möchte das jetzt nicht mit eigenen Augen sehen, jetzt einen Menschen hier hereinlassen, der dem einen und dem anderen eine Ohrfeige gibt. Was würden Sie tun? Sie

würden schreien, Sie würden brüllen wie ein Löwe und würden sich auf diesen Menschen stürzen, und eine Panik wäre hier im ganzen Freundeskreis. Sagen Sie „nein" – ich sage „ja"!

(4) Das will ich Ihnen in der Hauptsache sagen: So Sie Ihrem Nächsten böse sind, tragen Sie das Böse schon hier hinein. Darum bin ich keinem böse. Warum sind Sie ihm böse? Niemandem böse sein, Freunde! Böse sein heißt, daß Sie das Böse aufgenommen haben, das ist schon teuflisch. Davon lassen Sie in Zukunft ab!

Unzufriedenheit als Anzeichen für Böses

(1) Da ist das weitere Zeichen dafür gegeben, daß Sie schon dem Bösen verfallen, dem Bösen ausgeliefert sind. Sie sind ein unzufriedener Mensch geworden. Sie sind wirklich nicht mit sich und mit all dem zufrieden, das in Sie eingedrungen ist, das in Sie weiterhin eindrängt, denn Sie befassen sich immer wieder mit all dem Übel, das Sie empfunden haben.

Die Macht der Gedanken

(1) Es ist so wichtig, was der Mensch für Gedanken aufnimmt, denn Gedanken sind Kräfte. Will der Mensch gut, so hilft ihm Gott; will er bös, so hilft ihm Satan!

(2) Deine Gedanken gestalten dir das Leben, wie du es lebst.

(3) Jeder ist seines Glückes Schmied, denn was der Mensch sät, wird er ernten.

(4) Der Mensch wird durch sich selber aufgebaut oder zerstört. Im Waffensaal des Denkens schmiedet er die Waffen, mit denen er sich seinen eigenen Untergang bereitet. In gleicher Weise bildet er die Werkzeuge, mit denen er sich himmlische Wohnungen der Freude, der Kraft und des Friedens erbauen kann. Mit Gottes Macht ist wohl gedacht.

(5) Jeder richtet sich nach seinen Gedanken.

(6) Wie du täglich denkst, so Gott dich lenkt.

(7) Ein Mensch kann den anderen durch Gedanken beeinflussen.

(8) Der Gedanke bewegt den Menschen zur Tat.

(9) Dessen müßten Sie sich bis heute schon bewußt sein: So Sie doch nur einen einzigen bösen Gedanken aufnehmen, haben Sie doch immer wieder festgestellt, daß weitere böse Gedanken in Sie eingedrungen sind und Sie hernach auch böse Worte gesprochen haben. Also alles, was Sie in sich aufnehmen, müssen Sie wieder von sich geben. Haben Sie das nicht getan? Waren Sie nicht schon dem Bösen verfallen? Denn indem Sie,

meine lieben Freunde, nur einen bösen Gedanken aufnehmen, werden Sie zum Diener des Bösen, werden Sie zum wirklichen Diener des Satans! Das lassen Sie sich gesagt sein! Wie oft habe ich es Ihnen gesagt, daß Sie wie jeder Mensch und alle Lebewesen göttlich sind, und niemand kann Ihnen das Göttliche absprechen. Sie bleiben es. Nur mit dem Unterschied, daß der eine mehr oder weniger dem Bösen verfällt, dem Bösen dient, daß er sich mit dem Bösen abgibt, daß er sich mit dem Bösen abfindet oder daß er sich ganz dem Bösen hingibt; daß er das als leichter, als besser empfindet, um ein schmutziges, ein dreckiges Leben zu führen! Wie er das von sich aus für richtig hält, was er unter diesem einen Wort Leben überhaupt versteht. Da ist doch die Gefahr! Und gerade deswegen, weil hier die Gefahr dem Menschen droht, müßte er sich über alles klar sein, er müßte sich überhaupt hüten, nur einen bösen Gedanken aufzunehmen. Er hat es nötig, mit Gott verbunden zu sein.

(10) Hüten Sie sich vor den Gedanken, vor allem vor den bösen! Und Sie werden tatsächlich dann zur bösen Tat übergehen, übergehen müssen, weil Sie mit bösen Gedanken überfüllt sind. Sie können nicht anders.

(11) Ich weiß, wie ein Menschenhirn arbeitet, und ich weiß, wie gefährlich es ist, wenn man nicht über genügend Abwehrkräfte verfügt, um diese Gedanken, die man einst gelöscht hat, von sich zu halten.

(12) Hüten Sie sich vor jedem bösen Gedanken. (...) Lehnen Sie ihn ab, und sprechen Sie meinetwegen vor sich hin (...): „Ich will mit diesem bösen Gedanken nichts zu tun haben, ich will jetzt einen guten Gedanken!" Dann lenken Sie sich selbst ab, schauen zum Fenster, schauen Sie dahin, wo das Gute, das wirklich Göttliche sich zeigt. Sie würden sagen, Sie schauen so mal in die Natur hinein; Sie schauen, wie jetzt gerade im Frühjahr alles zu wachsen beginnt, wie das Leben wieder auftaucht, wie

vor unseren Augen alles ergrünt (...). So Sie die Natur genau betrachten, werden Sie empfinden, und Sie werden bald wahrnehmen, daß diese bösen Gedanken Sie verlassen haben. Mit diesem Schauen haben Sie schon die Verbindung zu Gott aufgenommen.

„Denken Sie nicht an die Krankheit!"

(1) Wenn ein Mensch an sein Leiden denkt, wenn ein Mensch an seine Schmerzen denkt, kann ich sie nicht abnehmen.

(2) Nicht zu sehr anstrengen, nicht auf der Krankheit sitzen, d. h. sich nicht mit der Krankheit beschäftigen.

(3) Wenn der Mensch sich mit seinem Leiden beschäftigt, ist es unmöglich, daß er überhaupt empfängt.

(4) Wer sich mit dem Leiden beschäftigt, der beschäftigt sich mit dem Satan.

(5) Der Mensch weiß nicht mehr, daß Gott zu ihm spricht und daß Gott so vieles für ihn bestimmt hat. Er hat dieses nicht angenommen und ist auch heute kaum noch in der Lage, es anzunehmen, weil er sich selbst sperrt und weil er sich selbst immer wieder mit dem Bösen abgibt. Immer wieder steht er mit dem Bösen in Verbindung. Immer wieder kommen böse Gedanken. Immer wieder beschäftigt der Mensch sich mit dem, das er als Unheil an seinem Körper empfunden hat. Er hegt und pflegt es. Er tut alles mögliche. Er weiß weiter nichts anderes mehr zu tun, da die Macht dieser Gewohnheit ihm so in Fleisch und Blut übergegangen ist, weil er nicht mehr anders kann. Er beschäftigt sich wirklich mit dem Unheil, und damit wrackt und würdigt er seinen Körper herab. Das ist ein Mensch, der sich wirklich unbewußt, wirklich von Gott gelöst hat, der zu Gott keine Verbindung mehr hat.

(6) Was nützt es überhaupt, wenn ein Mensch nur Böses, nur Schlechtes in seinem Köpfchen hat? Denn von dieser Zentrale wirkt es sich auf den ganzen Körper aus. Die Fäulnis geht

von da nun weiter, wenn er das festhält, wenn er sein Köpfchen voll belastet mit schlechtem Zeug. Wenn Sie sich selbst mit viel Schlechtem seelisch belastet haben und diese Belastung nicht freigeben wollen, so werden Sie nie in der Lage sein, das Gute, das Göttliche zu empfangen. Machen Sie sich frei! Überlegen Sie, was Sie eigentlich wollen. Überlegen Sie bitte, wonach Sie hierher gekommen sind!

(7) Wenn Sie die Krankheit freilegen, daß ich Sie Ihnen abnehmen kann, ist es gut; wenn Sie daran festhalten, dann darf ich daran auch nichts tun. Das siebte Gebot verbietet es: „Du sollst nicht stehlen!" Wenn ich dem Menschen mit Gewalt die Krankheit abnähme, würde ich sündigen! Ich darf nicht stehlen! Wer seine Krankheit liebt, hält sie fest. Wer sie vergessen kann, dem nehme ich sie, wenn er sie freigibt. Nicht nur in Gedanken, auch in Taten. Sie müssen auf mein Wort hören. Ich will Sie nicht beeinflussen. Wenn Sie die Krankheit freigeben, dann nehme ich Ihnen alle Leiden ab!

(8) Es soll der eine oder andere seine Krankheit nicht festhalten, nicht so stark daran denken, sondern lockerlassen. Er soll fragen: „Was geht in meinem Körper vor?" Solange er an seiner Krankheit festhält, habe ich keine Berechtigung daranzugehen.

(9) Ich bitte Sie von ganzem Herzen, beobachten Sie Ihren Körper, stellen Sie sich die Frage: „Was geht in meinem Körper vor?" Denken Sie dabei bitte nicht an Ihr Leiden. Sie haben das Recht, sich davon zu überzeugen, wie der Herrgott Seine Kraft durch mich auf Sie einwirken läßt, indem Er Ihnen allen die Gesundheit wiedergeben will. Sie werden verspüren, daß sich vieles in und an Ihrem Körper bemerkbar macht. Wie Menschen sagten: „Es ist so ein komisches Gefühl, ein Gefühl, das ich noch nie gehabt habe." Und gerade deswegen, weil dieses einmalig ist, läßt es sich von den allgemeinen Gefühlen, wie Sie

sie bisher gehabt haben, gut unterscheiden. Beobachten Sie bitte nur Ihren Körper, und es geschieht schon das, was geschehen soll.

(10) Nicht mit den Gedanken woanders sein! Horchen Sie in sich hinein, fühlen Sie, was in und an Ihrem Körper vorgeht! Nicht die Krankheit festhalten.

(11) Horchen Sie in sich hinein, denken Sie nicht an Ihr Leiden, das Sie mir geschenkt haben. Wer es wiederhaben will, braucht nur daran zu denken, schon gebe ich es ihm wieder. Wer es nicht haben will, der wirft es ab, denkt auch gar nicht daran, und ich habe es auch mit heißem Dank angenommen. Umsonst nehme ich nun auch nichts, ich muß Ihnen etwas anderes dafür geben. Es ist viel leichter als die Krankheit – das ist die Gesundheit. (...) Es liegt aber an Ihnen selbst, wie Sie empfangen. (...) Nie etwas aufsuggerieren, indem Sie sagen, wenn ich das und das tue, werde ich wieder krank. Natürlich muß ich Sie warnen!

(12) Wer seine Krankheit liebt, hält sie fest, wer sie sucht, wird sie finden. Sie schalten sich dann automatisch wieder auf die Krankheit, d.h. auf das Leiden zurück. Das ist das, was nicht sein darf!

(13) Ich bitte Sie, in aller Zukunft nicht mehr an Ihr Leiden zu denken, sondern ich bitte Sie, Ihren Körper zu beobachten, was in und an Ihrem Körper geschieht. Und dabei werden Sie alle die Feststellung machen, daß die bisher kranken Organe wieder lebendig geworden sind, wieder gesund geworden sind.

(14) Fühlen Sie, was Neues in Ihnen vorgeht, verfolgen Sie es weiter. Dann werden Sie den Erfolg haben.

(15) Seien Sie doch neugierig! Versuchen Sie doch, was Sie bisher nicht konnten, ob Sie es auf einmal können!

Der Mensch übt Selbstsuggestion aus

(1) Der Mensch ist so verbildet, daß er Selbstsuggestion ausübt. Wenn Sie irgendein Leiden haben, so stellen Sie sich vor oder bilden sich das ein, Sie hätten diese oder jene Krankheit. Ich könnte Ihnen das haargenau auseinanderlegen. Aber es nimmt zuviel Zeit in Anspruch. Tatsache ist, daß Sie sich Ihre Krankheit selbst einsuggerieren und von dieser dann nicht mehr loskommen! (...) Die Mutti hat z. B. ein schweres Magen- oder Darmleiden gehabt. Sie hat über diese und jene Schmerzen den Kindern gegenüber geklagt. Sie stirbt. (...) Das eine Kind wächst heran und kriegt auch Schmerzen mit einemmal – Magen- oder Darmschmerzen. Todesursache der Mutter laut Totenschein war Krebs! Das Kind wächst heran: „Dasselbe, das hatte die Mutter, das habe ich auch, die Mutti ist an Krebs gestorben, da muß ich das auch haben." Es ist noch nicht einmal Krebs, aber Sie schalten auf dieses Organ hin, schalten auf Krankheit. Wenn Sie jetzt von diesem Gedanken nicht loskommen, so bekommen Sie wirklich Krebs, weil das Organ ja von der Befehlsstelle, vom Hinterkopf aus, wo alle Nervenstränge durch den Körper ziehen, angesprochen wird. Sie schalten auf den Magen, selbstverständlich geht das durch, legt sich auf dieses Organ. Sie schalten auf Krebs! Das Organ wird daraufhin geschaltet, der Nerv arbeitet nicht weiter, es ist kein Leben mehr drin, es gibt ein Nagen – der Krebs nagt ja auch, deshalb heißt es Krebs –, und es nagt, und es geschieht tatsächlich: es gibt Krebs. (...) So entstehen auf diesem Wege Krankheiten, also der Mensch suggeriert sich die Krankheiten selbst ein. Jetzt sagen Sie, das stimmt nicht – ich lasse mich in Stücke reißen und behaupte, was ich gesagt habe, wogegen sich auch kein Mensch stellen kann.

(2) Es ist richtig, daß Sie sich tatsächlich das Leiden selbst aufsuggerieren, daß Sie es festhalten, und das geschieht im Unterbewußtsein.

(3) Nicht suchen! Suchet, so werdet ihr finden. Wenn Sie die Krankheit suchen, finden Sie sie auch.

(4) Der Mensch suggeriert sich selbst die Krankheit auf! Er beschäftigt sich damit und hält sie fest.

(5) Da sagt die Mutti, wenn das Kind krank ist, das und das darf es nicht. Oder: „Nein, wenn ich aufstehe und die Treppen herunterlaufe, das kann ich nicht, ich darf nicht schnell gehen, ich darf nicht viel Treppen steigen, ich darf auch nicht viel tun, ich darf nicht dies, nicht das, nicht jenes."
Der Mensch suggeriert sich das eigene Leiden selbst auf. Nicht nur das, sondern er tut das seinen Mitmenschen noch an. Ich muß zum größten Teil nicht den eigentlichen Kranken heilen, sondern den Angehörigen. Denn (...) ein noch einigermaßen gesunder Mensch ist tatsächlich in der Lage, einen Kranken, der ein Schwächling ist, der sich nicht mehr helfen kann, der auf andere Menschen angewiesen ist, zu beeinflussen. Er ist wehr- und ehrlos, er liegt danieder, und der gesunde Mensch kann mit ihm machen, was er will, und nicht nur in der Tat, sondern auch geistig, indem er ihm das immer wieder einredet, er sei krank, er müsse sterben. Und das Schmutzige ist, daß ein Mensch es wagt, dem anderen zu sagen: „Du mußt bald sterben." Wenn einer seinem Mitmenschen schon das mit auf den Weg gibt und ihm sein weiteres Leben abspricht, das kann er nicht mehr gutmachen!
Wie ein Mensch sich am anderen Menschen versündigt hat, könnte ich Ihnen in Tatsachen berichten. Ich habe viele Fälle gehabt, wo Kranke zu mir kamen, wo ich genau wußte, dann und dann ist seine Stunde abgelaufen, dann hört der Körper auf, hier auf dieser Erde zu existieren. (...) Aber es wäre unmöglich, wenn ich hier und dort mal sagen würde: „Dann und dann ist die Stunde abgelaufen." Ich habe auch schon viele Ärzte an meiner Seite gehabt, die guten Willens sind, denen ich gesagt habe: „Herr Doktor, mit diesem Leben ist es zu dieser und jener

Stunde zu Ende." Und ich habe diesem Kranken noch Hoffnung gegeben und habe ihm die Schmerzen genommen. Er sagte selbst: „Ich weiß, daß ich bald sterben muß, aber daß der Gröning mir noch die Schmerzen abgenommen hat, ist so etwas Gutes, etwas Großes, was mir noch kein Mensch angetan hat." Ich habe auch einzelnen Ärzten den Vorwurf gemacht, daß es das größte Verbrechen sei, wenn man dem Menschen vorher sagt, dann und dann müsse er sterben. Es sind Menschen zu Hunderten zu mir gekommen und haben gesagt: „Mein Arzt sagt, ich lebe nur noch acht Tage, zehn, vierzehn Tage, oder zwei, drei Wochen, Monate oder vielleicht etwas länger. Helfen Sie! So sieht es aus." Und dieser Mensch kann den Gedanken, den ihm der andere Mensch gesagt hat, nicht mehr vergessen, nicht loswerden, nicht verlieren. Und wenn ich gesagt habe, so sieht es nicht aus, dann sah das auch nicht so aus! Ich habe gerade hier einen Brief geöffnet von einem schwerkranken Mädel, hatte offene Tb, beide Lungenflügel zerfressen und was noch mehr ist, wo die Ärzte gesagt haben: „Höchstens acht Tage." Und das Mädel ist mit ihrem Vater zu mir gekommen und hat gewartet. Währenddessen sie wartete, waren die acht Tage verstrichen, und endlich hatte sie das Glück. Und jetzt ist es schon über ein Jahr her.

Hypnose und Suggestion sind das Böse

(1) Viele sagen: „Was der Gröning tut, kann nur Hypnose sein." Auf der anderen Seite sagt man, es wäre Suggestion. O nein, ich suggeriere keinem Menschen etwas ein. Ich verdumme auch keinen Menschen, denn durch Hypnose wird er verdummt! Richtig ist, daß der Mensch in einem hypnotischen Zustand lebt, das habe ich schon als kleines Kind gewußt. Der Satan, der hat den Menschen in einen solchen Zustand versetzt, so daß er tatsächlich nicht mehr diesen wahren, göttlichen Weg findet. Und ich tue diese Brücke auf, die er versperrt hat, und diese Brücke ist fertig, daß Sie darüber auf den göttlichen Weg kommen. Der Kranke steht unter meinem Schutz, der Kranke steht unter göttlichem Schutz, soweit er Hilfe und Heilung haben will.

(2) Es ist keine Einbildung, keine Suggestion. Ich würde mich schämen, mich dieses Teufelswerks zu bedienen.

(3) Hypnose ist das Böse! Das darf der Mensch nicht anwenden! Ich übe keine Suggestion aus, jeder hat den freien Willen.

Nicht über Krankheiten sprechen

(1) Hier wird von Krankheit nicht gesprochen, hier dürfen Sie nicht mal den Gedanken aufnehmen oder sich womöglich in den Glauben versetzen, Sie müßten jetzt über Krankheit sprechen! Oder daß Sie womöglich glauben, Sie hätten das Recht, zu verlangen, daß die Krankheit hier behandelt wird – nein! Auch nicht eine Silbe von Krankheit wird hier gesprochen.

(2) Ich bitte Sie, davon Abstand zu nehmen, mir Ihre Leiden aufzuzählen. Sie brauchen mir von Ihren Leiden nichts zu erzählen. Ich bin imstande, Menschen zu sagen, (...) was sie an Krankheiten haben. Ich bin imstande, Ihnen noch viel mehr zu sagen, vielleicht auch das, woran Sie bisher gar nicht denken konnten. Deshalb bitte ich Sie, mich nicht zu belästigen, denn wenn jeder einzelne seine Leiden aufzählen würde, was würde das für Zeit brauchen und was würde das für ein Durcheinander geben! Ich hoffe, daß Sie mich verstanden haben, und bitte Sie, nicht einzeln hier anzukommen.

(3) Zählen Sie mir ja nicht Ihre Leiden auf!

(4) Wenn Menschen zu mir gekommen sind, setzen sich irgendeinen Floh in den Kopf: „Ich muß jetzt den Gröning fragen, muß ihm alle meine Krankheiten aufzählen." Dann sage ich von vornherein: „Da kann ich nichts machen, da habe ich den Kopf voll." Da war eine Frau, nichts Gefährliches: Gebärmutterkrebs, Schmerzen am laufenden Band. Die hatte auch den Kopf so voll – ich konnte nicht ran. Ich mußte sie erst ablenken, und nachher ging es. (...) Es gibt auch Menschen, die weinen und jammern – so ist es unmöglich.

(5) Auch Sie selbst haben alles mögliche angestellt, um hier Ihre Gewohnheit den engsten Freunden dieses Freundeskreises aufzusuggerieren. Es war einfach Ihr Glaube, daß Sie alles sagen mußten, so wie Sie es gewohnt waren, Ihre Sorgen und Nöte vorzutragen, alles flog über den Mund. Eine kleine Zwischenfrage: Ist das nicht ein Übel, diesen Dreck, womit wirklich der Körper behaftet ist, noch in den Mund zu nehmen? Ist doch ein übler Geschmack. Ich müßte hier sagen, das ist eine Geschmacklosigkeit von seiten vieler Menschen.

(6) Wie unwissend doch der Mensch ist, wie er dieser Macht, der Macht der Gewohnheit verfallen, indem er in dem Glauben lebt, er müsse über das Übel sprechen, er müsse das seinem Nächsten sagen und er müsse seinen Nächsten dahingehend angehen, daß er alles mögliche versuchen möge, daß er von dem Übel frei wird. Nein, das wird nichts! Im Gegenteil. Er steckt eher an, er würdigt damit seinen Nächsten herab. Er wird entmutigt. Der Nächste, der das zu hören erhält, wird schwach. Er verfällt in das Leid, er leidet mit, Sie würden sagen: Mitleid kommt in ihm auf. Und mit diesem können Sie keine Hilfe von Ihrem Nächsten erwarten. Es genügt, es würde genügen, und es hätte auch genügt, wenn er nur seinen Nächsten angegangen, dem er da selbst die Frage stellen würde, ohne zu sprechen: „Was ist mit dir? Dich bedrückt etwas. Du bist betrübt. Du bist so schwach. Du brauchst mir nichts zu sagen, das sehe ich dir an!"

Die Kraft des Wortes

(1) Von einem Wort ist alles entstanden.

(2) Im Wort liegt die Bedeutung.

(3) Aus deinen Worten wirst du gerechtfertigt werden, und aus deinen Worten wirst du verdammt werden! Der Mensch, der die Macht des Wortes kennt, achtet sehr sorgfältig auf sein Sprechen. Er braucht nur die Wirkung seiner Worte zu beobachten (...). Durch sein gesprochenes Wort macht der Mensch sich ständig Gesetze.

„Weg mit Ratsch und Tratsch!"

(1) Wie der Mensch die Zeit vergeudet, indem er über seine Nachbarn, Verwandten, Bekannten spricht, wie der eine und der andere lebt. Lieber Freund, frage dich selbst, wie du lebst. Kümmere du dich erst um dein Eigenleben! Sorge du erst dafür, daß du wirklich wieder in die göttliche Führung kommst! Laß deinen Nächsten noch ganz in Ruhe! Wenn du über ihn reden willst, wenn du ihn verurteilen willst, das ist schon das Böse! Geh du erst den Weg, damit du ihn, deinen Nächsten, belehren kannst, damit du ihn auch auf diesen Weg führen kannst, damit du ihm auch Wahres sagen kannst, wie du es selbst erfahren hast. Aber rede nicht so leichtsinnig dahin! Du bist nicht selbst dabeigewesen, du weißt es nicht, warum, wieso, weshalb er da und dort Böses getan, womöglich Böses gesprochen hat – in Wirklichkeit: haben soll –, wovon du niemals überzeugt bist. Kurz gesagt, weg mit dem Ratsch, weg mit dem Tratsch! Hat nicht erst mal jeder Mensch mit sich selbst zu tun? Muß nicht erst jeder für sich sorgen, damit er das Heil erfährt, um seinen Nächsten auch dahin zu führen, daß auch er in den Genuß des Guten, des Göttlichen kommt, wie ihm auch das Recht zusteht?

Sollten wir nicht unseren Mitmenschen belehren? Sollten wir nicht die Wahrheit sagen? (...) Wie oft haben Menschen gefürchtet, ob es ihr Vorgesetzter, auch die Eltern waren oder der Nachbar, der Bräutigam, die Braut oder was weiß ich, wer: Verwandte, Bekannte ... „Nur nicht die Wahrheit sagen, dann gibt es einen Krach – das kann ich nicht!" Aber das Verstecktsein, Freunde, das Hinter-dem-Rücken, das ist das Gemeine, und das kommt auf Sie zurück. Machen Sie sich frei davon! Kümmern Sie sich erst gar nicht darum! Und wenn es Ihnen wert ist, gehen Sie, überzeugen Sie sich, und dann werden Sie etwas anderes wahrnehmen, dann stimmt das alles gar nicht. Aber Sie sind mit in diesen Ratsch und Tratsch verwickelt, weil

Sie dafür ein Ohr hatten, weil Sie dafür die Zeit gegeben, weil Sie die Zeit nicht genützt haben. Sie haben die Zeit vergeudet! Und so unnütz sollen wir die Zeit nicht vergeuden.

(2) Nicht verurteilen, sondern beurteilen. Wie gesagt, beurteilen kann ich nur dann – ob es ein Mensch ist oder wer oder was es ist –, wenn ich den Menschen oder den Gegenstand, um den es geht, genauestens kenne. Dann kann ich ihn beurteilen. Wenn ich den Menschen nicht kenne oder den Gegenstand nicht kenne, dann kann ich ihn sehr leicht, ob ich es will oder nicht, verurteilen aufgrund meiner Unkenntnis. Also, Kenntnisse muß der Mensch schon haben! Und hier liegt ja der wichtigste Kernpunkt überhaupt, daß man die Pflicht hat, sich von seinem Nächsten so zu überzeugen, damit man ihn durch all das, was er nicht nur an sich selbst, sondern an seinem Nächsten, womöglich auch schon für ihn getan hat, leicht erkennen und sich von diesem überzeugen kann.

(3) Wie sind Sie überhaupt im Leben? Was haben Sie getan? Was haben Sie gesagt? Welche Gedanken haben Sie aufgenommen? Waren es immer gute Gedanken? Zeigten Sie nicht das größte Interesse, Böses zu hören, d. h., was für Sie Sensation gewesen ist, um überhaupt einen Gesprächsstoff zu haben; um nicht ganz einzuschlafen, um nicht ganz zu erschlaffen, gab es soviel Interessantes. Es gab viel zu hören, es gab auch viel zu lesen, es gab auch viel des Bösen zu sehen. Aber dabei war, ist und wird vorerst auch ein großer Teil der Menschheit bleiben. Denn er ist es einfach so gewohnt.

(4) War dem nicht so, wenn einer Ihrer Nächsten auf Sie zukam oder Sie ihm irgendwie, -wo, -wann begegnet sind, daß er Ihnen Böses gesagt, Sie das Böse aufgenommen, und Sie das Böse nachher wieder weiter von sich gegeben haben und daß Sie sich nachher so daran gewöhnt haben, möglichst viel Böses zu hören, und daß Sie gar nicht mehr gemerkt haben, daß Sie

viel Böses gesprochen und zu guter Letzt auch zur bösen Tat übergegangen waren? Es ist Ihnen gar nicht zum Bewußtsein gekommen, daß Sie hiermit zum Diener des Satans geworden sind. Es ist Ihnen gar nicht zum Bewußtsein gekommen. Ja, so weit ging Ihr Glaube nicht! Und hiervor hat Christus uns so oft gewarnt!

(5) Natürlich wird euch das ein und das andere, was ihr bisher noch als privat gekannt und gezeichnet habt, auch zum Übel werden, daß ihr sagt: „Nein, das mache ich nicht mehr. Diese und jene Unterredung, dieses und jenes Gequatsche, diese und jene Unterhaltung, nein, das gefällt mir nicht mehr, das ist nichts, ich empfinde das als so dumm, so schmutzig – Zeitvergeudung! Da gehe ich lieber spazieren, da gehe ich lieber in Gottes freie Natur." Dieses Empfinden haben heute schon viele, viele Menschen erhalten. Aber zwingen will ich niemanden, jeder soll das selbst erkennen, jeder soll selbst dazu übergehen.

(6) Wovon sie nichts verstehen, sollen sie lieber nicht reden! Es gibt ja Menschen, die sich gerne reden hören. Wie kommt so ein armes Menschenkind dazu, Äußerungen zu machen, wovon es gar keine Ahnung hat, gleich, ob es arm oder reich ist? Dafür hat der Mensch nie Zeit gehabt, aber davon will er mehr wissen, mehr als tatsächlich die geschulten Menschen, Menschen, die hierin ihren Beruf gefunden haben. Auch die wollen sie übertönen. Ich sage, das sind Dreckspatzen, die können nicht dafür.

(7) Wer schweigen kann, der kann auch reden.

Der Körper ist ein göttliches Geschenk

(1) Sie sollen Ihrem Körper Beachtung schenken, da er ja ein göttliches Geschenk ist. Und diesem hatten Sie im Leben kaum mehr Beachtung geschenkt. Nur wenn der Körper von dem Übel erfaßt worden war, dann, ja dann haben Sie alles mögliche versucht und haben sich dann nicht mehr auf sich selbst verlassen können, sondern auf Ihren Nächsten, indem Sie da glaubten, er wird es schon tun, auch wenn er versucht, Ihnen zu helfen. Und dieser Versuch ist Ihnen doch in allen Fällen immer zum Übel geworden.

(2) Jeder Mensch müßte wissen, was ihm sein Körper wert ist, zumal er diesen seinen Körper benötigt, um nicht nur sein Leben zu fristen, sondern er hat ja auch schon Pflichten, Aufgaben übernommen, um für seine Nächsten zu sorgen. Und gerade da braucht er ihn.

(3) Wie oft habe ich es Ihnen gesagt, daß Sie jedem Geschenk, das Sie von Ihren Mitmenschen erhalten haben, Beachtung geschenkt haben. Sie haben es geschützt, Sie haben es geschont, Sie haben es laufend behandelt, daß sich da kein Schmutz dran- noch hineinsetzen, daß der Dreck da nicht hineindrängen konnte. Sie haben, wenn dieses Geschenk mal nicht ganz in Ordnung war, wenn Sie das nicht selbst in Ordnung zu bringen gewußt haben, dann haben Sie einen Fachmann aufgesucht, der dieses wieder instand setzte! Keinen Laien, keinen, der unwissend ist, sondern der wissend ist, der hierin Bescheid weiß, der da in dieser Fabrikation tätig war oder ist, oder daß es sogar sein Beruf ist, daß er hiervon nicht nur was, sondern wirklich das versteht, was hierzu notwendig ist, um dieses Geschenk wieder instand setzen zu können. Ja, immer zum Fachmann gehen! Nun, das ist so das Irdische, und Sie wußten diese Geschenke anzunehmen.

Sie wußten auch selbst zu schenken und waren erfreut darüber, wenn der Beschenkte sich gefreut, und zeigten sich auch dankbar dem Schenker gegenüber für das wundervolle Geschenk. Und Sie waren auch ihm gegenüber ehrlich, obwohl Sie es zuvor gar nicht mal so wollten. Aber er hat Ihnen nun mal das Gute geschenkt, und das vergessen Sie nicht, und Sie werden immer daran erinnert, sowie Sie sich damit befassen, mit diesem Gegenstand, mit diesem Geschenk.

Nun frage ich Sie, was ist denn Ihr Körper, wer hat Ihnen diesen geschenkt? Haben Sie den nur so ohne weiteres bekommen? Ist er von Ihrem irdischen Vater, von Ihrer irdischen Mutter? Es hat ja mit Gott nichts zu tun – in diesem Glauben leben Sie auch. Doch, meine lieben Freunde, dieser Ihr Körper ist ein göttliches Geschenk! Und Sie haben ihn auch immer bei sich, Sie wohnen doch in ihm, Sie nützen ihn doch. Wenn in ihm eine Unstimmigkeit aufgetreten, so versuchen Sie, diese zu beseitigen, aber Sie tun nie etwas, daß die Unstimmigkeit beseitigt wird, denn Sie wissen nicht die Ursache; Sie denken gar nicht soweit zurück; Sie befassen sich gar nicht damit; sie ist nun plötzlich da. Aber müßten Sie nicht Ihrem Körper noch viel, viel mehr oder überhaupt nur Beachtung schenken, weil Ihnen dieser Ihr Körper doch das Wertvollste ist? Müßten Sie nicht wirklich alles dazu tun, sich diesen einen Körper zu erhalten? Denn Sie haben ihn doch dauernd bei sich! In allem gesehen, was Sie tun und lassen, werden Sie nicht dabei erinnert an das göttliche Geschenk? Alle anderen Geschenke, die Sie von Menschen erhalten haben – es ist nicht ein Stück, es sind mehrere, aber es sind einfach Geschenke, die Sie nicht so oft sehen –, die könnten Sie mal vergessen. Aber daß Sie Ihren Körper in Vergessenheit gebracht haben, das kann ich nicht verstehen. Und doch muß ich es verstehen, weil ich weiß, worauf Sie eingestellt sind, daß Sie einer Macht verfallen sind, das ist die Macht der Gewohnheit, und daß Sie sich mit dem Wort „Glauben" nur trösten, aber in Wirklichkeit nicht glauben können; denn Sie haben das Wort „Glauben" ja noch gar nicht beherzigt, Sie sind noch gar nicht zur Tat übergegangen! Es kann mir keiner sagen, daß man seinen Körper auch mal in Vergessenheit bringen kann. Das liegt ja bei Ihnen selbst, Sie haben ihn doch immer bei sich. Also, wer sich selbst und seinen Körper vergißt, der ist weit genug ab. (...) Wer sich selbst in Vergessenheit bringt (...), d. h., wer seinen Körper in Vergessenheit bringt, der hat Gott vergessen, der trägt Gott ja nicht mehr im Herzen, der kann einfach nicht mehr glauben, der lebt doch nur in dieser Einbildung, daß er glaubt. Und ich sage noch einmal, (...) er weiß das Wort „Glauben" nicht mal zu beherzigen, er weiß mit dem gar nichts anzufangen.

Die Notwendigkeit der Kraftaufnahme

(1) Überall, wo Leben ist, da ist Gott. Wo viel Leben ist, da ist Gott erst recht, da wirkt es; wo wenig ist, da kann es nicht wirken, da hat es keine Durchschlagskraft. Und daher ist es wichtig, daß Sie viel Leben, viel Lebensstrom, den Gott für uns bestimmt, den Gott jedem sendet, aufnehmen. Nur muß er, der Mensch selbst, ihn aufnehmen und kann ihn auch aufnehmen über seinen Körper. Damit hat er nicht was, sondern das geschafft, was Gott mit ihm überhaupt vorhat, damit hat er sich schon, so er seinem Körper Beachtung schenkt, in den Dienst Gottes gestellt, da beginnt es, daß er zum wirklichen Diener Gottes wird.

(2) So sich jeder seines Hierseins, seines Erdenlebens bewußt ist, dann wird er wissen, wie er für seinen Körper zu sorgen hat, genau wie das Kleinkind, das neugeborene Kind, weiß, daß es seinem Körper Nahrung zu geben hat. Gott hat diese Bestimmung dem Menschen schon eingegeben.

(3) Die Pflanzen und Tiere nehmen die natürlichen, göttlichen Kräfte in sich auf, soweit sie durch den Menschen nicht von der Natur entfernt werden.

(4) Die geistigen Kräfte soll der Mensch, auch der „aufgeklärte", wieder kennenlernen. Er soll wieder lernen, sie mit Nutzen für sich zu verwenden, für die Wiedererlangung und Erhaltung der göttlichen Ordnung. Durch die fortschreitende Zivilisation verlernt jeder Mensch die Fähigkeit, sich natürlich zu verhalten und die ihm innewohnenden Kräfte auszunützen und zu mobilisieren. Ich will bei meinen Vorträgen nichts anderes erreichen als das, daß meine Mitmenschen erkennen, daß es zuallererst an ihnen selbst liegt, in ihr Inneres Ordnung zu bringen. Fast alle Menschen müssen einsehen lernen, daß sie den

göttlichen Kräften gegenüber blind geworden sind. Daher mache ich alle meine Zuhörer auf die in uns wohnenden natürlichen Kräfte aufmerksam.

(5) Wo bleibt der Tag, wo bleibt die Stunde, wo Sie wirklich zur Selbstbesinnung kommen, wo Sie Ihrem Körper das zukommen lassen, was Gott für ihn bestimmt hat?

(6) Wer seinen Körper in Vergessenheit bringt, der hat Gott vergessen.

(7) So wir das Göttliche erleben, das Göttliche in uns aufnehmen, dann werden wir uns wohlfühlen, dann sind wir frei, dann leben wir so, wie Gott das Leben hier bestimmt hat.

(8) Wann können Sie es aufnehmen? Nicht früher, bis Sie sich selbst von dem Bösen gelöst, daß Sie wirklich mit dem Bösen nichts mehr gemein haben! Früher kommt die Aufnahme nicht! Früher ist es nicht möglich!

(9) Sie müssen mit so viel guter Kraft ausgestattet sein, daß das Böse in Ihnen, in Ihrem Körper keinen Platz mehr findet und daß Sie immer wieder aufs neue das Böse abstoßen können, so Sie einmal doch vom Bösen angegangen worden sind, in Zukunft auch angegangen werden. Aber wo und wann haben Sie diesen Gedanken mal aufgenommen? Wann haben Sie mal daran geglaubt? Sie glaubten, es würde Ihnen alles in den Schoß gelegt. Sie glaubten, Sie hätten ein Recht, es zu verlangen. Sie glaubten, das kommt nun alles mal so. Nein – wer das Göttliche will, muß sich Gott nähern, und er muß wirklich den Weg gehen, den Gott für uns alle, für jeden bestimmt hat. (...) Gerade daher ist es für Sie doch wichtig, daß Sie endlich jetzt einmal dazu übergehen, daß Sie zur Selbstbesinnung kommen, denn da erst werden Sie zu dieser Erkenntnis kommen, daß Sie wissen, wozu Gott Ihnen hier ein Erdenleben auf dieser Seiner

Erde geschenkt hat. Und dann werden Sie auch zu der Erkenntnis kommen, wozu Gott Ihnen diesen (...) Körper, den Sie Ihr eigen nennen können, geschenkt hat. Und dann werden Sie auch (...) das Wissen dafür erhalten, was Gott für Ihren Körper bestimmt hat und was Sie aufzunehmen haben.

(10) Der Mensch kann Vorsorge dafür treffen, so er die Zeit wie auch Gelegenheit für sich und seinen Körper zu nützen weiß, so daß er über so viel gute Kraft verfügt, daß er das Böse nicht mehr zu fürchten braucht, daß er mit diesen Kraftreserven den Kampf gegen das Böse in aller Ruhe führen kann. Damit lebt der Mensch in der göttlichen Ordnung.

(11) Hier liegt es an dem Menschen selbst, wie er für sich selbst, für seinen Körper sorgt. Nimmt er die Kraft Gottes in sich auf, bleibt er in der göttlichen Führung, dann hat er den Schutz. Kommt er aber aus dieser Führung heraus, dann hat er ihn nicht, dann ist er ohne Führung. Ich will Ihnen einen kleinen irdischen Vergleich geben. Wenn die Straßenbahn nicht in den Schienen verbleibt, ist sie ohne Führung; wenn der Bus, der drahtgebunden ist, von dieser Leitung abkommt, von der er die Kraft, die Energien, erhält und weiter vorwärtsgeführt wird, wenn er eine andere Straße fährt, wo er die oberste Leitung nicht hat, dann ist er ohne Kraft, ohne Energie. Bergauf kann er ohne Kraft nicht fahren – wie jedes Fahrgestell –, bergab immer. Wenn dieser Bus jetzt eine andere Straße einschlägt, wo dieser Kraftstrom, diese Energien nicht vorhanden sind, die Straße gerade bergab führt, wird der Wagen noch viel schneller rollen als da, wo dieser Strom ist, da kann er bremsen, da kann er ihn steuern, mehr oder weniger geben, wie er gerade braucht. Wenn nicht, da fährt er in den Abgrund, dort wird er zerschellen. Ohne diese Kraft kommt er den Berg nicht hinauf, da braucht er Hilfe. So ist es auch mit dem Menschen. Wenn der Mensch nicht da bleibt, wo er die Führung hat, wo er die Kraft empfängt, dann wird er kraftlos sein, dann wird er in die Tiefe

abrutschen, und er muß wieder dahin geführt werden, wo die Verbindung ist, wo er die Energien wieder in sich aufnehmen kann.

(12) Einige wenige Freunde sind entlastet. Ihr Herzchen ist nicht mehr so beladen, deshalb, weil sie das Sicherheitsgefühl haben, weil sie über das Wissen verfügen: „Es kann so leicht nichts passieren, wenn ich nur das Rechte für mich selbst, für meinen Körper tue. Ich brauche mich vor dem Bösen nicht mehr zu fürchten, ich weiß, daß ich den Kampf gegen das Böse zu führen habe. Und ich weiß, daß ich selbst es bin, der das Böse nicht mehr in seinen Körper aufzunehmen hat. Ich weiß, daß ich Kraft aufnehmen muß, d. h. die Verbindung zu Gott beibehalte, wo ja Gott alleine dieser große Kraftspender ist, und daß ich diese Seine Kraft in mich aufnehme. Und ich werde mein Augenmerk darauf lenken, so ich fühle, daß das Böse mich angeht, schon, wenn ich von dem Bösen umgeben bin, wo das Böse doch überall lauert, so werde ich von dieser guten Kraft Gebrauch machen und das Böse von mir abwenden. Und sollte doch mein Körper erfaßt sein, so weiß ich genau gleich von vornherein, was ich zu tun und zu lassen habe: diese Kraft walten zu lassen gegen das Böse. Und das Böse wird da dann meinem Körper nichts antun können." Jeder Mensch hat den göttlichen Schutz. Nur müßte er es wissen, nur müßte er von diesem, vom göttlichen Schutz, Gebrauch machen. Und das ist das, was die meisten Menschen leider, leider nicht getan hatten; das alles hatten sie nicht gewußt.

(13) Gottes Kraft ist Macht.

(14) Sie müssen Ihrem Körper Beachtung schenken, Sie dürfen sich nicht mehr mit dem Bösen verbinden, vorerst von dem lossagen, wie Sie sich auch losgesagt, indem Sie sagten: „Hier habe ich ein Kämmerlein, hier bleibe ich, hier stört mich keiner!" Und da nehmen Sie alles auf, und da nehmen Sie auch die

Kraft auf, so daß hier die Störung aus dem Körper beseitigt wird. Wenn es einmal nicht reicht – zweimal, genau gesagt, müssen Sie es immer tun, täglich. Aber das ist den meisten zuviel. Keine Zeit, kommt Geschäft, kommt die Arbeit, kommt Hannchen, Tantchen und Mannchen. Wer für sich selbst keine Zeit hat, Freunde, der ist kein gottgläubiger Mensch, der hat sich wirklich von Gott gelöst. Soviel Zeit muß er für sich, für seinen Körper haben.

(15) Ein Mensch, der nervös ist, da sage ich, der ist energielos, der ist um die Kraft, um die eigene Körperkraft, gebracht worden.

(16) Jeder dieser abgebauten Körper weist einen großen Energiemangel auf. Hier ist es sehr notwendig, der Menschheit anhand von Gleichnissen klarzumachen, daß die Energien für alle Lebewesen vorhanden sind und auch das Notwendigste sind, um existieren, besser gesagt leben zu können (...). Je größer der Verlust an Energien ist, desto länger oder öfter bedarf es einer Wiederaufladung, bis der Körper so viel an Energien aufweist, daß er wieder einsatzfähig ist. (...) Der Körper ist im Ganzen gesehen nur dann widerstandsfähig, wenn die Widerstände im Körper selbst ihre vollen Energien besitzen.

(17) „Was soll ich da und dort noch hingehen, was soll ich daran noch glauben und vor allem, was soll ich jeden Tag an mich selbst denken, für meinen Körper sorgen? Genügt es nicht, wenn ich einen guten Appetit und guten Schlaf habe, daß ich ihm Essen und Trinken gebe, genügt das nicht? Und nachts ruhe ich ja, was soll ich da noch groß empfangen?!" Ja, durch dieses alleine kann der Körper nicht bestehen, er braucht Kraft, er braucht Energien. Wenn Sie glauben, daß Essen und Trinken den Körper so erhält, daß es ihm die Kraft gibt, warum steht der abgewrackte Körper, d.h. der Mensch, der das Bett hüten muß, weil er krank ist und viel essen kann, nicht auf?

Warum hat er nicht die Kraft? Nehmen wir nur einen Menschen, der gelähmte Glieder hat, der ißt nicht nur, sondern der frißt, der kann nicht genug bekommen, großen, guten Appetit hat er, ist ja gut, ich gönne ihm das. Aber hier liegt doch ein Beweis, (...) daß Essen und Trinken ihm nicht die Kraft in das Bein gibt, nicht das Leben da hineinführt, da gehört etwas anderes, da gehören die Energien hinein, und die läßt er nicht zu. (...) Ich will Ihnen nur den Beweis geben, daß von Essen und Trinken die Kraft da nicht hineinkommt (...)! Da muß Leben hinein! Und dagegen sperrt der Mensch sich, und da wundert er sich.

(18) Wie ein anderer für ihn nicht essen kann, damit er seinen Hunger stillt, so kann ein anderer für ihn auch das nicht aufnehmen, wenn er nicht gewillt ist, das Gute, wie er es nötig hat, für seinen Körper selbst aufzunehmen.

(19) Ich glaube, daß wir uns richtig verstanden haben, und ich glaube, daß Sie jetzt das Gute für sich beherzigen werden, denn das will aufgenommen werden. Nur dann, wenn Sie sich wirklich vom Bösen endgültig lossagen, findet die Aufnahme statt.

(20) Christus hat uns soviel des Guten mit auf unseren Lebensweg gegeben. Warum haben die Menschen das Gute nicht beherzigt, warum haben sie es nicht in sich aufgenommen? Warum haben sie nie erst mal all das getan, was sie sich selbst schuldig sind? Und daran hat es gehapert. Nun ist es wichtig, daß Sie wirklich, wirklich und ehrlich dazu übergehen, daß Sie das Versäumte nachholen, indem Sie jetzt das tun, immer das tun, was Sie sich selbst schuldig sind, und daß Sie wirklich diesem Ihrem Körper, der doch ein göttliches Geschenk ist, Beachtung schenken und daß Sie sich wirklich öffnen, wirklich dem Guten, wirklich Gott hingeben und daß Sie diese wahre, göttliche Sendung in sich aufnehmen und daß Sie alles Gute

wirklich beherzigen! Beherzigen heißt, daß Sie es aufnehmen! Und dann werden Sie auch fühlen, wie der Lebensstrom durch Ihren Körper nur so fließt! Und je mehr des Guten Sie aufnehmen, desto wohler werden Sie sich fühlen, desto eher wird die Ordnung in Ihrem Körper zustande kommen. Ja, mehr wollte Christus nicht, mehr erwartet Gott nicht von uns, daß wir nur all das zu tun haben, auch in diesem Erdenleben. Gott will auch weiter nichts, als daß wir uns wohl, daß wir uns wirklich gesund fühlen auf dieser Seiner Erde.

Die körperliche Haltung

(1) Ich habe all meinen Mitmenschen immer angeraten, daß jeder einzelne seinen Körper nicht lümmeln soll und daß er die Beine nicht zu überkreuzen hat, denn dazu hat Gott ihn nicht geschaffen, denn hier will er doch das Wertvollste empfangen, und er muß mit offenen Händen frei dasitzen und auch einen Herzenswunsch haben, Gott darum bitten, daß Er ihm das gibt, was er für sich wirklich nötig hat. So Sie das jetzt tun, werden Sie wirklich nicht nur was, sondern nur immer das empfangen wie auch empfinden, was Ihr Körper benötigt.

(2) Die noch einen frei beweglichen Körper haben, die verkrampfen ihn oft so gerne, das ist auch die Macht, die Macht der Gewohnheit: Bein übers Kreuz, übereinandergeschlagen. Sicher kann er sich mal lümmeln, heißt seinen Körper mal ausaalen, aber nicht da dann, wenn er das Gute, das Göttliche empfangen will. Da muß er frei sein, mit offenen Händen, mit leeren Händen muß er dasitzen oder stehen!

(3) In der Kirche lümmelt man ja auch nicht herum, sondern sitzt aufrecht und gerade.

(4) Und jetzt bitte ich Sie, die Hände, die Sie zusammenhalten, auseinanderzunehmen.

(5) Den Rücken bitte frei halten, die Lehne hat heute Ausgang.

Angesprochene Gegenstände

(1) Die Kugel, welche ich während meiner Vorträge oder am Schluß derselben an meine Zuhörer verteile, ist das Symbol meiner Anhänger.

(2) Die Kugel ist das Sinnbild höchster Geschlossenheit, höchster Kraft.

(3) Wenn ich eine Kugel berührt habe – ein Gleichnis unserer Welt –, so kehren in ihr alle Strahlungen, von denen unsere Erde umflossen ist, wieder und bringen den Menschen mit der himmlischen Strahlung in eine sich niemals erschöpfende Verbindung.

(4) Das Kügelchen, das Sie erhalten haben, dient als Antenne für den Empfänger der Heilwelle.

(5) Dieses Kügelchen bitte ich sorgfältig aufzubewahren, das ist der Halt, der Halt, wo Sie gleichzeitig den Empfang haben, den Empfang für die Heilwelle.

(6) Die Kugel zieht alle guten Kräfte an und stößt alles Böse ab!

(7) Die Kugel ist in der rechten Hand zu halten. Niemals einen anderen berühren lassen! Die Kugel ist ein Stück von mir, aus meiner Hand, das Ihnen die Gesundheit vermittelt bzw. die Gesundheit gibt. Zu Hause auf einem Stuhl geschieht auch dasselbe: Rücken frei, Hände auf Oberschenkel, Kugel in der rechten Hand. Denken Sie dabei nicht an Ihr Leiden, sondern stellen Sie sich nur die eine Frage: „Was geht in meinem Körper vor?"

(8) Wenn einer mit seinem Kügelchen immer herumspielt, – das ist eine Antenne –, dann ist es, als wenn hinten am Radioapparat gestört wird.

(9) Sie brauchen die Kugel nicht immer zu halten, bis die Regelungsschmerzen ganz vergehen. Es genügt in den ruhigen Minuten, wenn Sie nicht gestört werden, wenn Sie auf dem Stuhl sitzen oder wenn Sie liegen, daß Sie sie in der rechten Hand halten – die Wirkung macht sich bemerkbar.

(10) Sie brauchen auch kein Kügelchen. Es gibt ja Apparate, die die Antenne in dem Innern schon eingebaut haben. Und dasselbe haben Sie auch, nur ist das im Laufe der Jahre alles bei Ihnen erschlafft, es ist nicht mehr da, Sie konnten von dem rein Natürlichen nichts mehr empfangen. (...) Jetzt sind Sie so geschaltet, ich habe etwas an Ihrem Körper getan, wo und was, ist für Sie unwichtig, das werden Sie später erfahren, d.h., die Antenne ist wieder da und für den Empfang geschaltet.

(11) Man kann mit diesem kleinen Kügelchen vieles machen. Wenn Sie irgendwo Schmerzen haben, dann halten Sie das Kügelchen dran.

(12) Wenn es bei dem einen oder anderen geschehen ist, d.h., daß Sie durch diesen kleinen Gegenstand gesund geworden sind, so war es mein Wille, Ihnen die Gesundheit durch den Herrgott zu vermitteln.

(13) Für Ihre bekannten und verwandten Kranken bitte ich Sie, ebenfalls die Heilung aufzunehmen, indem Sie diese Kranken den angesprochenen Gegenstand berühren lassen.

(14) In einer Zeitung habe ich gelesen, daß man sogenannte Gröning-Kugeln verkauft auf dem Schwarzen Markt. Ich bitte in der Zeitung zu veröffentlichen, daß eine solche Kugel nichts

Gutes bringen kann. Weil man Geschäfte mit dieser Kugel machen will, ist es ein teuflisches Werk, und dieses teuflische Werk kann einem Menschen nie etwas Gutes bringen. Wenn einer eine Kugel erhält, so kann er sie nur aus meiner Hand erhalten und nicht anders.

(15) Es ist nicht nur so, daß es ein Bild von mir ist, sondern dieses Bild, dieses Foto erfüllt Ihnen noch einen ganz, ganz großen Zweck, und zwar, wenn Sie das Bild nur in die Hand nehmen, so werden Sie verspüren, was für eine Kraft aus diesem Bild herausströmt, die Ihnen dann ebenfalls durch den ganzen Körper geht. Und wenn Sie dann hier und dort Menschen antreffen, die krank sind, so können Sie mit diesem Bild auch weiteren Menschen helfen, indem Sie ihnen vorerst die Schmerzen abnehmen, d. h., die Schmerzen verschwinden, und das Kranke verschwindet am Körper und geht nach und nach zu einer vollständigen Heilung über.

Angesprochene Orte

(1) Ich werde Plätze ansprechen, den Boden ansprechen. Ich kann nichts dafür, ich handle nach Eingebungen. Ich kann sagen, daß dieser Boden, worauf Sie stehen, ein heiliger geworden ist. Denn Sie sind gläubig hierher gekommen, Sie haben hier die Tränen vergossen, und dieser Boden ist mit Tränen getränkt. Sie suchen Hilfe, und diese göttliche Hilfe haben Sie gefunden. Dieser Boden befreit Sie von all Ihren Leiden, von all Ihren Krankheiten. Und dies ist geschehen am laufenden Band.

(2) Ich bin in der Lage, Erdflächen wie Gegenstände anzusprechen oder Räume. Und wer sich darauf und darin befindet, erhält diese Welle, diese Welle nenne ich die Heilwelle.

(3) Ich habe hier und dort Plätze angesprochen, und da geschieht es. Kein Mensch kann es absprechen, da geschieht alles automatisch. So habe ich überall Stellen eingerichtet, auch in Privatwohnungen. Sie sollen Platz nehmen, Sie werden ja sehen, was passiert.

(4) Der Stuhl, auf dem ich saß, heilt! – Der Boden auf dem ich stehe, heilt! – Die Straße, über die ich fahre, wird ebenfalls heilen!

Sich Ruhe gönnen

(1) Alle, die zwischen Gut und Böse leben, die haben noch die Chance; diese Chance sollten sie nützen. Dieses geschieht immer (...) erst dann, wenn der Mensch sich selbst zur Ruhe bewegt. Denn das muß er zuerst tun: die Unruhe von sich schütteln, die Unruhe erst gar nicht aufnehmen, sondern nur eines: die Ruhe aufnehmen, sich zur Ruhe bewegen, sie in sich selbst aufnehmen, und dann wird er nicht nur ein gutes, ein wohliges Gefühl erhalten, sondern dann wird er die guten Gedanken, die Gedanken aus der guten, aus der göttlichen Gedankenquelle aufnehmen.

(2) Ich bewahre auch weiterhin die himmlische Ruhe, die himmlische Geduld. Aber auch das möchte ich von jedem Freund, daß er sie nicht verliert. Aber erst muß er sie in sich aufnehmen.

(3) So haben wir uns immer im Leben zu verhalten: ruhig und sachlich.

(4) Wer sie aber nicht bewahrt, wer um diese, um das Heiligste gebracht worden ist – das ist die Ruhe –, der wird alles durcheinanderbringen und wird weitere seiner Nächsten nach sich ziehen.

(5) Alle Geräusche auf dieser Erde, die empfangen Sie, und Sie leben in einer Zeit, in der Sie aus diesen nicht mehr herauskommen. Wie schön ist es doch, wenn Sie einmal zur Erholung in Gottes freie Natur gehen. Dann spannen Sie aus. Wenn Sie dann wieder in den Lärm hineinkommen, beginnt das Leiden wieder. Ruhe müssen Sie sich auch hier gönnen, indem Sie in sich hineinhorchen.

(6) Es genügt, wenn Sie hernach einen stillen Ort aufsuchen, ein kleines, einfaches, bescheidenes Zimmer, brauchen keine Möbel darin sein, vielleicht eine Sitzgelegenheit, daß Sie die Ruhe finden, die Ruhe aufnehmen. So Sie sie bejahen, nehmen Sie sie auf, daß Sie wirklich das dann Ihrem Körper zukommen lassen können, was zu ihm gehört. Schenken Sie Ihrem Körper mehr Beachtung, jeden Tag, jede Stunde, jede Minute, jede Sekunde!

(7) Die Menschen brauchen so lange zum Erholen. Sie denken eine Woche noch an das, was zu Hause war, die zweite Woche erholen sie sich, weil sie sich erst gedanklich hingeben, und in der dritten Woche denken sie an alle Pflichten, die sie zu Hause wieder haben. Das tue ich nicht. Ich denke nicht an das, was war, und nicht an das, was wird, sondern lebe ganz in der Gegenwart. Ich erhole mich in Minuten, wo andere Wochen und Monate brauchen.

Das Gute braucht Zeit

(1) Die Zeit, das ist Gott selbst. Wir sollen sie nützen, wir sollen sie uns nutzbar machen, dann werden wir so leben können auf dieser göttlichen Erde, wie Gott das Leben für uns bestimmt hat. Glaubten Sie, ich wäre hier, um Sie alle einzeln gesehen nur zu steicheln, (...) Sie zu liebkosen, Sie zu umarmen? Ich glaube, Freunde, es ist besser, ich sage offen die Wahrheit, wie Menschen das Leben hier verlebt haben, denn im Leben hat selten einer etwas erlebt! Die meisten verleben es. Sie vergeuden die schöne Zeit. Die Zeit ist nun mal das Gute. Das Böse kann uns nicht um die Zeit bringen.

Wir sollen in dieser Zeit viel Wundervolles, viel Göttliches erleben. Und so wir das Göttliche erleben, das Göttliche in uns aufnehmen, dann werden wir uns wohl fühlen, dann sind wir frei, dann leben wir so, wie Gott das Leben hier bestimmt hat. Aber was tun die meisten Menschen? Ja, das, was ich schon sagte. Zum anderen Mal haben sie für sich selbst keine Zeit. „Da ist das Geschäft, da ist der Haushalt, da ist der Betrieb, da ist die Arbeit, da ist Hannchen, da ist Tantchen, da ist Mannchen, da muß ich hierhin, da muß ich dorthin. O nein, die kann ich nicht auslassen, nein, nein, ich habe keine Zeit. Vielleicht habe ich Zeit, daß ich komme." Das haben Menschen immer bereut, wenn sie erst vom Bösen so erfaßt worden sind, daß das Böse von ihnen nicht mehr abläßt, daß das Böse in ihren Körper eingedrungen ist, dann kommen sie zur Erkenntnis, dann haben sie Zeit.

Ich hole nur einen einzigen Fall von all den vielen tausend Fällen hervor. Mir sagte mal – ich sage auch den Beruf – ein Architekt, die Kinder haben ihn hingebracht zu einer Gemeinschaftsstunde: „Ja, lieber Gröning, wenn ich Zeit hätte, ..." Ich sage: „Jetzt fehlt nur noch, daß Sie sagen: ‚Wenn Sie so viel Zeit hätten wie ich ...'" Er hat keine Zeit, ist unentbehrlich. Ich sagte: „Lieber Freund, wenn Sie glauben, Sie haben keine Zeit –

Sie können mir etwas sagen, dann sage ich Ihnen etwas anderes: Ich gebe Ihnen Zeit. Und ich gebe Ihnen den Beweis, daß Sie entbehrlich auch in Ihrem Betrieb, in Ihrem Büro, in Ihrer Architektur sind. Sie glauben, Sie wären unentbehrlich. Nein, Sie sind entbehrlich! Und zu all dem haben Sie Ihre Kinder, die denselben Beruf haben wie Sie. Aber Zeit gebe ich Ihnen. Und soviel Zeit, daß diese Zeit für Sie alleine ist. Und Sie werden keinen sprechen können. Sie wollen mir doch nicht sagen, daß Sie in den nächsten drei Tagen viele Besprechungen zu führen haben, die für Sie wichtig sind! Sie wollen mir doch nicht sagen, daß die Besuche, die Sie bekommen und die Sie abzustatten haben, daß nur Sie allein die erledigen können! Und Sie wollen mir doch nicht sagen, daß es von Ihnen selbst abhängt! Wie unwichtig Sie sind, den Beweis gebe ich Ihnen."

Er hat von mir drei Tage Bettruhe gekriegt. Aber es war nicht so eine Bettruhe, d. h., er konnte wirklich keinen Besuch empfangen. Er mußte vom Bett zum Töpfchen, vom Töpfchen zum Bett. Er schaffte das alles gar nicht schnell genug. Er konnte die Hose – ich muß ehrlich sprechen, wie es auch gewesen ist – nicht mehr hochziehen. Genau gesagt, hatte er dann die Zeit. Das mußte sein, das war eine Generalreinigung. Was glauben Sie, wie die Pest in seinem Körper schon war! Es war die allerhöchste Zeit! Bisher hatte er sich die Zeit nicht gegönnt. Er konnte nicht aufs Töpfchen gehen, nein, die Zeit ist so kostbar, sein Betrieb leidet, und er muß dieses, das und jenes tun, er ist unentbehrlich. Aber diese drei Tage war er entbehrlich, und der Betrieb lief weiter, hat keinen Schaden erlitten.

Hiermit sage ich Ihnen: Das ist nur eine Einbildung, die Einbildung dieses einzelnen und die Einbildung vieler Menschen, die sich nur in den Glauben versetzen, sie wären unentbehrlich, sie könnten nicht. (...) Fassen Sie das von diesem Architekten bitte nicht falsch auf. Es war notwendig. Und wenn das nicht zustande gekommen wäre, dann läge er heute noch im Bett. Wäre es richtig gewesen, wenn ich so gehandelt hätte?

Natürlich hat er befürchtet während dieser Zeit, (...) daß er dem Ende zugeht. Das glaubte er nur. Das ist aber nicht der Fall. Wer nicht hören will, der muß dann fühlen.

Und so gibt es aber auch viele Menschen, die nicht hören wollen, sie müssen dann fühlen. Nie haben sie Zeit, aber sie schleppen sich mit diesem Übel herum. Eine schöne Last, nur keine süße Last! Eine böse Last haben die Menschen mit sich getragen. Überall haben sie etwas abgeladen, aber weil sie das Böse abgeladen haben, da, wo es nicht angebracht, haben sie wieder neues, viel mehr Böses in sich aufnehmen müssen. Denn das Böse entlastet keinen, sondern belastet den Menschen immer mehr.

(2) Wer wenig hat, der hat das Göttliche schon vergeudet, der hat es verbraucht. (...) Wie der Mensch das Leben wirklich vergeudet hat, wie er es verpaßt hat, wie er es verlebt hat, nichts Richtiges hat er erlebt!

(3) Sie haben die Zeit Ihres Erdenlebens so versäumt, so versauert. Überlegen Sie die vielen Jahre, die haben Sie nicht genützt.

(4) Sie lebten immer wieder nur in dem Glauben, Sie hätten dafür keine Zeit, Sie müßten Ihren Beruf, Sie müßten Ihrem Betrieb nachgehen, Sie müßten Ihrem Haushalt und Sie müßten so manchem nachgehen. Für sich selbst, für Ihren Körper und für all das, was Sie sich selbst schuldig sind, haben Sie sehr wenig Zeit. Ihre Einstellung zur Zeit ist eine falsche!

(5) Sagen Sie jetzt nicht, Sie haben keine Zeit! Das ist die Zeit, die Gott für uns, für jedes Lebewesen bestimmt hat, wir haben sie nur zu nützen. Wenn Sie sie aber anderweitig für notwendig halten, daß Sie sie dorthin geben, bleibt für Sie ja nichts übrig, dann muß es zu diesem Fiasko kommen, dann kommt es zu dem Abbau, niemals aber zu einem Aufbau. Ich habe dieses

so oft heute hier wiederholt, Freunde, damit Sie es zu beherzigen wissen. Es wiederholt sich ja auch im Leben, so daß Sie immer Ihres Körpers bedacht sind, daß Sie immer dafür sorgen und daß Sie heute wissen, daß er, der Körper, nicht nur durch Essen und Trinken besteht, sondern er braucht auch die geistige, die göttliche Kraft, er braucht Energien, die Gott für Sie, für Ihren Körper bestimmt hat.

(6) „Was soll ich da und dort noch hingehen, was soll ich daran noch glauben und vor allem, was soll ich jeden Tag an mich selbst denken, für meinen Körper sorgen? Genügt es nicht, wenn ich einen guten Appetit und guten Schlaf habe, daß ich ihm Essen und Trinken gebe, genügt das nicht? Und nachts ruhe ich ja, was soll ich da noch groß empfangen?!" Durch dieses alleine, Freunde, kann der Körper nicht bestehen, er braucht Kraft, er braucht Energien. Wenn Sie glaubten, daß Essen und Trinken den Körper so erhält, daß es ihm die Kraft gibt, warum steht der abgewrackte Körper, d.h. der Mensch, der das Bett hüten muß, weil er krank ist und viel essen kann, nicht auf? Warum hat er nicht die Kraft? Nehmen wir nur einen Menschen, der gelähmte Glieder hat, der ißt nicht nur, sondern der frißt, der kann nicht genug bekommen, großen, guten Appetit hat er, ist ja gut, ich gönne ihm das. Aber hier liegt doch ein Beweis, (...) daß Essen und Trinken ihm nicht die Kraft in das Bein gibt, nicht das Leben da hineinführt, da gehört etwas anderes, da gehören die Energien hinein, und die läßt er nicht zu. (...) Ich will Ihnen nur den Beweis geben, daß von Essen und Trinken die Kraft da nicht hineinkommt (...)! Da muß Leben hinein! Und dagegen sperrt der Mensch sich, und da wundert er sich!

Und es ist doch kein Wunder, wenn tatsächlich ein Mensch, der in Ruhe einmal eine Zeit leben kann, zur Besinnung kommt, daß er sich auf das besinnt, was er braucht. Wie oft ist es da dann vorgekommen, daß plötzlich in ihm der Glaube aufgetreten ist: „Ich schaffe es, ich werde", wie er sagt, „gesund!"

Ich würde sagen, er wird das Heil erfahren, denn er gibt sich mit dem Bösen nicht mehr ab, sondern er will, daß im ganzen Körper das Leben zustande kommt.

(7) Da gibt es einen Obstgarten. Wer schon das Glück hat, in diesem Obstgarten zu sein, dem wird es wohl auch gestattet sein, von dieser natürlichen, von dieser göttlichen Frucht zu essen. Wer aber sagt: „Ich habe keine Zeit, dahin zu gehen, ich kann hier mehr und besser verdienen, ich werde sie mir nachher kaufen", dieser hat sich geirrt. Er soll ruhig da bleiben, wenn er glaubt, daß er den richtigen Weg geht. Das Obst, das Gute, das Göttliche, die Gesundheit gibt es nicht zu kaufen. (...) Wer gesund und wer gut werden will, muß schon von dem Segen Gottes Gebrauch machen. Er holt sich dieses Obst selbst und schickt nicht seine Großmutter. (...) Die Zeit darf er auch nicht versäumen. Zeit und Gelegenheit wahrnehmen!

(8) Ich kenne sogar Menschen, auch aus dem Freundeskreis, die sagen: „Ja, einen wahrheitsgetreuen Bericht zu schreiben, dafür habe ich so wenig Zeit, ich komme nicht dazu." Wie oft habe ich diese Freunde überrascht, so mal mit einem Besuch. (...) Plötzlich bin ich da und dort mal aufgetaucht – es wurde nur geratscht und getratscht. Da verblieb die schöne Zeit! Mich haben sie aber belogen, d. h., sie glaubten, mich belügen zu können, glaubten auch, mich belügen zu müssen, mir irgend etwas sagen zu müssen, daß sie keine Zeit hatten.

Zeit hat doch jeder! Man muß sie nur nützen. Aber wenn er sie anderweitig vergeudet, dann hat er hierfür keine Zeit. Wie oft ist es Ihnen so gegangen, daß Ihre Nächsten, Ihre Angehörigen, Verwandten und Bekannten gesagt und auch geschrieben haben: „Du glaubst gar nicht, wie wenig Zeit ich habe. Jetzt schreibe ich den Brief abends um zehn oder um elf, ich liege schon im Bett usw. Ich habe wirklich keine Zeit!" Fragen Sie sich selbst, haben Sie nicht auch schon Ihren Nächsten derartig belogen, daß Sie ihm vorgemacht, daß Sie keine Zeit hatten zum Schreiben, mal ein Lebenszeichen von sich zu geben? Na, war das nicht so? Seien Sie ehrlich! Sagen Sie es! Ganz ehrlich, Freunde! Mir brauchen Sie es nicht sagen, das sagen Sie sich selbst! Das sind doch faule Ausreden. Aber diese Ausreden das sind schon Lügen. Und damit haben Sie sich selbst belogen, sich selbst betrogen.

(9) So ruhig und brav, wie Sie hier gesessen, um die Gesundheit zu erhalten, so bitte ich Sie für das weitere Leben, wenn die Zeit da ist – die Zeit müßte eigentlich dazu da sein –, das täglich so auszuführen.

(10) Die Zeit will genützt werden, darf nicht ungenützt bleiben. Nützen Sie die Zeit, dann ist es gut!

Einmal im Leben Egoist sein

(1) Seien Sie einmal in Ihrem Leben Egoist. Egoist darum, damit Sie die Gesundheit in sich aufnehmen. Umsonst hat man das Wort nicht gefunden. Egoist sein heißt gesund sein!

(2) Einmal im Leben muß der Mensch Egoist sein, wenn er wieder gesund werden will. Es geht nicht, daß ein Kranker dem anderen helfen kann. Jeder muß das größte Bestreben haben, wieder gesund zu sein.

Die Bedeutung
der Gemeinschaftsstunden

(1) Es wird oft in unserem Freundeskreis vorkommen, daß der eine und der andere dahingehend gebeten wird, uns auch einiges von sich aus zu sagen, was er so auf dem Herzen hat, was ihn bewegt, warum, wieso, weshalb er nicht nur heute hier ist, warum, wieso, weshalb er sich hier von diesem Freundeskreis angezogen fühlt. Und das ist das Wichtigste.

(2) Dazu dient die Gemeinschaft, die Gemeinschaftsstunde, hier kommt die Belehrung, indem jeder das Seinige sagt, wie er Wahres an sich selbst bzw. auch schon an seinem Nächsten erfahren, von dem er überzeugt ist. Die Unwahrheit darf hier nicht hineingetragen werden, erst recht nicht die Gehässigkeit, nichts Böses, im Gegenteil. Hier wird von Krankheit nicht gesprochen, hier dürfen Sie nicht mal den Gedanken aufnehmen oder sich womöglich in den Glauben versetzen, Sie müßten jetzt über Krankheit sprechen! Oder daß Sie womöglich glauben, Sie hätten das Recht zu verlangen, daß die Krankheit hier behandelt wird, nein! Auch nicht eine Silbe von Krankheit wird hier gesprochen. Wenn Sie das Übel verloren, daß Sie von dem Heil erfaßt worden sind, dann können Sie sagen: „So war es, und so ist es, aber es begann erst da, wo ich wirklich zu glauben begann und mich wirklich vom Bösen gelöst, wo ich mit dem nichts mehr gemein haben wollte!" – Wie oft habe ich es heute schon hier gesagt. Das kann man aber nicht oft genug sagen! „Erst da begann es; dieses, das und jenes fühlte ich in meinem Körper, der Strom durchrieselte meinen Körper", wie ich so oft gehört habe.

(3) Dieser Raum ist so voller Strom, daß Sie ihn aufnehmen können und daß er dann in alle kranken Stellen Ihres Körpers eindringt und Ihnen dadurch die Gesundheit bringen kann.

(4) Wenn sich einer mit Fragen beschäftigt, das ist schlecht, dann unterbrechen Sie die Heilwelle. Das ist genauso wie mit einem Apparat, an dem einer herumdreht. Und wenn einer mit seinem Kügelchen immer herumspielt – das ist eine Antenne –, dann ist es, als wenn hinten am Radioapparat gestört wird.

(5) Ich bitte Sie, in Zukunft immer so zu sein: nur zu hören, keinen Gedanken aufzunehmen, denn alles, was Sie aufnehmen über Ihr Ohr, über das Ohr Ihres Körpers, da brauchen Sie sich nicht zu fürchten, Sie würden etwas vergessen. Nichtaufnahme ist, wenn Sie Gedanken aufnehmen, dann können Sie nicht hören, und das wird in Vergessenheit gebracht, und Sie werden das Gehörte dann auch nicht beherzigen können. Wenn hören, dann hören, nur aufnehmen, dabei aber keinen Gedanken aufnehmen, sondern nur hören, was zu Ihnen gesprochen wird, so daß Sie diese Worte, die wirkliche Wahrheit, dann auch beherzigen können, von dem Sie sich hernach auch überzeugen, auch zu überzeugen haben. Das ist immer das Wichtigste.

(6) Ich lasse Sie jetzt einen Augenblick allein. Ich bitte Sie, sich ruhig zu verhalten und in sich hineinzuhorchen, soweit Sie bereit sind; wenn nicht, wer glaubt, sich unterhalten zu können, oder glaubt, sich hier nicht auf dem richtigen Platz zu befinden – ich werfe keinen hinaus, aber ich sage, Störenfriede brauche ich keine –, der kann dann herausgehen. Aber wer weiß, wonach er gekommen ist, verhält sich ganz ruhig und horcht in sich hinein und empfängt das, was er braucht, um gesund zu werden.

(7) Nicht, wenn der Mensch hernach das Heil erfahren hat, daß er dann ausbleibt, nein, gerade er hat zu kommen! Denn es geht ja nicht nur darum, es geht hier um viel, viel mehr!

(8) Sie haben es so gut, Sie können kommen, wo andere nicht kommen können, noch nicht wissen, wo der Kleine ist. Na ja, der Kleine bin ich!

Richtiges Verhalten
nach Gemeinschaftsstunden

(1) Ich bitte Sie, nicht gleich von den Plätzen zu gehen. Jetzt kommt noch das Schönste! So nach und nach – horchen Sie noch in sich hinein, nehmen Sie mit, was Sie mitnehmen können. (...) Jede Minute, jede Sekunde, Sie können noch viel empfangen!

(2) Ich bitte Sie, nicht auf einmal alle die Treppe hinunterzustürmen, bleiben Sie noch eine Weile sitzen, und so nach und nach verlassen Sie diesen Raum. Nehmen Sie mit, soviel Sie mitnehmen können, denn gerade jetzt zum Schluß ist es meistens so, daß Sie, wenn Sie es richtig erfaßt haben, dann auch empfangen und tatsächlich wieder gesund werden. Wer mit Mißtrauen hierhergekommen ist, kann auch wieder mit Mißtrauen nach Hause gehen. Wer aber mit Vertrauen zu mir gekommen ist, den bitte ich, diese wenigen Worte zu beherzigen und das zu empfangen, was er braucht, um gesund zu werden.

(3) Ich bitte Sie, hier noch ein paar Minuten zu verbleiben. (...) Horchen Sie diese paar Minuten noch in sich hinein!

(4) Ich bitte Sie, nicht gleich Ihre Plätze zu verlassen, sondern horchen Sie mehr in sich hinein, und so nach und nach verlassen Sie diesen Raum. Vergessen Sie nicht, wo Sie waren, und vergessen Sie nicht, was Sie empfangen haben.

(5) Ehe Sie jetzt diesen Raum verlassen, bitte ich Sie, nach und nach den Raum zu verlassen. Horchen Sie in sich hinein, nicht unterhalten, immer schön ruhig sein.

Die Kraft an allen Orten zu empfangen

(1) Setzen Sie sich zu Hause genauso hin, wie Sie hier gesessen haben, wenn Ihnen die Gesundheit etwas wert ist, Sie müssen schon etwas Zeit opfern. Damit Sie mich noch besser verstehen: Es ist noch nicht dagewesen, daß man das Rundfunkempfangsgerät zum Sender trägt, um die Radiowelle zu empfangen, sondern man bleibt mit dem Gerät zu Hause. Genauso können Sie auch zu Hause empfangen, Sie sind jetzt angesprochen und können zu Hause genauso empfangen wie hier.

(2) Müssen Sie mit Ihrem Empfangsgerät zum Sender gehen, um empfangen zu können? Da bleiben Sie doch zu Hause und empfangen, was der Sender sendet, und so können Sie die ganze Welt abhören. Der Sender schickt seine Sendewelle hinaus. Genauso wie hier können Sie dann zu Hause empfangen, bloß hier mit dem Unterschied, daß Sie noch etwas aufgeklärter sind, daß Sie wissen, wie Sie sich zu verhalten haben, wie Sie das komische Gefühl, diesen sonderbaren Schmerz bekommen haben. Neue Schmerzen können Sie auch zu Hause empfangen, ich nenne diese Schmerzen den Regelungsschmerz.

(3) So wie Sie hier diesen Strom, diese Heilwelle erhalten haben, genauso erhalten Sie sie, gleich wo Sie gehen, gleich wo Sie stehen, gleich wo auf dieser Erde.

„Ich bin hier und überall zugleich"

(1) Gott hat uns das Leben gegeben, und wir sind Ihm gegenüber verantwortlich, unser Leben zu erhalten. Wenn Sie irgendwo mal in Not geraten sind, ist es immer so, daß Sie den Herrgott rufen, den Sie auch nie auslassen dürfen. Ich habe immer wieder gesagt: „Ich bin hier und überall zugleich." Ich will damit nicht gesagt haben, daß ich der Herrgott bin – nein. Ich bin nur ein kleines, winziges Werkzeug Gottes! Aber ich will dem Menschen mit Rat und Tat zur Seite stehen und ihm den guten Weg zeigen. Und so brauchen auch Sie mich nur zu rufen, und ich bin sofort da – bitte nicht die Vorstellung bekommen, ich wäre persönlich da – nein – im Geiste. Wenn Sie irgendwann mal Schmerzen haben, so rufen Sie mich, und es geschieht, was geschehen soll!

(2) Ich kann überall sein, aber nicht als Mensch, sondern nur im Geiste, wie ich die geistige Arbeit hier auch vollziehe. Aber als Mensch kann ich nur auf einer Stelle sein. Ich bin sonst schneller, und ein schnelleres Fahrgestell gibt es noch nicht.

Regelung - Reinigungsvorgang im Menschen

(1) Wenn ich sage, um diese Sekunde, diese Minute, diese Stunde ist der Körper durchblutet, so bekommen daraufhin die Nerven wieder Kraft, und die Organe, die tot waren, werden wieder ins Leben gerufen. Es gibt ein Arbeiten im menschlichen Körper, schon geht es los! Menschen aber, die unwissend sind, sagen: „Nun, jetzt habe ich die Beine kalt gehabt und hatte keine Schmerzen, und jetzt sind sie warm, und ich bekomme Schmerzen." Ist doch ganz logisch! Wenn wieder Leben eindringt, muß sich das doch bemerkbar machen! Genau, wie wenn die Mutti zu Hause säubert. Dann gibt es eine Bewegung in dieser Bude. Aber nachher, wenn es fertig ist, dann sieht kein Mensch, daß da gearbeitet wurde. Es ist reine Luft, es ist sauber, der Mensch fühlt sich wohl. Genauso hier der Regelungsschmerz. Es ist nicht angenehm, es wirft einen Menschen manchmal auch ins Bett, einige Tage. Es gibt auch Menschen, die dann schimpfen: „Das hatte ich davon, daß ich zum Gröning ging." Aber daß er sich nachher wieder frisch, froh und frei fühlt, dafür kann ich nichts. Aber die Unwissenheit dieses Menschen, wenn das an ihn herantritt, die Unwissenheit der Angehörigen! Man kommt an Gröning nicht heran, was tut man dann? Bei Schmerzen läßt man einen Arzt kommen. Was der Arzt tut – ich schimpfe nicht darauf –, er gibt dem Menschen eine Spritze oder ein Medikament, um die Schmerzen zu stillen, das dann die Heilwelle unterbricht und dann nicht mehr gut wirkend, sondern schädigend sein kann. Das ist das, was ich fürchte, deshalb will ich keinen Menschen unwissend lassen.

(2) Es gibt Menschen, die müssen sich bei diesen Umstellungsschmerzen ins Bett legen. Sie wissen nicht, was los ist. Und den kleinen Gröning finden Sie nicht. So wird der Arzt gerufen. Was der Arzt tut? Er ist schuldlos – in Verzweiflung las-

sen Sie ihn rufen. Er tut das, was er gelernt hat und auch für richtig hält und gibt Ihnen größtenteils eine Spritze oder ein Medikament. Sie sagen nichts. Immer ist es auch nicht gut, wenn Sie sagen, daß Sie beim Gröning waren, denn viele schimpfen wie ein Rohrspatz. Ich schimpfe gar nicht. Warum? Weil ich weiß, was ich leisten kann. Wer etwas leistet, läßt sich nicht stören von einem Menschen, der keine Kenntnisse hat. Aber ein Fehler ist es, wenn der Arzt dem Menschen so helfen will. Was tut er damit? Er unterbricht die Heilwelle, und es wird statt besser schlechter. Wer zu mir gekommen ist, wer erst keine Schmerzen hatte, bekommt welche. Also müssen Sie dieses schon mit in Kauf nehmen und mal die Dinge abwarten, die da kommen. Nur müssen Sie sich dann nicht mit Ihrem Leiden beschäftigen. Denn wenn Sie den göttlichen Weg antreten wollen, d. h., wenn Sie gesund werden wollen, dann müssen Sie das Satanische, das Schlechte, die Krankheit abwerfen. Und dann nur Obacht geben, was da in und an Ihrem Körper vorgeht. Und das Rätsel ist dann für Sie gelöst. Mehr haben Sie nicht zu tun, das ist das Eigentliche, was ich will.

(3) Der Regelungsschmerz muß sein! Es befürchteten oft einzelne Menschen, wenn der Regelungsschmerz einsetzte, daß ein Rückfall eingetreten sei. Sie bekamen Furcht und sagten: „Es ist noch schlimmer, gehen wir zum Arzt." Einzelne Menschen wußten das wieder auszuschlachten und sagten: „Statt gesund macht er sie krank." Deswegen mache ich Sie aufmerksam, wenn der Regelungsschmerz kommt, das zu erdulden. Es passiert nichts Schlimmes, sondern nur, daß der Mensch gesund wird. Denn jedes bedarf doch seiner Regelung: Wenn ein Kind heute auf die Welt kommt, ist es auch nicht gleich so groß. Es ist klein, es braucht seine Zeit.

(4) Es liegt bloß immer an der Größe des Leidens, das der eine oder andere in oder an seinem Körper hat. Es dauert alles seine Zeit.

(5) Wenn der eine oder andere vielleicht glaubt, daß er hier an Ort und Stelle gleich die volle Heilung erhält, so ist er im Irrtum, denn eine vollständige Heilung braucht auch ihre Regelung, je nach Größe der Krankheit, je nach Vielseitigkeit der Krankheit.

(6) Organe wie Glieder, die bisher tot waren, die sich zur Ruhe legten, die werden jetzt lebendig, indem sie durchblutet werden, daß das neue Leben wieder einkehrt. Es macht sich bemerkbar; und daß es sich bemerkbar macht, ist gut. Das ist der größte Erfolg, den man nur verzeichnen kann.

(7) Vor Regelungsschmerzen sollen Sie keine Angst haben. Im Gegenteil, freuen Sie sich darüber, denn wenn das neue Leben einzieht, wird alles wieder zurechtgebogen, und das tut manchmal weh.

(8) Wenn der eine oder der andere vorher nicht so große oder überhaupt keine Schmerzen gehabt hat, darf er nicht schimpfen, im Gegenteil, er wird es selbst verspüren, daß der Schmerz ein anderer ist, mit Wärme durchzogen, d. h. durchblutet, das ist der Regelungsschmerz. Wenn dieser vorüber ist, dann geht die Gesundung an.

(9) Die Schmerzen sind anders, es sind die sogenannten Regelungsschmerzen, bei denen die kranken Stellen angesprochen sind und etwas schmerzen, aber nicht wie vorher. Diese Schmerzen müssen andere sein. Sie brauchen daher nicht zu glauben, daß ich Ihnen Ihre Schmerzen nicht abgenommen habe, sondern die Schmerzen, die Sie jetzt spüren, sind tatsächlich die sogenannten Regelungsschmerzen. Fühlen Sie bitte nach, und Sie werden es selbst feststellen.

(10) Sind das dieselben Schmerzen, die Sie früher gehabt haben? Fühlen Sie bitte richtig, dann stelle ich Ihnen das klar. (...) Wenn einer Kopfschmerzen kriegt, sage ich prima, denn da muß es ansprechen, das muß jetzt durchgehen, um auf das Organ zu wirken, und in diesen kranken Organen bzw. Gliedern muß etwas vorgehen. Sie können von einem Kindlein, das neugeboren wird, nicht gleich verlangen, daß es sich selbständig macht, daß es steht, geht oder alles tut, was ein erwachsener Mensch macht. Es braucht alles seine Zeit, auch hier die Umwandlung in Ihrem Körper, was Sie jahrelang als Krankheit gehabt haben. Menschen denken, es muß gleich verschwinden. (...) Das ist gerade das Wesentliche: der Schmerz muß abgezogen werden, daß die Heilung vollzogen werden kann. Die Organe müssen durchbluten, um wieder Kraft zu bekommen, um wieder gesund zu werden.

(11) Wenn ich einen anspreche, fällt es manch einem gleich auf den Darm, indem er gleich den Durchmarsch bekommt, sämtliche Gifte von sich gibt und den Darm restlos leert.

(12) Manchmal ist die Umstellung so stark, daß der Mensch tatsächlich in eine Ohnmacht verfällt, das ist nicht einige Male, sondern hundertmal der Fall gewesen, das artet auch so aus, daß das Herzchen stehenbleibt. Und dann setze ich es wieder neu in Bewegung und pumpe. Es hat nur einen falschen Takt, eine Verstopfung gehabt, deshalb habe ich keine Furcht, daß hier vielleicht jemand mit seinem Leben abschließt.

(13) Wenn ein Mensch von seinem Leiden zur Gesundheit übergehen soll, das ist eine Wandlung. Früher habe ich gesagt: „Ich verwandle das Blut." Seitdem ich das Verbot angehängt bekommen habe, habe ich immer gesagt: „Umgekehrt ist auch was wert!" (...) Wenn diese Wandlung kommt, so haben viele erlebt, daß diese Menschen umfallen, als wären sie tot, und ich habe Ärzten gesagt: „Untersuchen Sie bitte den Kranken, ob er

noch lebt." Und er sagte: „Er ist tot!" Ein Arzt hat sich sogar erdreistet zu sagen: „Ich muß den Angehörigen den Totenschein ausstellen." Und ich tat das, was ich für richtig hielt. Ich ließ den Menschen liegen, als wäre er tot. Herz bleibt stehen, dann ist er tot, klar. Es hat aber seine Richtigkeit, das Herz wird wieder in Bewegung gesetzt, die Umstellung kommt.

Ein Mädel war 23 Jahre alt, von Geburt an gelähmt, hatte bis zu diesem Tage nicht stehen können. Sie bricht in diesem Garten in Herford zusammen, Herz setzt aus. Ich habe nur vom Balkon aus gesagt: „Hineintragen!" Sie wurde hineingetragen, wurde in einen großen Sessel gesetzt, und da blieb sie wie tot liegen. Ich habe meine Rede zu Ende geführt, da brachen noch einige zusammen. Ich sprang einfach vom Balkon herunter, und schon war ich bei den anderen Kranken, und im Nu waren sie wieder klar. Und als ich fertig war, ging ich hinein zu dem Mädchen. Sie öffnete die Augen – konnte nicht mehr schnaufen, war alles ruhig, Totenstille –, (...) ich sagte: „Stehen Sie auf!" Sie stand auf, und mit einemmal dreht sie sich um, schaut auf ihre Mutter und schreit: „Mutter, ich kann heute, nach 23 Jahren, zum ersten Mal gehen!" Und das Kind geht. Garantiert geht sie heute noch. Sehen Sie, ein Mensch mußte leiden, kein Arzt wußte etwas anzufangen – nicht, daß ich sie beschimpfen will, nein, aber es ging einfach nicht. Und wie es bei diesem Kind ging, geht es bei vielen auch. Und wenn Sie glauben, daß Sie sich gereinigt haben, daß Sie das Schlechte abwerfen, dann nehmen Sie das Gute auf. Das Gute geht nur da hinein, wo das Schlechte entfernt ist. Überlegen Sie: das, was ich Ihnen gebe, sind praktische Beispiele, die Ihnen täglich vor Augen kommen, dann haben Sie alles.

(14) Es kommt auch manchmal so stark, daß Sie, wenn Sie bisher keine Schmerzen hatten, welche kriegen. (...) Menschen, die ein schweres Leiden haben, vielleicht von Geburt an, kann es so stark ergreifen, daß sie in Ohnmacht fallen. Ich habe schon viele Fälle gehabt, wo tatsächlich alles stehenbleibt, auch

die Unruh, das Herz. Aber die Wandlung kommt! Das gibt einen Ruck, einen Zuck, dann setzt das Neue ein. Es arbeitet, aber nicht früher, ehe ich herangehe. Hauptsache, daß Sie nachher gesund sind!

(15) Bei vielen oder einzelnen ist der Gefühlsnerv so weit herunter, daß sie es nicht verspüren. Aber daß die Heilung vor sich geht, ist mir klar. Viele haben überhaupt nichts verspürt, kommen nach Hause, und alles ist verschwunden.

(16) Neue Schmerzen können Sie auch zu Hause empfangen, ich nenne diese Schmerzen den Regelungsschmerz.

(17) Wenn Sie zu Hause sind und mal hier und dort Schmerzen bekommen, wie Sie sie noch nie gehabt haben, so fürchten Sie nichts, denn das sind (...) die Regelungsschmerzen. Regelungsschmerzen deshalb, weil tatsächlich an kranken oder gar schon abgestorbenen Gliedern wieder das Leben einzukehren versucht. Da, wo alles in Unordnung war, muß die Gesundheit sich auch diesen Weg erkämpfen und solange daran arbeiten, bis das (...) kranke Organ wieder in Ordnung ist. Nichts fürchten, lassen Sie das über sich ergehen, es ist das Gute, das Göttliche.

Auch den Angehörigen wird Hilfe zuteil, wenn man für sie bittet

(1) Ich weiß, wie es immer der Fall gewesen ist, wenn der eine oder der andere um Hilfe gebeten hat für seine Angehörigen, für seinen bekannten oder verwandten Kranken, daß auch diesem die Hilfe zuteil werden wird. Er muß das Bett hüten, er kann nicht gehen, er kann sich nicht fahren lassen, er schnappt nach Luft, er ruft nach dem Herrgott, er bittet um sein Leben, er bittet um Hilfe. Auch diesem Menschen soll die Hilfe zuteil werden.

(2) Für Kranke zu Hause geschieht es auf dem Fernwege.

(3) Ich weiß, jeder hat zu Hause noch einen Kranken, und für diesen bitte ich Sie, auch die Gesundheit mitzunehmen. Schauen Sie bitte auf die Uhr, und Sie werden feststellen, daß zu dieser Zeit die Kranken zu Hause auch angesprochen sind. Und jeder wird Ihnen mitteilen, daß er ein komisches Gefühl in seinem Körper verspürt hat.

(4) Sie selbst sind auch in der Lage, die Gesundheit für Ihre kranken Angehörigen, Verwandten und Bekannten mit nach Hause zu nehmen. Hat es auch noch nie gegeben. Unzählige solcher Bestätigungen liegen vor.

(5) Und jetzt sind einzelne Menschen hier, die noch an andere Kranke denken, die auch mit dem Wunsch hergekommen sind, daß diesen Kranken geholfen wird. Nehmen Sie die Gesundheit mit, reichen Sie dem Kranken nur die rechte Hand, und fragen Sie nach einer ganz kurzen Weile, was in seinem Körper geschehen ist. Sagen Sie aber nicht nachher, Sie können auch heilen. Nein! Aber es geschieht, was geschehen soll. Ich wünsche es so, und so, wie ich es wünsche, so geschieht es auch.

(6) Es ist nicht das erste Mal, daß ich die Heilwelle ins Ausland geschickt habe, nein, das tue ich schon jahrelang, sowie mir derartige Fälle aufgetragen werden. Und ich habe immer wieder die Bestätigung bekommen, daß das geschehen ist, worauf ich eingestellt bin. (...) Auch hier gebe ich Ihnen gleich allen zu wissen, daß ein Bedrängen Ihrerseits nicht sein soll. Warten Sie ab! (...) Lassen Sie deswegen immer eine Zeit verstreichen, und wenn Sie glauben, daß es nichts geholfen hat oder daß es Ihnen zu langsam geht, habe ich nichts dagegen. Ich kann das sehr gut verstehen und werde es einem Menschen nie übelnehmen, wenn er sich für seinen nächsten Kranken einsetzt.

„Ich sehe, ich höre und fühle alles!"

(1) Es ist nicht notwendig, daß der eine oder andere mir seine Leiden aufzählt. Ich weiß viel, viel mehr, als überhaupt ein Mensch nur denken kann. Wenn der eine oder andere den Weg zu mir gefunden und um Hilfe für seine Angehörigen gebeten hat, ohne mir zu sagen, wer dieser Kranke ist, wo er wohnt, was für ein Leiden er hat, so war ich in der Lage und bin es auch weiter, ihm diesen Kranken genau mit seinen kranken Stellen zu beschreiben. So wie ich auch in der Lage war zu sagen, was für ein Menschenkind er ist, mit seinem ganzen Vorleben bis zu dieser Stunde. Alles habe ich sagen können und habe auch diesem Menschen die Krankheit auf dem Fernwege abgenommen. (...) Dazu aber muß mir das größte Vertrauen entgegengebracht werden.

(2) Wenn ich hier sagen will, daß ich über den größten, den einzigen und besten Röntgenapparat verfüge, so erzähle ich nicht zuviel. (...) Wenn ein Hilfesuchender, nicht einmal ein Kranker persönlich, zu mir kommt und um Hilfe bittet für einen kranken Menschen, so lasse ich mir von diesem Menschen nicht seinen Namen noch den Namen des Kranken sagen. Auch lasse ich mir von diesem Menschen nicht sagen, wo er sich befindet und auf was für einem Fleckchen Erde er lebt. Es könnte in Deutschland sein, könnte auch in einem anderen Land sein. Auch darf von der Krankheit nicht ein Fünkchen hervorkommen, daß der Mensch vielleicht glaubt, mir sagen zu müssen, der Kranke leide an diesem oder jenem. Ich will vom Menschen unwissend gelassen werden (...). Ich stelle darauf für diesen bewußten Kranken vorerst ein Krankheitsbild. Das kann ich feststellen, ich kann die Krankheit von diesem Kranken, der sich meinetwegen in Abessinien befindet, ohne daß man mir das gesagt hat, holen; ich hole die Krankheit her und werfe sie in einen Menschenkörper. Der Mensch empfängt jetzt die

Krankheit über den „Wellenweg", sagen wir so, er sagt genau die Stellen an, wo dieser Mensch krank ist. Wenn das zu Papier genommen ist, gebe ich es jedem gleich schriftlich mit. (...) So hat zufällig bis zum heutigen Tage jedes Krankheitsbild gestimmt.

Ich greife einen Fall heraus: Gräfelfing, im Haus von Herrn Dr. Trampler. Ich bin in meinem Zimmerchen, das er mir zur Verfügung gestellt hat (...). Er kommt zu mir herauf und sagt, unten wäre ein Herr, der bittet um Hilfe für seine Frau. Ich habe nur gesagt: „Lassen Sie mich jetzt in Ruhe! Ich habe keine Zeit, aber da haben Sie das Krankheitsbild dieser Kranken." Es wurde aufgenommen, wurde geschrieben (...). Als es fertig war, war ich unten in der Wohnung, wo dieser Hilfesuchende war, d. h. der Mann dieser kranken Frau. Er konnte dieses auch zufällig 100%ig bestätigen. Das ist noch nicht alles! Wenn Sie als Mensch einen Fotoapparat haben, habe ich auch einen, ich fotografiere auch alles, und so habe ich diesem Ehemann sagen können, wo seine Frau sich befindet, daß sie nicht hier war, nicht einmal in Deutschland, sondern im Ausland, in Amerika. (...) Ich habe gesagt, daß seine Frau in Amerika sei, und es sei ein Stundenunterschied, erst sagte ich die sechste, aber nein, das stimmte nicht, dann war es in der neunten Stunde. „Seine Frau befindet sich jetzt in einem Raum, wie ich sehe, und erhält Besuch – nein, Moment, ist noch nicht drin." Die Uhren stimmten alle überein, ich gab noch die Uhrzeit an. Der Besuch war ein Mann und eine Frau, sagte ich, verbesserte aber gleich: nein, zwei Frauen, die eine hatte blondes Haar, war aber nicht echt, sagte ich auch. Der Ehemann hat sich sofort mit seiner Ehefrau in Verbindung gesetzt. Diese konnte es nur bestätigen und sagte: Ja, diese Frau, die als Mann angesehen wurde, da würde auch sonst jeder mit seinem menschlichen Auge sagen, ja, das ist ein Mann, denn sie hatte einen männlichen Gesichtsausdruck und obendrein noch Uniform an! Also ist mein Fotoapparat auch in Ordnung auf diese Entfernung. Es kann nicht weit genug sein.

(3) Ich bitte Sie, mich nicht mit Fragen zu belästigen, es genügt, wenn Sie den Wunsch nur in Ihrem Innern verborgen halten. Denn ich habe Ihnen zu wissen gegeben – wie klein ich auch bin, ohne mich zu loben –, daß es einmalig in der Welt ist, daß ich dem Menschen das sagen kann, was er an Krankheit in und an seinem Körper verborgen hält. Ich brauche nicht einmal einen Namen zu wissen.

(4) Auch muß ich Ihnen zu wissen geben, daß Sie, wenn Sie mich um Hilfe für einen Kranken bitten, mir nicht den Namen, nicht die Wohnung, auch nicht die Krankheit zu sagen brauchen. Ich weiß, daß mich die Eingebung soweit bringt, daß ich zu allem in der Lage bin, Menschen zu helfen und Menschen zu heilen.

(5) Wenn Sie mir einen großen Brief schreiben, so stecke ich diesen geschlossen in die Tasche. Ich brauche den Brief nicht zu öffnen, ich weiß, was drinsteht. Sie brauchen mir nichts zu sagen, ich weiß, was Sie mir sagen wollen. Sie brauchen mir nichts zu erzählen.

(6) Ich bin in der Lage, Ihnen heute schon zu sagen, was morgen und übermorgen geschieht.

(7) Es entgeht mir nichts! Ich lebe zurück, in die Vergangenheit, in die Gegenwart, in die Zukunft. Ich brauche nicht Bücher gelesen zu haben, ich brauche nicht Länder aufzusuchen, um zu wissen, was dort ist oder nicht. Sie nennen es die Geschichte. (...) Das können Sie auch noch haben, früher oder später, Fernsehapparat sein zu können. Dann können Sie zurücksehen in die Vergangenheit oder voraussehen in die Zukunft. Da würde eine Woche nicht ausreichen, um Ihnen das alles zu erzählen.

(8) Ich sehe nicht nur den Menschen, ich sehe auch, was weiter zurückliegt: Vergangenheit, Gegenwart, Zukunft, alles, was um und an ihm ist. Aber nicht nur vom Menschen, ich spreche vom Leben auf dieser Erde. Zu diesem Leben gehört nicht nur das menschliche Leben, sondern auch das tierische und das pflanzliche Leben. Was vor ihm war und wie es war – ich lebe Jahre zurück, es geht schnell. Wie Sie rückwärts gehen, wie Sie zurück- und wie Sie vorwärts gehen können, so kann ich dieses alles „zurück-leben".

(9) Ich kenne das Leben, das Leben aller Menschen.

(10) Ich sehe, ich höre und fühle alles.

(11) Ich weiß mehr, als Sie denken können. Deswegen will ich mich nicht erheben. Aber wenn ich dazu die Befähigung habe, dann können Sie mir das Vertrauen schenken.

Wie Menschen die Heilung eines Nächsten stören können

(1) Wem schicke ich die Heilwelle, wen kann ich auf dem Fernwege heilen? Ich heile nur dann, wenn seine nächste Umgebung in Ordnung ist. Er selbst als Kranker ist zwar ein Schwächling, wird aber derartig stark von seinen Angehörigen beeinflußt, daß sie immer wieder das zerstören, was ich aufgebaut habe. (...) Was weiß der Mensch, wie er seinen Mitmenschen beeinflussen kann! Die Beeinflussung, d.h. die seelische Beeinflussung, ist derart stark, daß es tatsächlich zwecklos ist, jeden Menschen auf dem Fernwege zu heilen, denn sein Mitmensch ist ja so dumm, oder sagen wir, er ist schon so schlecht geworden, daß er nicht mehr weiß, was gut, was schlecht, was falsch, was richtig ist, und nur Schlechtes tut.

(2) Ein Mensch kann den anderen durch Gedanken beeinflussen.

(3) Ich bekam einen (...) Anruf. Ich selbst war nicht am Apparat (...). Dieser Herr (...) ließ bitten, ich möge ihm doch helfen. Ich kannte ihn gar nicht, es wurde mir kein Name gesagt, gar nichts. Habe ich gesagt: „Das geht nicht. Der Kranke liegt im Bett, jammert, hat Schmerzen. Halt, das geht nicht, da ist eine Frau im Haus, die Frau stört. Ist ein guter Mensch, sehr guter Mensch, aber ich kann nicht. Sie hält das Leiden fest, trotz ihrer Güte." Und jetzt habe ich sagen lassen, man möge der Frau mitteilen, sie möge die Wohnung dieses Kranken verlassen. Und dann hat sie den Bescheid gekriegt und ist gegangen. Dann ging es. Dann sind die Schmerzen weggegangen, und weiter, Herr Beier? (Der genannte Kranke befindet sich unter den Heilungssuchenden und berichtet weiter: „Dann sind die Schmerzen vollkommen aus dem ganzen Bein, dem ganzen Körper herausgegangen, der Krampf hat sich vollkom-

men gelöst, das Bein wurde sehr heiß, innerhalb weniger Minuten vollkommen schmerzfrei.") Also, jeder Mensch glaubt, einem anderen helfen zu können. Aber statt zu entlasten, belastet er nur den Kranken. Die Mutti denkt, ihrem Kind helfen zu können, indem sie Hilfe erwartet und immer wieder an die Krankheit denkt. Genauso kann auch ein Mensch den anderen belasten. Auch hier kann einer den anderen belasten.

Mitleid schwächt

(1) Wenn Sie immer wieder an einen Kranken denken, ihn bemitleiden, das geht bei ihm dann so in Fleisch und Blut über, daß er nur bemitleidet sein will. Auch viele erwachsene Menschen, die jahrelang ein Leiden gehabt haben, sehnen sich danach zurück, weil sie das eine vermissen, das „Bemitleidetwerden".

(2) Ein Kranker glaubt ein mitleiderregendes Gesicht zu machen, dann geht es. Menschen, die tatsächlich nur ein Mitleidsgefühl erwecken, weil ihnen dieses schon in Fleisch und Blut übergegangen ist, haben auch nicht mehr die Kraft, d. h., sie sind von ihrem seelischen Leid bedrückt. Und ihre Umgebung ist die, daß sie, statt den Kranken zu stärken, diesen noch schwächt. Es bräuchte so vieles nicht zu sein. Nicht gehenlassen, wer sich gehenläßt, verfällt!

Erfolgsberichte -
die Bausteine des göttlichen Werkes

(1) Ich bitte Sie, sowie der eine oder andere unter Ihnen die Gesundheit erhalten hat, mir das schriftlich einreichen zu wollen. Vergessen Sie bitte nicht, eine genaue Untersuchung vornehmen zu lassen, so daß das ärztliche Attest mit beigefügt wird. Ihrer Bestätigung bitte ich auch gleichzeitig Unterschriften einzelner Zeugen beizufügen, denen Ihre Krankheit bekannt war.

(2) Ich bitte Sie nach wie vor, gehen Sie zu Ihrem Arzt oder in eine Klinik, wenn Sie ein organisches Leiden gehabt haben, und lassen Sie sich nach wenigen Tagen untersuchen. Und all dieses schicken Sie mir dann ein.

(3) Ich will Bestätigungen von seiten der Ärzte.

(4) Vor- und Nachuntersuchung soll sein, damit Sie auch die Garantie haben, daß Sie geheilt sind.

(5) Ich bitte genau zu überprüfen, wieweit der eine oder andere gesund geworden ist. Ich bitte mir dann den Bericht zukommen zu lassen, Bericht mit ärztlichem Attest. Bei schweren Fällen bitte ich noch zu warten. Jeder bekommt das Gefühl, wieweit er hergestellt ist.

(6) Lassen Sie von sich hören, natürlich nur schriftlich. (...) Teilen Sie mir das bitte schriftlich mit, was vorher war und wie sich das alles verändert hat. Aber nicht gleich morgen, lassen Sie erst alles über sich ergehen, und beobachten Sie, was überhaupt weiter geworden ist.

(7) Lassen Sie bitte von sich hören, geben Sie mir bitte schriftlichen Bescheid, wie es Ihnen überhaupt ergangen ist. Schreiben Sie aber bitte die Wahrheit, und schreiben Sie bitte darin, was für ein Leiden Sie vorher gehabt und wie das mit einemmal abgegangen ist, wie Sie sich überhaupt fühlen. Aber schreiben Sie nicht gleich morgen, es braucht bestimmte Tage. Vielleicht in sechs, sieben Tagen, aber wahrheitsgetreu, wenn ich Sie bitten darf, ohne Schminke! Schreiben Sie so, wie Sie es gewohnt sind, überhaupt zu schreiben.

(8) Es gibt immer wieder Menschen, die mir von all diesem, was überhaupt geschieht, wenig zu wissen geben.

(9) Hunderte von Fällen, wo Menschen die Heilung empfangen haben, aber nie wieder von sich hören ließen. Ich möchte Sie bitten, dieses zu tun, damit wir jedem die Sicherheit und Garantie geben können. (...) Die Tatsachen sollen sprechen!

(10) Wenn der eine oder andere oder der größte Teil unter Ihnen die Gesundung erhalten hatte, so hat er von sich aus nichts hören lassen. Daher ist mir das Ganze erschwert worden, indem man hier und dort ankommt und sagt: „Beweisen Sie doch." Ich gebe diesen Menschen zu wissen, daß meine besten Zeugnisse und meine besten Erklärungen die Menschen selbst sind, denen ich geholfen habe! Ich lege weniger Wert darauf, aber es ist nun mal beim Menschen so eingebürgert, daß er alles schwarz auf weiß festhält. Ich selbst muß mich heute immer sichern und habe mich auch immer zu sichern gewußt, weil ich wußte, ich war unter Menschen, denen gegenüber es besser war, daß alle meine Worte und Taten immer von Zeugen belegt werden konnten.

(11) Ich bitte Sie, mir schriftlich mitzuteilen, welch ein Leiden Sie gehabt und auf welche Art Sie das Leiden verloren haben. Das gehört zu den Bausteinen dieses Werkes, um weitere

Menschen heilen zu können. Nicht Geld, nein, sondern ein Schriftstückchen will ich nur als Beweis. (...) Lassen Sie bitte von sich hören. Sagen Sie nicht „Ja!", und tun Sie es nachher nicht! Tun Sie es bestimmt! Ich glaube, daß es doch für jeden eine Selbstverständlichkeit ist.

(12) Wenn der eine und der andere Ihrerseits die Gesundheit vollständig erhalten hat oder nur teilweise, was so nach und nach bestimmt kommen kann, wenn sich der Mensch nicht sperrt, so bitte ich Sie, mir schriftlich mitteilen zu wollen, wie und inwieweit Sie überhaupt die Gesundheit erhalten, bitte Sie aber, das so zu formulieren: was Sie vorher an Leiden gehabt haben, was Sie bisher nicht konnten und was Sie jetzt können. (...) Fassen Sie es bitte nicht so auf, als wollte ich damit Propaganda machen. Nein, das ist nicht mein Wille. Aber Sie tragen mit jedem Stückchen Geschriebenen dazu bei, auf der einen Seite, weil ich hierin meinen Lohn sehe, und auf der anderen Seite kann mit diesem vielen, vielen Menschen mehr und leichter geholfen werden. Es ist nur so anzusehen, als wäre es ein Baustein für dieses große, göttliche Werk auf der Erde, um diesen Bau einmal vollenden zu können, so daß alle Menschen in diesem Bau dann Aufnahme finden, daß alle Menschen dieser Erde dann Hilfe und Heilung erhalten können.

(13) Das Wichtigste ist immer der Anfang, von einem kleinen Maßstab aus gesehen. (...) Ein Haus ist auch nicht aufgebaut mit einem einzigen Stein, da liegt ein Stein auf dem anderen. Und es kostet Arbeit, so einen Bau herstellen zu können. Und dazu müssen auch viele Hand anlegen, denn Eile tut manchmal not, so daß dieses geschieht und der Bau fertig wird. Ein altes Sprüchlein: „Viele Hände machen bald ein Ende", d. h., daß der Bau fertig wird. Und so ist es auch in diesem Falle, daß dieses göttliche Werk wieder im Entstehen ist; und zu diesem Bau gehören auch viele Hände, die daran schaffen sollen, daß es, wie es schon im Entstehen ist, auch fertiggestellt wird und werden

kann. Aber das Material, das man dazu benötigt, ist das Material, das der eine und der andere Ihrerseits, sowie er die Heilung, das Gute empfangen hat, auch dazu beiträgt, indem er das schriftlich bestätigt. Und diese schriftliche Bestätigung ist der Baustein zu diesem großen, göttlichen Werk, nicht nur auf deutschem Boden, sondern auf der ganzen Erde.

„Danken Sie nicht mir, danken Sie dem Herrgott!"

(1) Ich habe vielen Menschen geholfen – Gott sei Dank!

(2) Wem die Hilfe zuteil geworden ist, der soll dem Herrgott dafür danken, nicht dem kleinen Gröning. Ich bin nichts, unser Herrgott ist alles!

(3) Nicht ich will den Dank. Nein. Den habe ich auch nicht verdient. Ich tue genauso meine Pflicht wie Sie die Ihre in Ihrem Beruf.

(4) Ich sagte schon, einen persönlichen Dank für mein Tun und Wirken, das kein menschliches, sondern nur ein göttliches ist, habe ich als Mensch nicht verdient, und ich nehme keinen persönlichen Dank an. Der Dank gehört allein unserem Herrgott!

(5) Ich sage noch einmal: Das war nicht ich, der den Menschen gesund gemacht, das war der Allmächtige, das war der Herrgott. Denn das ist Sein Werk, nicht mein Werk.

(6) Nicht ich heile, sondern es heilt die göttliche Kraft durch mich.

(7) Der Dank gehört nicht mir, der Dank gehört unserem Herrgott. Danken Sie bitte nicht einmal, danken Sie immer, Ihr ganzes Leben. Beweisen Sie es, daß Sie tatsächlich ein gut gottgläubiger Mensch sind.

(8) Ich sage von vornherein immer wieder und noch: Danket nie mir – danken wir Gott dafür. Ich danke Gott immer dafür, daß ich das tun darf, daß ich Ihm dienen darf, daß ich Sie wirk-

lich auf den Weg führe, d. h., daß ich Sie Gott näherbringe. Wie Sie sich Gott gegenüber dankbar zeigen, das belasse ich Ihnen selbst. (...) Von Ihnen will ich hierfür keinen persönlichen Dank. Ich wiederhole noch einmal: Dieser Dank sind wir. Wenn Sie sich heute auch schon zu dem „Wir" zählen, dann ist es gut. Wir sind Gott zu großem Dank verpflichtet und sollten uns zur Tat bewegen, indem wir das tun, was wir uns selbst und unseren Nächsten schuldig sind. Ich glaube nicht, daß ich Ihnen das noch deutlicher sagen muß, damit Sie es wirklich verstehen. Ich glaube, es deutlich genug gesagt zu haben.

Ein demütiges Werkzeug

(1) Ich bleibe der einfache und schlichte Gröning.

(2) Ich habe immer wieder gesagt: Ich bin nicht stolz, ich bin der kleine, einfache Mann. Ich will keinen Titel haben, wie man ihn mir schon von seiten der Regierung angeboten hat, nein, ich will keinen Titel, ich will nur Menschen helfen, Menschen heilen.

(3) Diese Hilfe, diese Heilung geschieht nur im Namen Gottes. Nicht ich – ich bin nichts, der Herrgott ist alles.

(4) Ich habe nicht die Absicht gehabt, mich so emporzuheben, nein, ich wurde erst von kranken Menschen herausgehoben.

(5) Ich bleibe nach wie vor der kleine Gröning.

(6) Ich bin nur ein kleines, winziges Werkzeug Gottes!

(7) Glauben Sie nur, daß ich weiter nichts als nur Ihr Helfer bin! Glauben Sie, daß ich weiter nichts als nur ein Diener Gottes bin, was auch Sie sein können, wenn Sie es nur wollen, wenn Sie es nur tun! Und glauben Sie, meine lieben Freunde, daß ich doch weiter nichts als nur ein Werkzeug, ein Werkzeug Gottes bin, was auch Sie in Wirklichkeit, in Wahrheit sind, woran Sie nur noch nicht glauben können.

(8) Ich bin und bleibe ein Kind, ich werde mich nicht ändern, nein, und jeder kann glauben, was er will. Ich bin und bleibe ein Kind, bin nur ein Kind Gottes, mehr nicht; bilde mir nichts ein, nein, bin auch nicht feige, es zu sagen, weil ich weiß, ich bin nur ein Kind.

(9) Sie haben es so gut, Sie können kommen, wo andere nicht kommen können, noch nicht wissen, wo der Kleine ist. Na ja, der Kleine bin ich!

(10) Ich bleibe klein und sehr bescheiden, die Dummen werde ich nie beneiden.

(11) Ich bin klein, aber groß – andere sind groß, aber klein.

„Ich lebe nicht für mich, ich lebe für die Menschheit!"

(1) Mein Leben gehört nicht mir, mein Leben gehört den kranken Menschen auf dieser Erde.

(2) Überall, soweit es mir als Mensch möglich ist, gehe ich zu den Kranken, bin Tag und Nacht unterwegs. Denn ich kann es nicht sehen, nicht hören, wenn Menschen klagen und stöhnen. Ich tue mein Möglichstes, ich tue das, wozu ich mich berufen fühle.

(3) Ich scheue keinen Tag, ich scheue keine Stunde, die ich für Sie opfere. Opfere – nein. Ich bitte um Verzeihung, ich habe mich versprochen. Es ist für mich eine Selbstverständlichkeit, den Elenden allen zu helfen.

(4) Ich schenke mein Leben allen Menschen dieser Erde und helfe ihnen, wo ich nur kann, soweit sie bereit sind, meine Hilfe anzunehmen. Ich will helfen und heilen! Ich gebe dieses den Menschen mit auf den Weg.

(5) Ich habe den Menschen zu wissen gegeben, daß ich mein Leben den Menschen dieser Erde schenke, daß ich ihnen das voll und ganz zur Verfügung stelle und daß ich nichts unversucht lassen werde, für den Menschen zu sorgen. Nicht, daß ich ihm etwas von meinem Persönlichen geben kann, nein, ich führe ihn auf einen Weg, wo er sein weiteres Leben und sein gutes Leben und das natürliche, das göttliche Leben findet.

(6) Jedenfalls habe ich bis heute mein gegebenes Wort gehalten und werde es auch weiter zu halten wissen. Es wird mir keine Arbeit zu schwer sein.

(7) Mein Leben ist nicht mein Leben. Ich lebe das Leben aller Lebewesen, ich will ihnen allen helfen! Ich will den Menschen vorerst auf den wahren, göttlichen Weg bringen, damit er zur Vernunft kommt, damit er weiß, was los ist – das ist mein Wille. Und deswegen setze ich mich dafür ein, ohne einen eigenen Nutzen davon zu haben, im Gegenteil, mein Leben würden Sie nicht leben. Aber das geht ja auch nicht, das würde ich von Ihnen nicht und von keinem Menschen verlangen. Ich bin damit zufrieden. Nicht daß ich sage, ich muß, nein, ich bin es und habe nebenbei noch genug Ärger. Aber das schadet nichts. (...) An mich selbst kann ich nicht denken; ich denke nur an die armen Kranken und setze mich für alle ein.

(8) Sie alle sind nur so eingestellt, daß Sie an sich und Ihre Angehörigen denken. Ich aber denke an Sie allein. Ich lebe für die Menschheit, um ihr zu helfen. Ich nehme mir nicht einmal die Zeit, einen Happen in Ruhe in den Mund zu stecken oder eines von den Hunderten von Angeboten anzunehmen, wo Menschen mir ein paar frohe Stunden bieten wollen. Nein, dies will ich auch nicht. Eines will ich, und davon gehe ich nicht ab, ich will Sie alle gesund und glücklich wissen!

(9) Ich hätte es bei weitem nicht nötig, mich hier mit den Menschen herumzuärgern. Ich hätte vieles nicht nötig, ich könnte die schönsten Tage verleben, ich bekomme die besten Angebote tagtäglich zur Erholung. Ja, wer sich das leisten kann ... – ich nicht. Immer wieder muß ich diese Angebote ablehnen. Ich bin schon zufrieden, wenn ich mal zwei, drei Minuten Ruhe finden kann, zwei, drei Minuten in 24 Stunden, und das ist das eine Örtchen, wohin Sie alle gehen müssen, nur dort finde ich Ruhe. Aber das macht bei weitem nichts aus.

(10) Was habe ich selbst, soweit ihr mich jetzt kennengelernt habt, an privatem Leben, was ihr noch als privat bezeichnen könnt? Und wie Menschen doch noch in Freiheit leben, wie

Menschen doch noch ein sorgenloses Leben führen! Nicht daß ich es will, nicht daß ich das herbeisehne, nicht daß ich den Wunsch habe, nein, ich habe den Wunsch nicht! Genau gesagt, wißt ihr ja noch gar nicht, wie ich lebe. (...) Ein wirkliches Privatleben habe ich doch nicht geführt und nicht führen können, wozu ich auch heute noch nicht imstande bin und auch nie dazu übergehen werde (...). Denn ich will es nicht! Ich will nicht so leben, muß ganz anders sein. Aber das sagt nicht das Äußere, sondern das Innere eines jeden Menschen, wie er es tut. Ich kann mit Recht sagen, obwohl ich nicht viel schlafe: ich gehe mit dem schlafen, ich stehe mit dem auf, mit dem, was jeden Menschen angeht, mit dem, was mein Hiersein, was meine Mission, was meine Berufung bedeutet. Und das andere muß ich so nebenbei tun. Und wie gesagt, wer dieses Leben so kosten würde, der würde sagen: „Nein, das kann ich nicht!" Aber darum will ich ja niemanden von euch bringen, ihr könnt euch weiter daran halten, ihr könnt weiter so leben.

(11) Ich schlafe nicht, derweil Sie schlafen, da wache, da bitte und bete ich!

„Ich verkaufe keine göttliche Kraft!"

(1) Ich lebe nicht von den Menschen, sondern für die Menschen.

(2) Mein Lohn ist deine Gesundheit.

(3) Mein Leben soll nicht daraus bestehen, daß ich aus dieser Heilung oder überhaupt aus Heilungen, wie ich sie bereits an Tausenden von Menschen vollzogen habe, einen Verdienst herausschlage. Ich bin ein armer Mensch gewesen, geldlich gesehen, und will dieses auch bleiben. Dies soll auch ein Gelöbnis für alle Menschen dieser ganzen Erde sein.

(4) Was immer mein Wunsch gewesen ist und auch immer bleiben wird: Menschen gesund und gut zu sehen, Menschen auf den guten Weg zu führen; dieser gute ist der göttliche Weg. Das soll mein Lohn sein! Geld und all das Verlockende will ich nicht sehen.

(5) Jeder von Ihnen wird auch fragen: „Ja, warum tut der Gröning das? Vielleicht um sich Reichtümer zu beschaffen?" Es gibt viele, die glauben, ich arbeite nur deswegen, um mir einen guten Namen zu verschaffen, um ein berühmter Mensch zu werden. Ich wollte es gar nicht und wurde es doch! Zum anderen ist es nicht richtig, daß ich deswegen den Menschen helfen und sie heilen will, um etwas zu verdienen. Mich können Sie jeden Tag auf den Kopf stellen, ich habe keinen Raum oder irgend etwas, wo ich das Geld oder sonstige Werte beiseite lege. Ich habe auch nichts in der Tasche.

(6) Ich will von Ihnen kein Geld. Heute war eine Dame hier, die wollte mir ein kleines Geschenk machen. Ich habe hier noch keine Geschenke angenommen, ich habe noch kein Geld ange-

nommen, nein, aber ich weiß, es gibt so viele arme Menschen. Da habe ich gesagt: „Wollen Sie es bitte diesem armen Menschen schenken! Wenn Sie es dem schenken, ist es genauso, als wenn ich das persönlich empfange!" Ich kann nicht dafür, ich teile, ich gebe auch das Letzte. Im Unterschied zu Menschen, die nur nehmen möchten, zum größten Teil nur materialistisch eingestellt sind.

(7) Sie können kommen, woher Sie wollen, ich frage keinen Menschen nach seiner Religion noch nach seiner Nation, wenn er die Hilfe braucht, d. h. nicht nur die Hilfe allein, sondern auch die Heilung. Aber er kann nicht kommen und sagen: „Hier haben Sie ein paar hunderttausend Mark, und jetzt heilen Sie mich!" Dann tue ich weiter nichts, dann sage ich ihm das, was ich zu sagen habe, wozu ich mich verpflichtet fühle. Und es kann vorkommen, wie es auch schon oft vorgekommen ist, daß ich ihm die Tür gewiesen habe: „Hier sind Sie falsch am Platz!" Denn ich sehe diese Menschen als die schlimmsten an, die hier gerade nichts unversucht ließen, sich die Gesundheit für Geld zu erkaufen. Das gibt es nicht! Es stört mich nicht, wenn Menschen etwas besitzen, im Gegenteil, ich freue mich mit den Menschen, die etwas besitzen, aber sie dürfen nie vergessen, daß sie auch nur Menschen sind. Denn bei mir gibt es keinen Unterschied, mir ist der Arme genauso lieb wie der Reiche und der Reiche genauso lieb wie der Arme. Es gibt keinen Unterschied!

(8) Eine Frau, verheiratet, vier Kinder, ist übel dran. Ihr Mann ist einer von den reichsten der Reichen, ist reicher als der König selbst. Nebenbei bemerkt, war dieser Mann auch in meinem Haus mit seiner Frau. (...) So kam der Ehemann mit seiner Frau, der alle Versuche angestellt, um für seine Frau die Gesundheit zu erkaufen. Tausende, gar Millionen hat er dafür ausgegeben, immer per Flugzeug schickte er sie, von einem Land ins andere, zu den größten Kapazitäten – keiner konnte helfen.

Zu mir kommt er, setzt sich an den Tisch, nimmt sein Scheckbuch vor und sagt: „Was verlangen Sie von mir, so Sie meiner Frau die Gesundheit geben?" Er hatte zwei Dolmetscher mit, ich hatte einen. Meine Antwort war hierauf: „Vertrauen und Glauben." Vorausschicken muß ich noch, daß er sagte: „Das kommt mir auf ein paar Millionen nicht an. Nennen Sie nur eine Zahl, wieviel Sie wollen, mir ist jede Summe recht." Meine Antwort war: „Vertrauen und Glauben." Da sprang er auf, das konnte er nicht verstehen. Er tobte fast in meiner Wohnung. So etwas ist ihm in seinem Leben noch nicht passiert. So was ist ihm noch nicht begegnet, bisher habe er alles mit Geld machen können. „Und der kommt hier an und sagt: ‚Vertrauen und Glauben!'" Nebenbei bemerkt: „Einen größeren Idioten als so einen, in diesem Fall, als Gröning es ist, gibt es nicht wieder." Das ist die Auffassung dieses Menschen. Ich habe weiter nichts getan, als ihm nachher die Tür geöffnet, und da wußte er alles.

(9) Menschen, die viel Geld besitzen, die reich an Geld und Besitztum sind, sind auch ebenso reich, manchmal noch reicher, an Krankheit. Aber es ist noch keinem dieser Menschen gelungen, sich die Gesundheit zu kaufen. Auf der anderen Seite gibt es arme Menschen, die weder Geld noch sonst etwas besitzen, die sind auch meistens arm an Krankheit. Das ist ein Unterschied. Also das Geld ist nicht ausschlaggebend! (...)

Wenn Sie mir sonst etwas bieten würden, daß ich tatsächlich mit diesem Geld vielen Menschen helfen könnte, so würde ich es ablehnen, wie ich es immer abgelehnt habe. Es hat sogar Menschen gegeben, die sich derartiges erdreistet, indem sie sich sagten: „Ich gebe hunderttausend", und was weiß ich, oder drei Millionen Dollar oder gar sechs, „ich will den Menschen sehen, der Wunder wirkt auf dieser Erde, ich kann es mir ja leisten." Diesen Menschen habe ich nur sagen lassen: „Ich lasse mich für Geld nicht sehen, denn ich bin kein Ausstellungsstück!" Diese Menschen sollen sich derartiges nicht erdreisten, indem sie glauben, wenn sie Geld haben, können sie sich alles leisten. Ich will Sie nicht beleidigen. Wenn der eine oder andere unter Ihnen ist, der Geld und Besitztum hat, freue ich mich, wenn Sie etwas besitzen. Aber wenn Menschen es wagen und glauben, sich mit ihrem Geld alles leisten zu können – sie können sonst alles kaufen, was von Menschenhand geschaffen, werden sich aber nie das erwerben können, was von Gottes Hand kommt. Die Gesundheit kann man nicht kaufen. Das ist das, was ich von vornherein ablehne! Und wer glaubt, daß er ein Anrecht hat, der irrt sich. Sie werden alle genommen, wie sie kommen!

(10) Für keine Milliarden, nicht für das ganze Geld bin ich käuflich zu erwerben.

(11) Ich verkaufe keine göttliche Kraft!

(12) Ich muß betonen, daß ich nicht bestechlich bin. Sie können mir geben, was Sie wollen. Sie können mich auch mit nichts locken. Und das ist das Gute dabei!

(13) Da kommt ein Mensch und sagt: „Ich biete Ihnen hunderttausend Mark, kommen Sie, und ich gebe noch hunderttausend drauf, ich stelle Ihnen alles zur Verfügung, ich habe alles, nur Heilung möchte ich haben!" – So etwas hat es auch noch nicht gegeben, daß ein Mensch sich die Gesundheit erkaufen konnte, nicht einmal von einem Arzt; und es ist gut, daß es so eingerichtet ist, und hier bei mir erst recht. Denn Sie werden verstehen, daß ich mit dieser göttlichen Gabe kein Geschäft machen darf und es auch nicht wage, und ich will es auch nicht. Menschen sagen: „Wie wollen Sie denn leben?" So bleibe ich eben Almosenempfänger!

(14) Ich bin wie ein Almosenempfänger. Wo Menschen vielleicht glaubten – weil sie nur von sich ausgehen und weil sie selber das größte Bestreben haben, nur Geld zu verdienen –, ich

wollte auch Geld verdienen, so haben sie sich hier in diesem Falle geirrt. Wenn ich das gewollt hätte, dann zählte ich heute schon zu den reichsten Menschen dieser Erde. Reich an Geld und Besitztum. Ich bräuchte mich gar nicht mit den armen Kranken herumzuärgern noch behängen zu lassen, noch bräuchte ich den Ärger aufzunehmen, wo man nichts unversucht läßt, mich auf die Knie zu zwingen. Aber doch bin ich auf der anderen Seite ein reicher Mann geworden – reicher, als Sie alle zusammen sind. So einen reichen Menschen wie mich gibt es keinen zweiten! Das kann ich hier ehrlich sagen und mit Bestimmtheit: reich an Kraft, um Menschen helfen und sie heilen zu können. Ich glaube mit Bestimmtheit sagen zu können, daß das mehr ist, und da ich letzteres für das richtigere halte, sage ich: Komme, was da wolle, ich gehe von meiner Berufung nicht ab!

(15) Wenn ich dieses alles, d. h. mein Tun und Wirken, so ausnutzen würde, dann wäre ich tatsächlich, ohne mich damit zu rühmen oder zu prahlen, schon der reichste Mann der Welt. Was hätte ich wohl dann noch nötig, mich mit den armen Kranken zu plagen! Ich könnte vielleicht oder ganz bestimmt die schönsten Tage hier verleben – das könnten Sie sich alle nicht leisten! Dann wäre ich reich an Geld und Besitztum, und ich frage Sie jetzt mal so ganz kurz: Wäre das richtig, wenn ich das so getan hätte oder so zu tun gedenke oder wenn ich so bleibe, wie ich bin, daß ich kein Geld annehme, daß ich nichts von diesem haben will, daß ich mein Leben den Menschen schenke, mein Leben, das Leben dieser Erde?

(16) Jeder Mensch sagt, wenn er Geld hat, hat er alles. Einen dummen Menschen gibt es nur, den das alles nicht lockt. Sie können sagen, ich mache alles verkehrt. Aber es wird sich ja herausstellen, ob das richtig ist oder nicht.

(17) Wenn es einen dummen Menschen auf dieser Erde gibt, will ich es auch sein. Es hat ja auch Menschen gegeben, die sagen: „Ja, Sie müssen doch für Ihr weiteres Leben sorgen!" Ja, wenn ich das wollte, ich würde Sie alle aufkaufen können. Ich bräuchte tatsächlich nur eine kurze Zeit zu arbeiten, suchte mir die schweren Kapitalisten heraus. Wenn ich nur das angenommen hätte, was man mir angeboten hat, dann zählte ich heute zu den Reichsten der Welt. In wenigen Stunden hätte ich das! Aber wie schlecht es doch wäre, würde ich es wagen, zu den Menschen so zu sprechen und anders zu handeln. Und ich sage Ihnen: Ich habe keinen Pfennig Geld und freue mich, bin stolz darauf, ein armer Mensch zu sein, arm an Geld und Besitztum, aber reich, steinreich an Kraft, um Menschen helfen und sie heilen zu können. Ich glaube doch, ich bin den richtigen Weg gegangen, das ist mehr wert als dieses tote Stückchen Papier oder vielleicht Gold oder sonst etwas. Nein, daran ist mir nicht gelegen, das brauche ich nicht!

(18) Bei einem haben sie Pech, der sich nicht knechten, auch nicht kaufen und verlocken läßt – das bin ich. Werde aber dafür von vielen Menschen als ein Dummer hingestellt. Macht nichts! Dieser dumme Mensch will ich hier auf dieser Erde sein. Ich würde es nicht wagen zu sagen, daß Sie dumm sind. Einer muß der Dumme sein, und der will ich sein. Aber ob ich es bin, das wird sich herausstellen. Jedenfalls bin ich jedem Menschen Vorbild. Ich zeige, daß ich mich als Mensch verpflichtet fühle, meinen Mitmenschen zu helfen.

(19) Als Jesus Christus hier auf der Erde war, hat er auch kein Geld genommen. Wer Geld nahm, waren seine Jünger. Auch hier war ein Unverschämter darunter, der die Geldsucht hatte, der sich sagte: „Wenn der dauernd vom Sterben spricht, wovon sollen wir dann leben? Er hat uns mitgezogen, und wir müssen für unser weiteres Leben sorgen." So hat er seinen Herrn, seinen Meister, verkauft, für nur 30 Silberlinge. Und

diesen Judas, den habe ich auch an meiner Seite gehabt, nur hat dieser eine mehrere Ableger. Aber das ist ja klar, Jesus hat auch Seine Jünger gewechselt, sie kamen und gingen. Es waren nicht immer dieselben, bis auf die letzten zwölf, und von diesen Zwölfen wurde einer untreu, der die Geldgier bekam. Und die anderen?

Wenn ich heute hier in meine nächste Umgebung schaue – ich bin Tag und Nacht wach. Der Geist dieser Menschen, die in meiner Nähe sind, ist willig, aber das Fleisch wird auch schwach. Und das wiederholt sich, es hat sich nichts geändert. Mir sagte hier einmal ein Minister: „Ja, hat sich denn in diesen 2000 Jahren nichts geändert?" „Doch", sage ich, „sehr viel. Statt besser ist es schlechter geworden!" Der Mensch kommt nicht zur Vernunft. Er denkt nicht an das, was ihm immer wieder vor Augen gehalten wird, er fällt immer wieder in das schlechte Fahrwasser, und er kommt davon nicht mehr ab. Aber wer nicht hören will, muß fühlen, dann ist es nicht meine Schuld! Wenn ich einen Menschen warne und er dennoch nicht hören will, da muß er fühlen. Er muß es dann sogar manchmal mit seinem eigenen Leben bezahlen. Aber dann ist es auch nicht meine Schuld.

(20) Der reichste der Reichen, der über größere Besitztümer verfügt, sagt, wenn die Stunde sich ihm naht und er seinen Körper in Vergessenheit gebracht: „Das ist doch mein Eigentum, hier bin ich Herr, hier bestimme ich, und hier habe ich Menschen, über die ich bestimme, und jeder hat das zu tun, so wie ich es will!" – Aber das hält nicht lange an, weil er sich selbst vergessen hat, sich selbst erhöht. Dabei hat er seinen Körper abgewrackt, er hat seinem Körper nicht das zukommen lassen, was Gott für ihn bestimmt, er war entkräftet, und jetzt lag er darnieder. Und jetzt, da will er, der Mensch, alles geben, nur seine Gesundheit wiederhaben. Glauben Sie, daß das möglich ist? Ich nicht, deshalb nicht, weil ich davon überzeugt bin, denn das wäre mehr als ein Judas-Lohn.

Nein, die Gesundheit kann sich keiner erkaufen, soviel Geld gibt es ja gar nicht. Denn das Geld, das ist ja die Erde, das ist ja auch von Gott so geschaffen, daß wir ein Zahlungsmittel haben – ein Gestein, Erde, (...) die selten ist, und das ist die Währung, das ist die Deckung des Geldes, wo das Geld doch nur ein Zahlungsmittel ist. Also, mit Gott selbst zwei Geschäfte machen, Ihm dafür dieses Geld, Sein Besitztum zu geben: „Da hast Du alles, und jetzt gib mir meine Gesundheit!" Glauben Sie, daß Gott das so will? Ja? – Nein, ich nicht. Aber wehe dem, der dieses Geld annimmt und sagt: „Gut, ich gebe dir die Gesundheit, dafür gib mir das Geld!" Natürlich kriegt er sie nicht, die Gesundheit, das Geld ist er nur los, und der andere hat das Geld. Was ist das für eine Tat? Das ist nicht teuflisch, sondern satanisch! Also, jeder muß sich das selbst erarbeiten. Dieser, der reichste der Reichen, hatte sich selbst und auch seinen Körper vergessen, er dachte nur an seinen Großbetrieb, an sein Besitztum, da er alles zusammenraffte. Das war ihm alles, und das war ihm genug. Und jetzt war er ein Herr, der sich auch „ein Gott" nannte oder wie Menschen dieses Sprüchlein haben, in dem sie sagen: „Jetzt lebe ich wie ein kleiner Gott in Frankreich!"

(21) Nein, dazu können Sie mich nicht verlocken und verleiten, für kein Geld, für keine guten Worte, nicht für „Bitte-bitte-Machen", nein – gar nicht. Was ich nicht tun darf, das tue ich nicht! Wenn ich auch als solcher herausgestellt wurde, alles entstellt wurde, ich tue es nicht, habe es nie getan. Nicht zu meiner Entschuldigung, aber die Menschen verlangen nur; sie glauben, das wäre so richtig – nein! Das ist nicht richtig!

(22) Der Edle denkt an die Pflicht. Der Niedrigdenkende an den Gewinn.

Reich sein heißt gesund sein

(1) Reich sein heißt gesund sein! Der größte Reichtum, den der Mensch nur besitzen kann, ist und bleibt die Gesundheit. Geld ist Macht, Gesundheit ist Allmacht!

(2) Das Größte, was ein Mensch besitzen kann, ist und bleibt die Gesundheit! Wer gesund ist, hat alles und kann sich sein Brot gut verdienen. Wer krank ist, muß zusehen, wie der Gesunde eben sein Brot verdient und es essen kann – wie der Kranke nicht dazu in der Lage ist, weil ihm der Appetit und weil ihm überhaupt die Mittel fehlen. Gesundheit ist alles! Aber die Gesundheit kann ein Mensch nur erhalten, wenn er mit dem Glauben an unseren Herrgott lebt.

(3) Der Mensch glaubt reich zu sein, wenn er Geld und Besitztum hat. Nein. Dafür ist er auch reich, auch sehr reich, auch sehr, sehr reich, man kann auch sagen steinreich – an Krankheit. Gott sei Dank ist es im Leben so, daß dieser Mensch sich die Gesundheit auch nicht einmal für Geld kaufen kann.

(4) Das Gute, das Göttliche können Sie sich mit Geld, mit Gold, auch Brillanten, mit sonst etwas, das Sie haben, nicht erkaufen. Wenn Sie die ganze Welt bereisen müßten – das können Sie, aber die Gesundheit erkaufen nicht. Geld ist Macht, Gesundheit ist Allmacht! Und das ist das größte Reich, das verstehe ich unter „reich sein". Wer einen anderen Reichtum bevorzugt, wer da glaubt, daß ihm das mehr sagt und mehr gibt – dann bitte! Mit dem habe ich noch nichts gemein, der muß erst eine Lehre daraus ziehen. Aber Sie sind ja nicht so begütert, Sie besitzen ja nicht soviel. Sie sind in allem gesehen arm. Und Sie können reich werden, (...) wenn Sie sich jetzt erarbeiten, daß Sie alles dazu tun, um wirklich reich zu sein, und so Sie wirklich im Dienste Gottes stehen – Gott gibt Ihnen einen, Seinen

Lohn, und der ist nicht klein, der ist groß! So ist es auch schon vielen Menschen ergangen, die im Leben viel Böses getan, deshalb, weil sie vom Bösen behaftet waren. Und wenn sie einmal im Leben Gutes getan, dafür erhielten sie ihren Lohn.

Und jetzt an diesem Punkt angelangt, könnte ich Ihnen viele aufzählen, die heute zu unseren Freunden zählen, diese früher vom Bösen Behafteten, die Böses taten und zu all dem nur einmal Gutes an einem ihrer Nächsten – und schon wurden sie von dem Bösen befreit. Schon ging das Übel von ihnen ab, schon kam das Gute, das sie bejahen, zu dem sie heute noch stehen und dadurch viele, viele Menschen auch zu ihrem Glück, zu ihrem Heil, zu diesem Reichtum verhelfen, den sich doch jeder selbst erarbeitet. So ist es richtig.

(5) Ich weiß, daß es hier und überall auf der Erde Menschen gibt, die sich die Gesundheit schon lange ersehnen. Nur war kein Mensch bis dato in der Lage, überhaupt den Menschen das zu geben, damit sie tatsächlich ein gesundes, glückliches und gesegnetes Leben führen können. Ich will nichts unversucht lassen, Ihnen allen dieses für Ihr weiteres Leben mit auf den Weg zu geben. Und deswegen bitte ich Sie alle, ich bitte Sie sogar von ganzem Herzen: Nehmen Sie das als ein Geschenk Gottes hin. Das ist das Schönste, das Beste, was ich Ihnen als ein Vermittler Gottes mit auf den Weg für Ihr weiteres Leben geben kann. Der größte Reichtum, den ein Mensch besitzen kann, ist und bleibt die Gesundheit!

(6) Die Gesundheit, das ist das Kostbarste, was man einem Menschen, genauso auch auf der anderen Seite einem Tier oder aber auch dem pflanzlichen Leben, geben kann.

Es liegt am Menschen, die Heilung zu behalten

(1) Wonach Sie gekommen sind, das haben Sie erhalten. Es liegt an Ihnen selbst, wie Sie es behalten.

(2) Sie wissen nicht, wie Sie die Gesundheit behandeln sollen. (...) Wenn ich Sie mit diesem Geschenk beschenke, müssen Sie vorsichtig damit umgehen. Die Gesundheit ist wie ein Gegenstand, der leicht zerbrechlich ist – Porzellan –, der Mensch hat eine so unsichere Hand, er läßt es fallen, in Scherben. Er kann auch hier, wenn er die Gesundheit erhalten hat, unvorsichtig sein oder auch mit schlechten, teuflischen Menschen zusammenkommen, dann kann er wieder seine Gesundheit verlieren. Aber wer standfest ist, wer den wahren, göttlichen Glauben in sich festhalten kann, siegt!

(3) Und wenn Sie nach Hause, wieder unter Menschen kommen, lassen Sie sich nicht verzerren! Es gibt genügend Menschen, die den Satan im Leib haben, die nichts unversucht lassen, den Menschen von dem wahren, göttlichen Glauben wieder abzubringen. Denn so weit hat der Satan es geschafft, er hat den Menschen so weit bekommen, daß er heute so dasteht, wie er dasteht. Nicht meine Schuld, aber auch nicht Ihre Schuld. Aber es war so, und es muß anders werden.

Wie Krankheiten zurückkommen

(1) Menschen, die tatsächlich von diesem wahren, göttlichen Strom gesund geworden sind, können mit Leichtigkeit wieder abfallen. (...) Wenn ein Mensch eine schlechte Umgebung hat – wie ich diese Menschen kenne, die nichts anderes können als schlecht leben und schlecht handeln –, dann ist es selbstverständlich, daß der Kranke, der die Gesundheit erhalten hat – nennen wir eine ganz leichte Krankheit: blind, oder daß er voll gelähmt war und wieder gehen kann –, tatsächlich mit Leichtigkeit sein altes Leiden wieder zurückerhält. Und zwar dann, wenn die satanischen Menschen an diesem Menschen bohren und sagen: „Quatsch, glaube doch nicht daran, das hält doch nicht lange an, das ist doch alles Lug und Trug." Wenn der eine das nicht schafft, dann kommt der andere und bohrt, und sie lassen diesem Gesundgewordenen keine Ruhe und bohren so lange, bis er tatsächlich wieder in sein altes Leiden zurückgefallen ist.

Ich sage Ihnen das alles nicht, um für mich Propaganda zu machen oder Sie vielleicht zu halten, damit Sie wiederkommen. Nein, ich will von Ihnen nichts, Sie wollen von mir etwas, und ich habe nun gerade die Vermittlungsstelle, ich kann Ihnen das vermitteln. Ich kann Ihnen unzählige Fälle beweisen und werde auch neues Material zusammentragen lassen, daß viele Menschen ihr altes Leiden nicht mehr zurückerhielten, weil sie sich abgesetzt und sich diese satanischen Menschen vom Leibe gehalten. Und jetzt sind sie ganz fest, sie wissen die Gesundheit zu halten, sie verstehen auch mit der Gesundheit umzugehen. Man muß einem Menschen erst sagen, wie er damit umzugehen hat. Erst haben Sie mit Eisenstücken herumgeworfen – jetzt schenke ich Ihnen ein Porzellanstück, und Sie werfen es genauso wie das Eisen: So haben Sie Porzellan – in Scherben. Aber das eigentliche Stück haben Sie dann nicht mehr, es ist zerschlagen.

Und deswegen müssen Sie wissen, wie Sie mit diesem reichen, wertvollen Geschenk (...) umgehen müssen, wie vorsichtig Sie es behandeln müssen.

(2) Schmerzen können immer weg sein, so soll es sein, d. h., es kommt immer darauf an, wie der Mensch empfängt. Aber dann kommen Sie mal mit einem schlechten Menschen zusammen, und es kommt wieder. Haben Sie Umgang mit guten Menschen, dann bleibt es weg. Lassen Sie sich nicht von satanischen Menschen zerreißen!

(3) Wie ich mich von diesen satanischen Menschen nicht verzerren lasse, so haben Sie dies auch nicht nötig. Denn diese Menschen werden nichts unversucht lassen, Sie von diesem wahren, göttlichen Weg wieder abzuziehen. Und so gibt es hier und dort immer wieder Menschen, die nichts unversucht lassen, Ihnen dieses auszureden, indem sie sagen, daß es ein Quatsch sei, ein Bluff, und es hielte nicht lange vor, und Sie würden wieder krank. Dieser satanische Mensch ist tatsächlich in der Lage, den Menschen etwas aufzusuggerieren.

(4) Der Mensch kommt hierher, er wird frei, sein Herzchen ist nicht mehr beladen, er fühlt sich frei, er fühlt sich wohl, er baut seelisch wieder auf. Seelisch aufbauen heißt: er empfängt wieder über die Seele, die Gott ihm in seinen Körper gegeben hat, über die er die göttliche Sendung empfangen kann. (...) Was nutzt das alles, meine lieben Freunde? Gar nichts, wenn Sie wieder daheim, wenn Sie von Ihren Nächsten umgeben sind, die wirkliche Störenfriede sind, weiterhin feige sind und es nicht wagen, ihnen die Wahrheit zu sagen, damit Sie endlich einmal Ruhe haben.

(5) Ausstrahlungen der skeptischen Umgebung können Rückfälle verursachen. Der Mensch kann seinen Willen dagegensetzen.

(6) Es ist immer so, daß Menschen, die hierfür kein Verständnis aufbringen können, weil sie ja weitab vom göttlichen Glauben stehen, nichts unversucht lassen, andere Menschen vom Glauben abzureißen. Diese Menschen tragen allein die Schuld, wenn der eine oder andere der vielen tausend, die schon gesund geworden sind, wieder abgerissen wird, indem er den schlechten Worten, die aus diesen Satansmenschen kommen, wieder verfällt. Wer aber den Herrgott in seinem Herzen festhält und mit Ihm lebt, wird niemals wieder krank werden. Gestört werden kann nur ein Mensch, wenn er die Regelung nicht überwindet und sich von diesen teuflischen Menschen irreführen läßt, d. h., daß er diesen Menschen verfällt, indem er ihnen Glauben schenkt und mir das größte Mißtrauen entgegenbringt. Da sage ich, der Mensch ist es dann nicht wert, daß ihm geholfen wird. Wer aber in dem Glauben an unseren Herrgott nicht nachläßt und mir das größte Vertrauen entgegenbringt, wird seiner Gesundung entgegengehen.

(7) Lassen Sie sich von den schlechten Mäulern nicht stören, lassen Sie sich von ihnen nicht beeinflussen!

(8) Am übelsten sind die Menschen dran, die bisher eine Rente bezogen haben. Diese Rentenempfänger, die tatsächlich arme Menschen waren und weiter nichts hatten. Was sie hatten, wovon sie viel besaßen, das war die Krankheit. Und sie wurden geheilt, sie haben den Fahrstuhl [Rollstuhl] verlassen, sie haben die Krücken fortgeworfen und brauchten überhaupt keinen Stock mehr, keine Stütze, keine Hilfe, sie konnten alles allein tun. Als aber die Versicherung kam und sagte: „Halt, alter Freund, wir werden dir die Rente entziehen!", da durfte folglich dieser Mensch nicht gesund bleiben. Er mußte wieder krank werden, damit er sich sein Stückchen trockenes Brot kaufen und dafür Sorge tragen konnte, daß er sein Dach über dem Kopf behielt. Das ist das größte Verbrechen überhaupt, das man hier an Menschen ausübt!

Ein Fall von einem Schwergelähmten, der jahrelang gelähmt war und sich nur mühselig im Krankenstuhl fortbewegen konnte: als der wieder gesund geworden war, kamen andere Menschen, die dagegenstanden und nicht sehen konnten, daß er sich auf seinen eigenen Füßen wieder fortbewegen konnte. Es schloß einer eine Wette ab, daß dieser Geheilte in vierzehn Tagen wieder in seinen Rollstuhl zurückgeht, er wettete tausend Mark. Und richtig, es dauerte keine vierzehn Tage, sondern nur vier Tage. Und zwar hat man der Frau des Kranken mitgeteilt, da ihr Mann wieder gesund geworden sei, brauche er keine Rente mehr, man werde ihm die Rente entziehen. Sie sagt es ihm am selben Tag, sie stöhnt: „Was sollen wir tun, wovon sollen wir leben?" Dieser Kranke war sehr erschüttert und fiel tatsächlich durch ein neues seelisches Leid wieder in sein altes Leiden zurück, und er mußte nach vier Tagen wieder in seinen Rollstuhl. So ist es möglich, daß tatsächlich ein Mensch wieder abfallen kann.

(9) Wenn der eine oder andere die Gesundheit erhalten hat und wieder von den satanischen Menschen abgezogen wird, wenn er wieder in sein altes Leiden zurückfällt, ist das nicht meine Schuld. Ich schalte den Hebel auf den richtigen Weg, und wenn der Mensch ihn von sich aus wieder zurückschaltet und wenn er immer wieder zurückgeht zu den Schlechten, zu den Bösen, so ist es auch nicht meine Schuld.

(10) Wenn Sie die Gesundheit erhalten haben und gehen von einem Menschen zum andern und schreien: „Ich bin geheilt!", das ist nicht richtig! Machen Sie keine Propaganda für mich! Was ich tue? Heilen, ja, für den Kranken dasein, d.h. vorerst. Wozu ich noch imstande bin, werden Sie später erfahren.

Aber um Ihnen das praktisch mit auf den Weg zu geben: Sie nehmen ein Ei, nehmen es in die Hand, halten die Hand zu und sagen zu den anderen Menschen: „Ich habe ein Ei!" Jetzt kommen Sie in Zank und Streit. Die anderen, die davorstehen, sagen: „Du hast doch kein Ei!" „Doch, ich habe ein Ei!" So verteidigt er den Gröning nachher. Im Eifer des Gefechts drückt er das Ei kaputt, und er hat ein Ei gehabt. So können Sie dieses mit der Gesundheit vergleichen. Der Geheilte schreit herum: „Ich bin gesund, ich bin gesund!" Und die anderen lachen ihn aus: „Wir sehen doch nichts, daß du gesund geworden bist!" Weil aber die andere Seite in der Mehrheit ist, sagt er nachher, wenn er zur Ruhe kommt: die mögen doch recht haben, vielleicht bildest du dir das bloß ein! Und schon verfällt er in ein neues seelisches Leiden, und tatsächlich, er holt die Krankheit wieder zurück, denn zu einem Heilungsprozeß kann es überhaupt nicht kommen.

(11) Wenn Sie etwas erhalten haben, dann bitte ich Sie, nicht zu schreien, Sie sollen auch für mich keine Propaganda machen. Sie sollen sich nur freuen und dem Herrgott danken, daß Sie die Gesundheit erhalten haben. Wenn Sie aber immer schreien: „Ich bin gesund geworden!", das sieht dann so aus, als wenn Sie ein Hühnerei nehmen, machen eine Faust, halten das Ei fest und schreien: „Ich habe ein Ei, ich habe ein Ei!" Und weil der Mensch das nicht sieht (der Mensch glaubt ja nicht, was er nicht sieht), wird er sagen: „Du hast ja gar kein Ei!" Und Sie behaupten sich nach wie vor und drücken, merken das gar nicht, und dann haben Sie ein Ei gehabt, wie Sie in diesem Falle die Gesundheit dann gehabt haben.

(12) Wie bös ist es doch für den Menschen, der das Heil erfahren, so er den Weg gefunden, und der nicht zu seinem Wort steht: das Gute, wie er es doch nötig hat, wieder in Vergessenheit bringt, wieder ein Luderleben führt, wieder auf Menschen hört, sich wieder von Menschen verzerren läßt! Und wenn er dann hernach sagt: „Ja, der und der und der, die haben ja recht, das bleibt nicht lange, das hält nicht lange an." Wer ist schuld? Der Mensch, um den es geht, ist selbst schuld. (...) Unterstreichen Sie (...), daß er selbst schuld ist!

(13) Es gibt keinen Rückfall, wenn man einen tiefen Glauben hat.

(14) Jawohl, verfallen tut ein Mensch wieder, wenn er den Glauben verliert, wenn er dem Teufel wieder verfällt. Dann ist er es nicht wert, die Gesundheit in seinem Körper zu behalten, denn der Teufel will nichts als wieder das Schlechte vom Menschen.

(15) Christus hatte auch nicht alle, wie es in einem Buche geschrieben steht, geheilt, die geheilt werden wollten, nein – auch nicht alle blieben gesund, wie es da heißt „geheilt". Viele hatten auch diese Heilung, Sie sagen „Heilung", wieder verloren, auch das hat es gegeben, gibt es heute auch. Es liegt immer an dem Menschen, wenn er vom Guten, wenn er von Gott wieder abkommt, daß er sich wieder dem Bösen hingibt, daß er sich wieder verlocken, verleiten läßt, daß er übermütig wird, da kommt das zustande.

(16) Daß Krankheiten nach einer bestimmten Zeit wieder zum Ausbruch kamen, liegt z. B. daran, daß Menschen, die auf dem besten Wege der Gesundung waren, wieder abgefallen sind, weil einzelne Zeitungen sich erdreistet haben, Schmutzigkeiten zu schreiben, die sie nicht verantworten konnten. Ich möchte dies nicht nachprüfen, ich möchte heute endlich einmal einen dicken Strich darunter setzen und alle Menschen der Presse bitten, von jetzt ab die Wahrheit zu schreiben. Denn wenn der Kranke derartiges zu lesen bekommt, muß er zurückfallen, indem er sagt: „Wem bin ich verfallen, einem Schwindler, er hat mich ja betrogen, er hat mich ja nicht geheilt!" Er verfällt in ein neues seelisches Leid und bekommt tatsächlich sein Leiden wieder. Hier liegt die Verantwortung auf seiten der Presse!

Die Lügenkampagnen der Presse

(1) Ich weiß, daß die Presse eine große Schuld daran trägt, daß Menschen, die schon geheilt sind – vereinzelt, ganz wenig, wie ich schon festgestellt habe –, wieder in ihr Leiden zurückgefallen sind. Und zwar ist es ganz leicht zu erklären, da der größte Teil aller Menschen von einem seelischen Leid befallen ist, und alles Seelische ist so in sich gefestigt, daß es so leicht nicht mehr freikommen kann. Hier ist die Hilfe, die Heilung, und da der Zweifel. Zweifel dann, wenn ein Mensch etwas zu lesen oder zu hören bekommt, denn der Satan läßt nichts unversucht, in jedem Menschenkörper Einlaß zu finden, den Menschen wieder von diesem reinen, göttlichen Glauben abzuziehen. Und so sehe ich dies auch hier, daß der eine oder andere Kranke, der gesund war, wieder verfallen ist, weil ihm vor Augen geführt wurde, daß es heißt: „Wir könnten doch einem Betrüger, einem Lügner oder sonst einem in die Hände gefallen sein, dann sind wir ja nicht geheilt." Meine Schuld ist es nicht.

(2) Hier liegt die Verantwortung auf seiten der Presse!

(3) Ich habe auch Fühlung aufgenommen mit Presseleuten, die noch einen klaren, gesunden Menschenverstand haben, die sich schämen für diese billigen Journalisten, die nichts unversucht lassen, Geld zu verdienen. Denen ist es gleich, ob der Kranke gesund wird oder ob der Gesunde seine Gesundheit behält oder nicht. Die Hauptsache, er verdient. Da ist soviel Schmutz und Dreck aufgewirbelt worden. Ich habe auch bei der Polizei erklärt, wenn ich diesem allem nachgehen wollte, so viele Polizeibeamte sind nicht da, es gibt auch nicht so viele Rechtsanwälte, die das alles bearbeiten können, und so viele Gerichtsgebäude auch nicht, um diese Anklagen unter Dach und Fach zu bringen.

(4) Liebe Freunde, in meinem Pressearchiv ist soviel Schmutz, ich sage 99% Schmutz und Schund; das ist die größte Schundliteratur, die es überhaupt gibt, die überhaupt existiert! Wie man Gröning verurteilt hat! Nicht beurteilt.

(5) Man hat nichts unversucht gelassen, mich durch den Dreck zu ziehen. Macht aber nichts, ich fürchte nichts, ich gehe den geraden Weg. Aber das Schuftige dabei ist, wenn Menschen glauben, mir das anzutun, haben sie das den Kranken angetan, obwohl ich sie gebeten habe, mich zu unterstützen, daß man den Kranken besser und leichter helfen kann. Es sind überall schlechte Menschen, gleich, in welchen Berufen. (...)
Diese Journalisten, angenommen, sie sollen eine Reportage von einem Fußballspiel machen, sie schreiben nicht die Tatsachen, sie haben die größten Schauermärchen in die Welt gesetzt. Und hier genauso. Oder wenn man die Tür versperrt hat, haben sie gesagt: „Warte, es geht auch so!" Es ging auf Kosten der Kranken. Ich könnte Prozesse führen und sie alle zur Verantwortung ziehen, aber so viele Menschen haben wir ja gar nicht, um so viele Klagen zu führen; und um mich damit abzugeben, wäre die Zeit zu schade. Ich opfere die Zeit lieber für den armen Kranken. Natürlich läßt man nichts unversucht, mich doch irgendwie mal festnageln zu können. Es schafft aber keiner!

(6) Der Rundfunk ist hellhörig und bringt jeden Dreck, so auch die Presse.

(7) Die Zeitung, die Presse hat so vieles mißverstanden, wollte nicht verstehen, hat hier und dort etwas läuten gehört und glaubte, von sich aus das schreiben zu können, was sie sich so gedacht hatte. Genauso möchte ich eine der ersten Mitteilungen hier in München herausziehen, als Herr Harwart mich in sein Hotel einlud zu einem Glas Bier. Dieses habe ich befolgt, und zwar deshalb, weil ich wegen seines Entgegenkom-

mens allen Kranken gegenüber dieses nicht ablehnen konnte. Dies werde ich auch nie tun. Es war nicht für mich, es war nicht darum, um einen Schluck Bier zu trinken, nein, um ihm den Dank dafür zu beweisen, daß er uns das Grundstück zur Verfügung gestellt hat. Es hieß in dem Artikel: „Gröning in der Nachtbar." Vielleicht habe ich auch noch getanzt?!

Ich muß Ihnen eines zu wissen geben: Der Gröning darf sich nichts mehr erlauben, so wie ich gesagt habe, ich esse nichts mehr oder sehr wenig, ich brauche auch keinen Schlaf, dann brauche ich auch nicht dort zu sitzen, um meinen Durst zu stillen, um meinen Dank zu bezeugen.

Man hat mir auch das nicht gegönnt, als ich einmal in Hamburg war und ein krankes Kind mich bat, ein Stück Kuchen zu essen. Ich war wegen dieses Kindes von Herford nach Hamburg gefahren, um mein gegebenes Wort einzulösen. Seine Mutter hatte mir ein Essen bereitet, wie es auf einer Hochzeitstafel nicht besser stehen könnte. „Aber ich komme nicht, um zu essen", sagte ich, „ich komme des kranken Kindes wegen." Doch das Stück Kuchen zu essen, konnte ich dem kranken Kind nicht abschlagen. Als ich im Begriff war, dieses Stück Kuchen in den Mund zu stecken, kommt ein Zeitungsschreiber, ein junges Kerlchen, das noch nichts erlebt hat und noch nichts weiß. Er weiß nur eines, er kann schreiben. Aber was er geschrieben hat, das kann er nicht verantworten: „Gröning bei Kaffee und Kuchen." Ich habe ihm die Frage gestellt, ob er wohl noch keinen Kuchen gegessen hätte. Sie sehen, nicht einmal dieses gönnt man mir! Dieses eine sollten Sie auch wissen, daß ich nicht des Essens wegen komme, nein, ich will von keinem Menschen etwas haben. Was ich haben will, ist und bleibt allein die Krankheit, indem ich Ihnen dafür durch die Worte Gottes die Gesundheit vermittle.

(8) Richtig wäre es gewesen, daß Menschen, ehe sie etwas schreiben, sich erst davon überzeugten, ob es den Tatsachen entspricht. Es sind in letzter Zeit so viele Schauermärchen aufge-

taucht. Ich selbst werde mich nicht aus der Ruhe bringen lassen, weil ich weiß, daß sensationslüsterne Menschen am Werk sind, die sagen: Wenn wir heute eine Falschmeldung bringen, können wir das morgen widerrufen. Heute so, morgen so. Das gibt nur ein Hin und Her. Was man alles mit diesem kleinen Menschen macht, wie ich es bin – es ist lächerlich! Wenn man der Sache genau auf den Grund geht, sieht es ganz anders aus.

(9) Wenn ich einem Menschen etwas sage, so sage ich ihm die Wahrheit. Entstellt er das, so habe ich für so einen Menschen nichts mehr übrig.

(10) Niemand hat etwas Genaues gewußt noch Genaues geschrieben oder überhaupt die Absicht gehabt, die Wahrheit zu schreiben. Ich gebe Ihnen zu wissen, daß die Presse viel dazu beiträgt, den Menschen zu helfen und auf der anderen Seite den Menschen zu schaden; zu helfen in dem Sinne, indem sie die Wahrheit schreibt, und zwar alles schreibt, was Sie zu sehen und zu hören bekommt. Aber umgekehrt kann sie Menschen schaden, bei welchen die Heilung bereits vollzogen ist. Wenn diese Menschen – einzelne – mit einemmal etwas in dieser und jener Zeitung zu lesen bekommen, Schmutzigkeiten, (...) so müssen sie sich sagen: „Wem bin ich verfallen? Ist es ein Scharlatan oder sonst etwas? Ich bin einem Schwindler verfallen, ich bin ja gar nicht geheilt, nein, ich kann nicht geheilt sein!" Und solche Menschen verfallen in ein neues seelisches Leid, aus dem ihnen kein anderer Mensch wieder heraushelfen kann.

(11) Ist es nicht schön, daß ein Blinder wieder sehen kann, daß Gelähmte gehen, daß man ihnen die Schmerzen abnimmt? Mit Worten kann ich es nicht beweisen, aber mit der Tat! Eine Nacht habe ich mich mit Journalisten zusammengesetzt, habe gesagt: „Bitte befragen Sie mich nicht, ich gebe Ihnen so viel Stoff. Tag und Nacht bin ich wach, dauernd bin ich unterwegs." Und sie sagten: „Herr Gröning, besser und schöner konnten Sie uns das nicht mitgeben, als daß Sie die Taten sprechen ließen."

(12) Heute kann ich Ihnen sagen, daß tatsächlich die Presse nichts unversucht läßt, das gutzumachen, was einzelne ihrer Mitarbeiter schlecht gemacht haben. Und wenn die Wahrheit herausgestellt wird – ich beschimpfe diese Menschen nicht weiter, ich habe ihnen verziehen. Ich sage nur: Kommt, ihr könnt euch überzeugen! Aber wer helfen will – und so auch hier die Presse, sie kann sehr viel helfen, und sie wird auch helfen, nicht nur die deutsche, sogar die Auslandspresse, die sich mehr und mehr dafür interessiert. Die haben mehr und eigentlich bisher besser geschrieben als die Deutschen. Aber die Deutschen holen das Versäumte jetzt nach. Und das geschieht immer so, daß Menschen, wenn sie sich tatsächlich davon überzeugen, sagen: „Ja, das haben wir nicht gewußt." Und jetzt gehen wir einen Weg.

(13) Wir hoffen, daß wir der Presse jetzt nicht mehr mit Mißtrauen zu begegnen brauchen, nein, auch ihr wollen wir Vertrauen entgegenbringen, soweit sie die Wahrheit bringt.

(14) Ich habe gesagt, daß die Presse hier sehr wichtig ist, daß sie nicht wegzudenken ist.

(15) Ich habe mich entschlossen, jetzt mit Presse, Rundfunk und Film zusammenzuarbeiten, um der Menschheit eine richtige Aufklärung zu geben, wie sie sich zu verhalten hat, und überhaupt, worum es geht.

(16) Alle sollen helfen, auch von seiten der Presse, indem sie die Wahrheit schreiben. Man kann hinsehen, wo man will, auf der einen Seite hört man Gutes, und auf der anderen Seite hört man Schlechtes, und zwar ist es bisher immer der Fall gewesen, daß es die Presse war. Deswegen will ich mich über sie nicht erzürnen, ich will nichts Schlechtes, ich will nur das Gute, ich will in bestem Einvernehmen mit der Presse zusammenarbeiten, weil ich weiß, sie kann dazu beitragen.

Entscheidung
zwischen Gut und Böse

(1) Verkennen und vergessen Sie nicht, Freunde, daß der Mensch zwischen Gut und Böse lebt. Dazwischen lebt er: da das Gute, da das Böse, zwischendrin ist der Mensch, er entscheidet. Wenn er zu schwach ist, verfällt er dem Bösen, fällt er herab. Dann kann er diesen Weg, der aufwärts führt, nicht gehen, da mangelt es an Kraft, er fällt ab, fällt dem Bösen in die Arme und ist ihm dann ausgeliefert. Wenn da nicht eine rettende, eine helfende Hand kommt und ihn da herausreißt, ist er verloren für eine schöne Zeit. Er wird dann dem Bösen dienen müssen. Wer aber erkannt hat, (...) daß das Böse Sie, daß das Böse Ihren Körper herabgewürdigt, daß Sie das Stimmrecht über Ihren Körper verloren, daß Sie mit Ihrem Willen Ihren Körper nicht mehr bestimmen konnten, weiß, daß es hier an Kraft fehlt, der Willenskraft; denn zu dem Willen gehört auch die Kraft. Es gibt zwei Quellen: die böse ist die abbauende, die gute die aufbauende. Zu welcher Sie jetzt den Anschluß haben, darauf kommt es an. Hier wird Ihnen die Hand gereicht, hier werden Sie wirklich geführt, hier haben Sie sich selbst zu überzeugen, hier sollen Sie nicht leichtgläubig sein, hier haben Sie all das zu tun, was Sie sich selbst schuldig sind! Und dann werden Sie glauben, dann sind Sie kein leichtgläubiger Mensch mehr! So der Mensch aber, der das Böse erfahren hat, mit dem Bösen nichts gemein haben will, dann soll er sich lossagen, dann hat er selbst entschieden, hier spricht sein Wille. Gottes Wille ist bestimmt, Gott will, daß dem Menschen geholfen wird, so er erkannt hat, daß das Böse ihn herabgewürdigt – Gott hilft ihm, Gott führt ihn, und Gott verzeiht auch.

(2) Zwei Herren können Sie nicht dienen. Nicht auf der einen Seite dem Bösen und auf der anderen Seite Gott! Und dazwischen sind Sie ein Heuchler, ein Lügner, ein Betrüger –

Sie sind nicht einmal ehrlich zu sich selbst. Dieses alles müssen Sie ablegen, all das – ich sage es noch einmal –, all das, was Sie bisher in diesem Erdenleben als böse empfunden haben, müssen Sie ganz beiseite stellen. Sie müssen dem Bösen den Rücken kehren. Sie müssen den anderen Weg gehen. Und daher rufe ich Sie auf zur großen Umkehr! Gehen Sie den Weg, so wie er Ihnen von Gott – uns allen durch Christus – bestimmt ist.

(3) Alle, die zwischen Gut und Böse leben, die haben noch die Chance; diese Chance sollten sie nützen. Dieses geschieht (...) erst dann, wenn der Mensch sich selbst zur Ruhe bewegt. Denn das muß er zuerst tun: die Unruhe von sich schütteln, die Unruhe erst gar nicht aufnehmen, sondern nur eines: die Ruhe aufnehmen, sich zur Ruhe bewegen, sie in sich selbst aufnehmen, und dann wird er nicht nur ein gutes, ein wohlwollendes Gefühl erhalten, sondern dann wird er die guten Gedanken, die Gedanken aus der guten, aus der göttlichen Gedankenquelle aufnehmen. Denn er müßte es letzten Endes doch auch wissen – denn er hat das Böse kennengelernt, er hat es gekostet, er hat es wahrgenommen am eigenen Körper, (...) in seiner eigenen Umgebung, er hat es an vielen wahrgenommen –, er kann heute schon sehr gut unterscheiden, was gut und was böse ist. Und gerade darauf kommt es an!

So er sich dann ein Versprechen gibt – das Versprechen, das der Mensch sich selbst gibt –, hat er es nicht sich, sondern schon Gott gegeben. Das muß er wissen, das muß auch jedem Menschen so gesagt werden. (...) Und so er sich selbst ein Versprechen gibt, wie ich schon sagte, hat er Gott ein Versprechen gegeben, zu diesem Versprechen muß er zeit seines Lebens stehen. Aber nur bei dem geringsten Zweifel fällt er wieder ab, und er muß immer wieder von vorne beginnen. Er kann noch soviel Gutes erfahren, er kann noch soviel Gutes schon im Leben getan haben, er schenkt dem Bösen einmal Gehör, er läßt sich verlocken, er läßt sich verleiten; er weiß von so vielem nicht, ob es falsch oder richtig ist, und er zweifelt das vorherige Gute an, indem er dem letzten doch Glauben schenkt und sagt: „Es könnte doch so sein." Also damit hat er das Gute angezweifelt, und damit verfällt er schon dem Bösen, damit hat das Gute bei ihm aufgehört, und von da ab drängt in ihn das Böse hinein, und daher ist er von hier ab dem Einfluß des Bösen ausgesetzt. Und dadurch verliert er den wirklich guten, den göttlichen Schutz. Dann wundert er sich hernach und sagt: „Ja, wie ist denn das möglich! Also stimmt es doch, was mir einst mal einer vor drei, vier, fünf, sechs, sieben, acht, neun, zehn oder wieviel Jahren gesagt hat!" Das ist so, ja, das hat der Mensch sich dann selbst zuzuschreiben, weil er sich wieder dem Bösen hingegeben, dann stimmt es auch. Denn es stimmt, daß das Böse existiert, das müßte ja jeder von sich selbst auch schon wissen. Nun, wer das jetzt so weiß, und wer sich von diesem soweit überzeugt hat, der weiß dann letzten Endes auch, zu wem er gehört. Gutes zu empfangen, heißt, wie er es empfindet, wie er das Gute beherzigt und wie er zum Guten, wie er zu Gott steht.

(4) Der Böswillige sucht das Gute. (...) Das Böse wird vom Guten angezogen. Dagegen das Gute vom Bösen. Das heißt: Ein Böswilliger sucht das Gute, um es als erstes zu vernichten. Hier gewinnt der Stärkere! Umgekehrt sucht der Gutwillige, das Böse zu beseitigen. Der Böswillige braucht das Gute, er verfällt sogar einer Sucht: Als erstes wird er das Gute zu vernichten suchen, ist aber das Gute in einem stärkeren Maße vorhanden, ist das Böswillige bezwungen.

(5) Das Böse läßt nichts fehlen und setzt alles daran, um immer wieder Menschen daran zu hindern, daß sie ja nicht den guten Weg einschlagen, und erst recht, daß sie diese Hinderungen wahrnehmen und daß sie zu guter Letzt doch den Mut und die Kraft verlieren, daß sie dann den Gedanken gar nicht mehr dazu aufnehmen, diesen Weg noch weiter zu gehen. Ich könnte sagen, sie sind feige, mutlos, ratlos, tatlos, sie sind kraftlos geworden. Nicht wahr? Denn das Böse bringt sie um die

gute Kraft. Wehe dem, der unter dem Einfluß des Bösen steht! Wohl dem, der sich aber dem Guten hingibt, wie er das Gute schon als gut empfindet und wie er glaubt, daß er auch dem Guten dient, dienen darf. Das ist mehr als Glück, das ist ein Segen Gottes. Denn der Mensch hat sich dann schon verdient, daß er dem Guten, daß er Gott dienen darf.

Der freie Wille des Menschen

(1) Diesen Willen hat Gott Ihnen belassen – einen freien Willen –, Sie können selbst entscheiden. Aber haben Sie jetzt den Willen! So dieser Ihr Wille gleich gut abgestimmt ist mit dem göttlichen, mit dem Willen Gottes, dann sind Sie schon auf dem richtigen Weg.

(2) Will der Mensch gut, so hilft ihm Gott; will er bös, so hilft ihm Satan!

(3) Der Mensch handelt nach seinem Willen. Wie der Wille, so der Gedanke. Der Gedanke bewegt den Menschen zur Tat.

(4) Der Wille im Leben ist in allem die Voraussetzung.

(5) Ich bin, was ich will, nicht umgekehrt.

(6) Was du willst sei dein!

(7) Ein Denkfauler ist weiter nichts als nur – Sie würden sagen – ein energieloser Mensch. Ich würde deutlicher sagen: Er ist ein willensschwacher wie lust- und liebloser Mensch, alleine schon deshalb, weil er nach seiner eigenen Bildung durch sein Milieu, aus dem er hervorgegangen ist, nur für all die Dinge Verständnis aufbringt, wie er sich sehr gut auf seine Art und Weise durch das Leben schlängelt. Leider trifft dieses deshalb bei den meisten Menschen zu.

(8) Es ist ja traurig, daß der Mensch nicht selbständig ist; er läßt sich beeinflussen.

(9) Eltern sagen: „Das Kind muß gehorchen, das Kind hat das zu tun, was ich bestimme, wie es hier bei uns in der Hausordnung ist. Das Kind muß so sein, wie ich es will, das Kind muß so werden, wie ich es will", sagt die Mutter, der Papa genau das gleiche. Ja, das sind die leiblichen, das sind die irdischen Eltern. Oh, die verlangen sehr viel, die sind sehr hart, und zum Teil daneben noch sehr ungerecht. Und jetzt, wie ist Gott zu uns? Gott, der unser Vater ist, hat uns so vieles mitgegeben. Wir hatten alles in uns. Ich habe es noch, ich habe mich um das Natürliche, um das Göttliche nicht bringen lassen. Deswegen gehorche ich keinem, deswegen höre ich auch auf keinen Menschen. Aber Gott hat es jedem Kind schon beigegeben, das ist das, was ich zuvor sagte, das brauchen Sie dem Kind gar nicht zu sagen. Die Eltern haben es darum gebracht und haben es nur umerzogen. Glauben Sie, liebe Freunde, daß es Gott selbst nicht weh tut, daß der Mensch um seinen Willen gebracht, den Gott jedem Menschen gegeben hat? Und Gott will keinen Menschen, keines Seiner Lebewesen, um seinen Willen bringen. Aber die Eltern, die haben es getan. Ihre Eltern haben es an Ihnen getan, Sie haben es übernommen – menschenhörig –, Sie haben das Ihren Kindern wieder übertragen. Und Ihre Kinder werden das wieder ihren Kindern übertragen, und so führt das weiter von Generation zu Generation.

(10) Will der Mensch nicht frei sein? Aber er wurde ja von vornherein um diese seine Freiheit, die Gott ihm gegeben hat, gebracht, von Menschen, die unwissend sind, die nur in dem Glauben lebten, dieses, das und jenes müßte so sein, er hat sich danach zu fügen. Da ist er menschenhörig geworden, und daher konnte er nicht mehr auf das hören, was Gott ihm zu sagen hat. Und daher stand er auch nicht mehr in der göttlichen Führung. Da wurde er schutzlos. Da wurde er rechtlos. Bestimmt wurde er viel des Guten los.

Wer nicht hören will, muß fühlen

(1) Wehe, es wagt einer, etwas Böses zu tun. Für mein Auge wird dies immer sichtbar sein. Aber letzten Endes ist es so, daß man den Menschen gehen läßt. Man warnt ihn erst und sagt: „Gehe nicht den Weg, das ist ein schlechter, gehe nicht den Weg, da läufst du Gefahr!" Ein Mensch warnt ja schon den anderen: „Vorsicht!" (...) Sage ich auch: „Vorsicht, gehe nicht den Weg, dort ist die Gefahr, gehe nicht zu dem Menschen, sieh ihn dir erst richtig an, Vorsicht, Vorsicht, nochmals Vorsicht!" Wer aber nicht hören will, muß fühlen! Da braucht man schon gar nichts mehr dazuzutun, mit einemmal ist er drin, schon hat ihn das Schlechte, schon hat ihn die Gefahr gepackt. Und davor möchte ich den Menschen bewahren, das soll er nicht tun. Und deswegen die Arbeit und die Mühe, die man sich immer wieder macht, die ich mir gemacht habe und auch weiterhin machen werde: den Menschen auf den guten Weg zu führen.

(2) Wer durch die Schrottmühle gehen will, wer die Not und das Elend noch nicht kennt, der müßte es erst kennenlernen. Aber ich glaube, Sie haben einen Teil von diesem gekostet, und ich glaube auch sagen zu können, Sie wollen mit diesem Übel nichts gemein haben. Aber nun stehen Sie auch dazu!

Wer heute noch nicht genug gelernt hat, da das Übel noch nicht soviel Schrecken über ihn gebracht, der beuge sich dem, der füge sich dem Übel, und der ziehe eine weitere Lehre und gehe dem nach, um erst noch mehr zu lernen, bis er mehr von dem Übel erfaßt ist, bis er da angelangt ist, wo viele es auch waren, die den Menschen keinen Glauben mehr schenken konnten und die sich verloren gesehen haben.

Jeder Versuch führt zum Übel

(1) Ich warne Sie, nur einen Versuch anzustellen; versuchen Sie nicht, denn jeder Versuch wird Ihnen zum Übel! (...) Sie haben sehr vieles versucht, und Sie wissen genau, daß Sie dadurch erst recht vom Übel erfaßt worden sind. Ich versuche auch nicht, ich ersuche Sie, wie immer, jetzt endlich das anzunehmen, was für Sie bestimmt ist. Nicht von mir – was von Gott so bestimmt ist.

(2) Wie Sie immer wieder nur dem Bösen dienten – denn Sie hatten sich ja mit dem Bösen abgegeben, viele sogar schon abgefunden, denn Sie haben sich verloren gesehen. Sie hatten keine Kraft mehr, sich von dem Bösen zu befreien. Natürlich keine Kraft deshalb mehr, weil Sie alles mögliche selbst versucht haben und auch viele Versuche anstellen ließen von Ihren Nächsten. Sie selbst gaben sich und gaben das Gute auf, und Ihr Nächster sagte: „Ach, ich habe alles versucht, ich kann nicht helfen!"

Ja, meine lieben Freunde, wer so weit gesunken ist, wer so weit von dem guten, göttlichen Weg abgekommen ist, und wer sich heute nicht mehr beraten, nicht belehren läßt, wer heute nicht mehr den Rat Christi befolgt, wer das heute nicht mehr tut, wer heute nicht mal mehr den Gedanken aufnimmt, das zu tun, sondern nur daran glaubt, das müßte alles so kommen, so wie er es sich denkt, (...) und das wäre dann alles ... – nein, meine lieben Freunde, das ist nichts. Was es ist? Doch nur das Böse! Der Versuch, die Versuchung wird immer das Übel sein. Und von diesem sind Sie erfaßt.

(3) Versuche soll man nicht machen!

(4) Der Mensch wechselt zu oft, hat aber nie das Richtige erfassen können. Er versucht alles mögliche, und nie hat er das Richtige finden können.

(5) Wollten Sie noch weitere Versuche anstellen? Wer noch weiter Versuche anstellen will, der ist zu früh hier, denn der hat ja draußen noch etwas zu tun, der muß noch Versuche anstellen, der kann dann später kommen. Wem aber die vielen Versuche, die er an sich selbst getan und die auch seinem Nächsten wirklich zum Übel geworden, so daß er hieraus eine Lehre gezogen, der soll jetzt aufhorchen, der soll jetzt auf all das hören, was Gott ihm sagt! Er hat weiter nichts zu tun, als die Verbindung zu Gott aufzunehmen.

Bruno Gröning und die Ärzteschaft

(1) Der Arzt hat auch sein Bestes gegeben, Ihnen zu helfen. Es ist aber den Ärzten nicht gegeben, allen die Hilfe zu bringen, die sie erwarten. Eines aber muß gesagt werden: daß der einzige Arzt, der Arzt aller Menschen, allein nur unser Herrgott ist. Der Mensch ging vor Jahrhunderten den Weg ab von der Natur, von dem Glauben an unseren Herrgott. Jeder glaubte, sich allein behaupten zu können. „Jetzt sind wir auf dieser Erde, jetzt richten wir uns ein, wie wir das wollen, und wir werden uns schon zu helfen wissen", glaubte jeder. Aber ich gebe Ihnen zu wissen, daß niemandem geholfen werden kann ohne unseren Herrgott. Er allein ist und bleibt unser Vater, Er allein ist und bleibt der größte Arzt aller Menschen! Und wer glaubt, sich der Natur, die der Herrgott hier so schön für uns Menschen geschaffen hat, entziehen zu können, der soll gehen, wohin er will. Man hat geglaubt, einer könnte sich vom anderen unterscheiden, indem er der Natur den Rücken kehrt und die Stufen der Kultur besteigt. Da liegt der Fehler, da liegt alles, das ist es, was dem Menschen fehlt: die Natur. Zurück zur Natur! Zurück zu unserem Herrgott, zurück zum Glauben an den Herrgott und zum Glauben an das Gute im Menschen!

(2) Ich stehe nach wie vor dafür, daß die Grundursache aller Krankheiten ist, daß das Volk künstlich durchgehalten wird. Ich bin ein Mensch, der nicht studiert hat und der der Wissenschaft nicht nachgelaufen ist, sondern der aus eigener Erfahrung und aus Eingebung dieses erprobt hat. Ich bin zu dieser Überzeugung gekommen, obwohl ich kein Arzt bin. Kunst und Wissenschaft sagen: Fort von der Natur, hinein in die Kultur. Und hier liegen die Ursachen der Krankheiten! Die Industrie ist schuld! Sie hat Mittel hergestellt, um den Menschenkörper total zu verseuchen. Ich habe zu den Ärzten schon immer gesagt: „Überall ist Mord – Mord – Mord! Herr Doktor, Sie sind eine

Vertriebsstelle für die Hersteller von Medikamenten." Ich stehe nach wie vor dafür: Naturheilkräuter. Die Natur gibt den Menschen alles durch das, was der Herrgott für uns wachsen läßt. Warum alles künstlich herstellen? Woraus werden diese Präparate hergestellt? Aus allem möglichen Zeug! Die Zusammensetzung kann der Menschenkörper unmöglich vertragen. Wenn heute ein Kranker zum Arzt geht und etwas verschrieben bekommt, heißt es immer „dafür" statt „dagegen"! (...) Ich stehe auf dem Standpunkt, den Menschen alles verständlich zu machen, mit Tatsachen zu kommen, ihnen alle diese schädlichen Dinge vor Augen zu führen (...). Fort mit Kunstdünger – fort mit künstlichen Medikamenten! Denn wer war der erste Arzt, und was war die erste Medizin? Die Natur!

(3) Kein Arzt kann heilen oder hat jemals heilen können. Ärzte stecken noch in den Kinderschuhen. Tausende Kranke waren Versuchskaninchen.

(4) Nicht ein Mensch kann heilen. Es heilt nicht ein Mensch, sondern im Menschen.

(5) Die Menschen in der Medizin [die Ärzte] – ich will nicht auf sie schimpfen. Ich will aber die Menschen aufklären, daß sie bisher den falschen Weg gegangen sind, und alle Menschen auf den Weg bringen, den sie früher hätten gehen sollen, von dem sie abgezogen wurden. (...) Ich unterwerfe mich nicht der Schulmedizin, ich unterwerfe mich keinem Menschen und gehe den Weg, den ich zu gehen habe. Ich stelle den Beweis, daß es tatsächlich so ist, ohne auf die Schulmedizin zu schimpfen. Ich kenne viele Ärzte, die 100%ig zur Sache stehen. Doch viele Ärzte sagen: „Wir haben unseren guten Ruf, wir haben studiert, macht, was ihr wollt, er muß verschwinden."

(6) Was meine Gegner tun mußten, haben sie restlos getan. Ebenso habe ich getan, was ich tun mußte. Seit meinem Auftauchen (Wirken) in der Öffentlichkeit kamen unzählige Kranke, die Jahre in ärztlicher Behandlung waren, ohne geheilt zu werden, noch eine Hoffnung auf Heilung hatten. Diese Kranken wurden von ärztlicher Seite als unheilbar erklärt und mußten somit ihre Leiden mit den allergrößten Schmerzen geduldig tragen. Aussprüche der Ärzte waren: „Da können wir nichts machen, diese Krankheit ist unheilbar. Was wir können: ihnen von Zeit zu Zeit die Schmerzen lindern, aber das ist auch alles."

Tausende Jahre waren Millionen von Ärzten dabei, Versuche anzustellen, die Krankheit zu bekämpfen oder zumindest der Krankheit (betäubend) Einhalt zu bieten. Der Erfolg auf einzelnen wenigen Krankheitsgebieten kann nicht bestritten werden. Die Hoffnungslosen aber blieben soweit sich selbst überlassen. (Rette sich, wer kann.) Aber wehe dem, der es versucht, sich zu retten oder nur in den Glauben verfällt, gerettet zu werden. Bei einzelnen (...) Ärzten heißt es: „Wehe dem, der sich über unser Wissen und Können stellt und es auch kann." Ich verstehe sehr gut! Wofür erhalten diese beamteten Ärzte ihr Geld, von dem sie sehr gut leben können? Dafür, daß sie sich und somit ihren Sessel behaupten.

(7) Daß ich dazu imstande bin, Menschen zu helfen, veranlaßt einige wenige, alles dagegenzustellen, um Sie nicht gesund zu wissen. Vielleicht glauben sie, daß ich ihnen die Butter vom Brot nehmen will, oder vielleicht glauben sie, daß sie arm werden oder daß ihre Existenz, ihr Beruf geschädigt wird. Ich sage: Nein, ich nehme es keinem Menschen übel, daß er nur seine Pflicht getan hat, nach bestem Wissen alles darangesetzt hat, um den Menschen zu helfen. Ich verachte diesen Menschen nicht. Er ist nur ein Mensch, wie auch ich, auf der einen Seite. Auf der anderen Seite soll die Menschheit doch dem Herrgott danken, daß es jetzt einen Menschen gibt, der helfen kann.

(8) Professoren, die nicht dafür, sondern dagegenstanden, sagten mir: „Ich will Wunder sehen." Sie sagten: „Das können wir auch, Menschen gesund machen." Ich habe nur die Frage gestellt, wo dann gesunde Menschen sind und warum man denn die Kranken nicht gesund gemacht hat. Nein, sie wollten sehen, daß ich zu einem, dem der Arm fehlt, sage: „Eins, zwei, drei, der Arm muß wieder da sein!" Solche Wunder wollten sie sehen. Ich will nicht damit gesagt haben, daß ich die Ärzte hiermit beschimpfen und in den Dreck ziehen will. Nein, es sind und bleiben meine Freunde, denn sie alle haben hierin einen Beruf gefunden in dem Glauben, Menschen helfen zu können. Aber einzelne Menschen gibt es, auch unter den Ärzten, die glauben, sich behaupten zu können. Sie glauben, daß der kleine Gröning ihnen das Butterbrot wegnehmen will. Nein, ich habe die feste Absicht, ihnen noch etwas daraufzugeben! Aber andererseits haben sich schon viele Ärzte eingefunden mit der Bitte, hier mitarbeiten zu dürfen, um Menschen zu helfen, Menschen zu heilen. Ich habe immer wieder gesagt, die 70 000 Ärzte, die wir heute in Deutschland haben, reichen noch gar nicht aus, um allen Menschen schnellstens zu helfen. Man hat mir die Frage gestellt, ob ich die Kraft übertragen kann. Ich sage: Nein, das geht nicht! Ich bin aber in der Lage, Menschen, die gewillt sind, die bereit sind, Menschen zu helfen, in meinem Auftrag Heilungen vornehmen zu lassen.

(9) Ich komme jeden Tag mit Menschen zusammen, die zur Schulmedizin gehören. Keine Dummköpfe, nein. Auch der, den ich gestern kennenlernte, steht schon ganz schön oben, jedenfalls ist er so ein Mensch, der seinen Kollegen noch vieles mit auf den Weg geben kann. Und er ist heute, d. h. seit meinem öffentlichen Auftreten, nicht nur anderer Meinung, sondern er sagt: „Jetzt habe ich einen Halt; das ist ja das, was ich immer wollte." Ich beschimpfe keinen Schulmediziner, auch wenn er heute noch so dagegensteht.

Ich greife nur mal einen heraus, wie mir hier von einer Dame berichtet wurde (...). Sie sagte: „Herr Gröning, mein Schwager, das war ein Skeptiker." Sage ich: „Ein Dummkopf war das!" Ich legte ihr den Standpunkt klar. Wenn dieser Arzt nur den Namen Gröning hörte, so schlug er um sich. Er schimpfte wie ein Rohrspatz, er konnte den kleinen Kerl nicht leiden, hat ihn aber noch nie gesehen und sich mit ihm noch nie unterhalten, wußte nichts. Aber eines wußte er, daß doch etwas da ist, was für ihn vielleicht nicht gut wäre und was er nicht glauben könnte. Der Mensch glaubt immer erst das, was er fassen, sehen kann, das Unsichtbare nicht. (...) So wie dieser Mensch eingestellt war, so war er bald umgestellt. (...) Dieser Arzt ließ sich von einem seiner Kollegen einladen ins Kino. Der Kollege sagte zu ihm, zu diesem Gröning-Feind: „Der Gröning-Film läuft, wollen wir doch mal hingehen." Er schimpfte, aber er ließ sich doch bereden und sah sich den Film an. Als die Vorführung zu Ende war – einen kleinen Schauer hat er doch gekriegt, anfangs hat er noch gelacht, aber dann wurde er ruhig –, ging er mit seinem Kollegen nach Haus. Kurz vor seinem Haus sagte er: „Ich habe meinen Stock im Kino gelassen, ich konnte doch nie ohne Stock gehen!" Der Mann hatte durch eine Beinverletzung Schmerzen gehabt. Jetzt hatte er keine Schmerzen! Er bog sein Bein nach allen Richtungen, er war von seinem Leiden befreit, er war geheilt. Und wenn sie heute gegen Gröning sprechen, dann wird es ihm nichts ausmachen, den Menschen den Schädel einzuschlagen, so wurde mir das berichtet. Deswegen sage ich: Was habe ich nötig oder was würde mich dazu veranlassen, auf Menschen böse zu sein, wenn sie draußen schimpfen?

(10) Ich lege keinen Wert darauf, daß Menschen auf Ärzte schimpfen, im Gegenteil. Aber vernünftig müssen sie schon sein. Ein großer Teil hat den Weg zu mir gefunden, und ich lehne keinen ab, um diese Menschen auf den Weg zu bringen, den sie bereit sind zu gehen.

(11) Ich mache den Ärzten auch Vorwürfe, mit Recht, wenn sie sagen: „Ja, ich kann Ihrem Mann nicht helfen." Und sagen es dem Mann noch selbst: „Höchstens einen Monat, zwei Monate oder drei Monate." Das darf nicht sein. Das darf man nicht sagen, das ist falsch! (...) Was glauben Sie wohl, was ein gesunder Mensch einen Kranken schwächen kann. Jetzt wird erst alles ans Licht gestellt, jetzt soll der Mensch erst wissen, was los ist.

(12) Ich bitte es nicht so aufzufassen, als würde ich jetzt den Ärzten den Kampf ansagen – nein!

(13) Ich will Sie nicht von Ihren Ärzten lossprechen, von mir aus können Sie täglich bei ihnen sitzen. Ich spreche nicht dagegen, im Gegenteil, ich würde mich freuen, wenn diese endlich einmal aufgeschlossen wären, um den Menschen helfen zu können. Denn bei dem was man bisher nicht konnte, da reiche ich meine Hand und sage: Kommt, helft!

(14) Die ärztliche Hilfe als solche ist mir schon sehr häufig angeboten worden. Ich stehe nach wie vor dafür, daß ich dieses Angebot nicht ablehne, nein, denn dieses war ja mein Wunsch, daß die Ärzte sich bereit erklären und daß sie sich schon bereit erklärt haben, an diesem großen, göttlichen Werk mitzuarbeiten, um Menschen helfen zu können.

(15) Ich habe gesagt, ich will die Ärzte in meinen Reihen wissen, und zwar für die Vor- und Nachuntersuchung jedes einzelnen Kranken, damit jeder auch die Gewähr hat, daß er gesund geworden ist oder sich auf dem besten Wege der Genesung befindet.

(16) Ich kenne einzelne Ärzte, denen ich so vieles mit auf den Weg gegeben habe. Dem einen habe ich einen Stuhl angesprochen oder Gegenstände, und einer heilt sogar mit meinem Foto. Ich habe ihm das auch gewährt.

(17) Ich gebe Ihnen bekannt, daß viele Ärzte sich bereit erklärt haben, an diesem großen, göttlichen Werk mitzuarbeiten.

Von Medikamenten oder Operationen rät er nicht ab

(1) Wenn Sie vom Arzt ein Medikament verschrieben erhalten haben, glauben Sie doch wenigstens, daß es hilft! Haben Sie doch Vertrauen zu Ihrem Arzt!

(2) Wie der Arzt Medizinen verschreibt, um sie der Gesundheit zuzuführen, empfehle ich, zu Ihrem Arzt Vertrauen zu haben und den Glauben an die Wiedergesundung nicht zu verlieren, denn meines Wissens ist erste Voraussetzung, daß der Kranke dem Arzt gegenüber Vertrauen hat und daran glaubt, daß der Arzt ihm helfen kann. Das Vertrauen zum Arzt ist schon die beste Medizin.

(3) Ein Kranker, der den Arzt aufsucht und nicht daran glaubt, daß er Hilfe findet, kann nicht gesund werden. Ebensowenig kann ein Arzt einem Kranken wirklich helfen, wenn er nicht davon überzeugt ist, daß seine Methode oder seine Medizin hilft. Ein Vorhaben kann nur mit Erfolg zur Ausführung kommen, wenn der Ausführende an den Erfolg glaubt. Ein Bauer würde keine Saat ausstreuen, wenn er nicht daran glauben würde, daß sie auch aufgeht.

(4) Ich verbiete und verschreibe nichts. Jeder Mensch muß wissen, wem er seinen Körper zur Verfügung stellt. Ich darf und werde es nicht tun, und ich kann es auch nicht verantworten, es ist jedes Menschen eigener Entschluß. Wenn er sagt: „Ich lasse mich operieren", kann man das nie in Abrede stellen. (...) Ich werde nicht dafür oder dagegen sprechen. Das wäre zuviel, und es kommen nachher Menschen und sagen: „Ja, der Gröning hat gesagt ..." (...) Nur das Vertrauen bewahren! Wenn aber solche

Fragen gestellt werden, da rede ich nicht drein. (...) Ich gebe darin keine Auskunft! Denn hier sollen Sie empfangen und nichts verlangen.

(5) Anleitung von mir haben Sie immer erhalten, zu Ihrem Arzt zu gehen. – „Also, sollen wir zum Arzt gehen, so brauche ich den Gröning nicht, nein." Wenn er so glaubt – nein; ich sage, er braucht den Arzt, soll er doch gehen! Das hat mit dem Arzt hier in diesem Freundeskreis nichts zu tun. Wenn er das noch nicht verstanden hat, ist er noch nicht reif! Dann weiß er noch nichts, da weiß er vieles nicht, er weiß überhaupt nichts!

Naturheilkräuter, die wahre Medizin

(1) Ich stehe nach wie vor dafür: Naturheilkräuter! Die Natur gibt dem Menschen alles durch das, was der Herrgott für uns wachsen läßt. Warum alles künstlich herstellen? (...)
Ich will Ihnen hier zu wissen geben, daß ich in der Lage bin, die Naturheilkräuter wieder neu ausfindig zu machen. Denn mein Leben ist auch nicht auf Hunderte von Jahren beschieden, sondern auf wenige Jahre; da will ich vorarbeiten, indem ich Naturheilkräuter ausfindig mache. Ich bin imstande, bei jedem Wachstum, das wir auf der Erde haben, festzustellen, wozu es dient, was für ein Organ es heilt. Dazu will ich mir die Naturheilkräuter heranziehen. Sammelt mir sämtliche Kräuter, Gräser und was es alles gibt. Genauso wie ich in der Lage bin, Medikamente genauestens zu überprüfen, wieweit sie nützlich oder schädlich für den Menschen sind, ohne es zu sehen.

(2) Alles das, was durch Menschenhand künstlich geschaffen, gibt es auch natürlich, besser und leichter als so.

(3) Viel getan ist in der Naturheilkunde noch nicht. Die Naturheilmittel, wie sie jetzt da sind, sind Mischungen. Man soll nicht einen Apfel und eine Pflaume zusammen essen. Wenn ein Tee ausgegeben wird – nicht gemischt. Ein schwarzer Tee muß gemischt werden, verschiedene Sorten Tee, um Geschmack hereinzukriegen. Aber Tee zur Heilung muß rein sein!

(4) Als noch wenige Menschen auf dieser Erde waren, ist man dazu übergegangen, wenn der eine mal hier und dort irgendwo eine kranke Stelle in oder an seinem Körper verspürte, irgend etwas zu geben: man riß ein Kräutlein ab, irgend etwas, was auch zu den Lebewesen gehört. Wenn der Mensch das Kräutlein in die Hand nahm, dann verspürte er etwas, ja, es ging so etwas durch den Körper – und sein Leiden, seine

Schmerzen hatte er verloren. Die ersten Menschen hatten so manches, sie nahmen auch das Kräutlein mal in den Mund oder legten das irgendwo auf: „Ach, das heilt schon", ja, und das Auge war gesund, das Gehör war wieder da. Und man hat im Laufe der Jahre festgestellt, daß das Naturheilkräuter waren. Der Herrgott hat uns auf diese Erde gesetzt und hat uns alles mit auf den Weg gegeben, daß wir uns auch heilen können. (...) Wenn wir als Menschen das auch getan haben, indem wir später uns von diesen Kräutern einen Tee gebraut haben, ihn getrunken, dann war unser Bauchweh, unser Kopfweh oder gleich was verschwunden.

Der künstliche Weg der Wissenschaft

(1) Die hohe Wissenschaft hat nichts unversucht gelassen, Dinge zu erforschen, die zwischen Himmel und Erde liegen. Auf dem künstlichen Wege haben sie es geschafft.

(2) Unseren Körper, wer hat ihn erkannt? Wissenschaftler – seit Jahrhunderten forschen sie und haben den Körper noch nicht erkannt.

(3) Ich bin ein Mensch, der nicht studiert hat und der der Wissenschaft nicht nachgelaufen ist, sondern der aus eigener Erfahrung und aus Eingebung dieses erprobt hat. Ich bin zu dieser Überzeugung gekommen, obwohl ich kein Arzt bin. Kunst und Wissenschaft sagen: Fort von der Natur, hinein in die Kultur. Und hier liegen die Ursachen der Krankheiten!

(4) Ich sage nach wie vor: Was weiß der Mensch! (...) Der Mensch lebt so dahin und weiß nicht, was los ist. Die Wissenschaft als solche hat tatsächlich nichts unversucht gelassen, Dinge zu erforschen, die zwischen Himmel und Erde liegen. Ja, wer weiß etwas? Keiner! Daß ich bekämpft werden muß, ist mir klar. Ich kann alles gut verstehen, bin auch keinem Menschen böse darüber, daß er mich bekämpft. Wenn Menschen zu mir gekommen sind und sagten: „Ja, ich glaube nicht daran, ich habe eine Skepsis", oder wenn mir ein anderer sagt: „Der, das ist ein Skeptiker" – nein, das alles stimmt nicht. Skeptiker gibt es ja keine, d.h., sie behaupten wohl, daß sie Skeptiker sind. Es sind Menschen, kurz und klar gesagt, die unwissend sind, denn Skepsis nenne ich etwas anderes.

(5) Es ist arg, daß gerade die Menschen, die nichts erfassen, sich für wissend halten und daher nicht erfassen können, was Wissen ist.

(6) Zum Wissen gehört das Können.

(7) Ich habe mal einen Wissenschaftler gesprochen, der die Welt kennengelernt hat. Und er sagte: „Ja, was Sie können, das können wir nicht. Wir haben nichts unversucht gelassen, Dinge zu erforschen, die zwischen Himmel und Erde liegen, und da kamen wir nie ran. Und wir glaubten so manches Mal, wir wären auf eine Spur gekommen. Aber die Spur haben wir dann verloren, und als wir glaubten, das Ziel zu haben, war es fort."

(8) Es dürfte doch allgemein bekannt sein, daß die Wissenschaft in letzter Zeit zu der Erkenntnis gekommen ist, daß nicht alles, was uns die sogenannte Zivilisation brachte, das Richtige war, und daß es besser wäre, wenn mehr der natürliche Weg eingehalten würde. Und ich will doch den Menschen auf den natürlichen Weg zurückführen. Ich will ihn darauf hinweisen, daß er wieder lernt, auf die Vorgänge in seinem Körper, auf die Einflüsse seiner Umgebung zu achten, und dies zu seinem Vorteil auszunützen.

(9) Es muß in aller Deutlichkeit gesagt werden, daß die Lehre Grönings für die gesamte Wissenschaft von unschätzbarer Bedeutung ist.

(10) Meine Lehre ist die wirkliche Lehre, die nicht nur Menschen zu empfehlen, sondern für die sogenannte exakte Wissenschaft von so sehr großer Wichtigkeit ist, daß sie in späterer Zeit diesen Weg einschlagen wird, um von sich aus der ganzen Menschheit all das zukommen lassen zu können, was wirklich, vor allem in der heutigen Zeit, für jeden Lebenden insofern wichtig ist, da der Mensch all das wieder in sich aufnehmen kann, was Gott für ihn bestimmt hat.

(11) Meine Heilmethode ist für die Wissenschaft noch ein unerforschtes Gebiet geblieben. Habe das beste Verständnis für die Wissenschaft, die bereits Tausende von Jahren besteht, wobei schon unzählige Millionen Menschen beschäftigt waren und es auch noch sind. Daß der Weg der Wissenschaft nicht 100%ig richtig war, beweist alleine einmal die Zahl der Wissenschaftler, die das Gefühl verdrängten und dafür den Verstand sprechen ließen. Mit dem Verstand kann ich bestimmt nicht verstanden werden.

(12) Für mein Sein müßte sich meines Erachtens die Wissenschaft von heute sehr interessieren, alleine schon deshalb, da mein Tun eine Anregung zur Forschung gibt, und zwar für eine Aufgabe von morgen. War es nicht immer so, daß der Verstand des Menschen das Neue kritisierte und sogar verspottete, bis sich der wahre Kern durchsetzte und die Wahrheit zur Wirklichkeit wurde?

(13) Ich möchte damit nur sagen, daß man nicht alles, was einem unerklärlich erscheint, als Aberglauben, Scharlatanerie, Wunderheilung, Suggestion, Hypnose usw. bezeichnen darf, sondern daß man im Laufe der Zeit eine Erklärung für solche Vorgänge finden wird und erkennt, welchen Ursprungs sie sind.

Das Ende des künstlichen Weges

(1) Die menschliche Kunst ist am Ende. Ich sage nur ein Wort: das Atom!

(2) Ich will mich kurz fassen und sage immer, daß die menschliche Kunst am Ende ist. Sie hat ihren Höhepunkt erreicht. Auch mein Tun und Wirken ist auf künstlichem Wege herzustellen. Natürlich nicht so 100%ig, soweit ist die menschliche Kunst nicht. Aber Satan hat es so einzurichten verstanden, daß das Gute und das Schlechte, das Falsche und das Echte sich ähnlich sehen. So hat auch der Satan den Menschen etwas mit auf den Weg gegeben, daß sie sich künstlich Dinge herstellen können. Die Wissenschaft hat sich hier bemüht, seit vielen Jahrtausenden, die Dinge zwischen Himmel und Erde zu erforschen. Nicht auf dem natürlichen Wege. Die Menschen freuten sich wie die Kinder, daß sie etwas geschafft hatten. Aber heute sind sie so weit gekommen, daß sie auch alles vernichten können. Denn der Satan ist so eingestellt, daß er versucht, wieder zu zerstören. Und der Mensch läßt sich verlocken und versucht es ebenfalls. Ich sage nur ein ganz kleines Wörtchen: Atom. Und das ist die menschliche Kunst und die satanische Macht, und dagegen kämpfe ich! Ich finde den Satan in vielen Menschenleibern, wobei er bemüht ist, das Gute zu zerstören.

(3) Das Künstliche hält sich nicht lange. (...) Das Künstliche vergeht, das Natürliche nie! Soweit der Mensch ins Satanische übergegangen ist, hat er nichts unversucht gelassen, auch das Natürliche, das Göttliche zu zerstören. Dazu befindet sich der Mensch auf dem besten Wege. Er ist so weit gegangen mit seiner Kunst, mit seinem Wissen und Können, daß er tatsächlich in der Lage wäre, all das Natürliche zu vernichten. Alle Lebewesen dieser Erde, die Menschen, Tiere und das pflanzliche Leben, sie können vernichtet werden. Womit? Ein Wörtchen:

Atom! Da ist die Kunst zu Ende! Der Mensch hat es so weit gebracht, daß er nicht mehr anders kann. Der Satan hat sein Werk vollbracht!

Aber weil der Mensch so weit gegangen ist, ist doch noch etwas Gutes da, das sich bemerkbar macht. Und das ist ein Mensch, der trotz dieser großen Gefahr, die von menschlicher Seite ausgegangen ist, den Menschen warnt, ihn zurückruft von dem Unglück, das ihm droht. Der Mensch ist soweit, er steht vor dem Abgrund. Und ich rufe den Menschen zurück, zurück auf den Weg, auf dem er sich einst befunden.

Zurück zur Natur

(1) Natürlich ist die Natur Gott.

(2) Was wissen Sie überhaupt von dem Göttlichen? Der Mensch erkennt erst dann, wie schön die Natur, das Göttliche, ist, wenn er monatelang im Krankenbett liegen mußte oder wenn er in einer Stadt leben mußte oder von Arbeit und Sorge und Elend überschüttet war und dann das Glück hat, in Gottes freier Natur zu sein, dann findet er es erst herrlich. Herrlich, das ist die Natur, das ist Gott!

(3) Wie schön es doch für einen Kranken ist, wenn er Luft schnappen kann. Also müssen Sie hinaus in Gottes freie Natur! Genießen, gut essen, gut leben – all das Göttliche genießen.

(4) Der Herrgott hat uns Menschen hier gelassen, Er hat uns das Paradies geschaffen und sagt: Hier – hegt und pflegt es! Aber wenn der Mensch glaubte, sich selbständig machen zu können, ist es ein Fehler, den er so leicht von sich aus nicht mehr gutmachen kann. Er hat sich von dem wahren Göttlichen gelöst, ist von ihm ganz abgekommen. Und jetzt gebe ich Ihnen die Verbindung – das ist die einzige Chance, die ich allen Menschen nur geben kann.

(5) Und wer glaubt, sich der Natur, die der Herrgott hier so schön für uns Menschen geschaffen hat, entziehen zu können, der soll gehen, wohin er will. Man hat geglaubt, einer könnte sich vom anderen unterscheiden, indem er der Natur den Rücken kehrt und die Stufen der Kultur besteigt. Da liegt der Fehler, da liegt alles, das ist es, was dem Menschen fehlt: die Natur. Zurück zur Natur! Zurück zu unserem Herrgott, zurück zum Glauben an den Herrgott und zum Glauben an das Gute im Menschen!

(6) Wir Menschen sind nun einmal abhängig von der Natur. Wir können uns da nicht zurückziehen, wie viele behaupten: „Fort mit der Natur, hinein in die Kultur." Die Kulturstufe ist erstiegen, und das Natürliche, das rein Menschliche ist etwas beiseite gedrängt. Aber wir sind von der Natur abhängig, von dem, was der Herrgott für uns wachsen läßt – wir können nicht ohne das bestehen.

(7) Witterungseinflüsse können Sie als verkünstelter Mensch schon nicht mehr vertragen.

(8) Der Mensch sollte von allen unnatürlichen Dingen ablassen und sich ganz dem Natürlichen, zu dem er gehört, hingeben.

(9) Wenn ich nur von Kunst höre! Fort mit der Kultur, vorwärts in die Natur! Kultur bringt nur Krankheiten.

Gesunder Humor

(1) Wer den gesunden Humor nicht mehr besitzt und verloren hat, an dem ist nichts mehr. Wir müssen uns nicht nur den gesunden Humor erhalten, sondern ihn sogar fördern. Aber das Ungesunde, liebe Freunde, das lassen wir beiseite, wir nehmen nur das Gesunde. Sie sagen auch: „Lachen ist gesund!" (...) Aber ein ehrliches Lachen, nicht ein Lächeln, nicht ein Grinsen, sondern Lachen.

(2) Einen Sinn können Sie ausschalten, und das ist der Blödsinn. Von dem lassen Sie ab, der gehört ja gar nicht zu Ihnen. Vom Unsinn auch, erfassen Sie dafür den Sinn Ihres Hierseins, den Sinn des Lebens, das ist richtig.

Es ist nicht alles Gold, was glänzt

(1) Sie werden auch an dem Natürlichen sehen, daß es Gutes und Schlechtes gibt. Ich nenne nur einmal ein Beispiel: Nehmen wir die Pilze. Es gibt mehr Giftpilze als eßbare Pilze. Hier heißt es: Mensch, sei wachsam! (...) Der Mensch nimmt den Fliegenpilz, er sieht schöner aus, während der Steinpilz einfach braun ist. Aber ihn können Sie essen!

Genauso ist der Mensch zu verlocken, indem er sagt: „Der hat einen guten Anzug an, der ist ein anständiger Mensch." Fragen Sie bitte nicht, woher er den hat, es ist nicht immer echt! Und nehmen wir z. B. eine Frau – ich will die Frauenwelt nicht beleidigen, aber wie verführerisch sie ist! Den Frauen ist das schon in Fleisch und Blut übergegangen, sie tun vieles dazu, um sich hübsch zu machen. Und je mehr die Frau lockt, desto mehr kommen. Und was wird die Frau? Sie wird das, was sie will, wird auch das, was sie wollte. Ich glaube nicht, daß ich Ihnen noch mehr Beispiele geben brauche. Ich freue mich, daß alle Menschen so sauber, so gut gekleidet gehen. Und wenn auch mal eine Frau ein bißchen nachhilft, etwas tut man schon dazu. Aber deswegen darf es nicht in Verlockung ausarten! Wenn die Frau das für ihren Mann oder für den Freund tut, ist es nicht so schlimm, aber schlimm ist es, wenn sie Freiwild ist, wenn sie sagt: „Damit locke ich schon so viele, daß ich dafür mein weiteres gutes Leben habe."

(2) Sehr viele pflegen den Leib, sehr, sehr wenige die Seele.

(3) Wer muß locken? Der Teufel – das Schlechte. (...) Wer etwas Schlechtes im Schilde führt – er muß blenden.

(4) Der Mensch ist nun eben mal zu verlocken, weil er das Schöne liebt, das Natürliche nicht. Er liebt das Schöne, das Äußere, er läßt sich leicht verlocken.

(5) Lassen Sie sich nicht mehr verlocken und verleiten, nein, liebe Freunde, das alles darf nicht sein! Nicht das Äußere – „Es ist nicht alles Gold, was glänzt" – so ein Sprüchlein gibt es doch, ist Ihnen ja bekannt –, also, nicht nach dem Äußeren schauen, nicht nach dem Kleid, nicht nach dem, was der eine und der andere besitzt, daß Sie sich vor diesem Besitztum beugen! (...) Sie würden diese Menschen im einzelnen gesehen mit „Königliche Hoheit" und sonstwie ansprechen. – Nein, nach wie vor sage ich: „Kerlchen" oder „liebe Frau" – ich kenne hierin keinen Unterschied. Die Menschen stutzen und sagen: „Endlich mal ein ehrlicher Mensch, der das wagt. Sonst heißt es immer bei mir ‚Königliche Hoheit'." (...) Gibt es denn da einen Unterschied? Glauben Sie, daß der mehr ist, wenn er mehr besitzt? Wenn der adelig ist, ja dann soll er doch nur fliegen! Denn ist er nicht aus diesem Nest, na, dann ist er von ganz woanders, dann ist er ja nicht das Lebewesen, dann ist er ja nicht der Mensch, der ist er nicht mehr – nein! Ja, sicher, wenn einer so ein „Professortitelchen" hat, sage ich „Professorchen" oder „Doktorchen" oder – ach, Sie sind Minister, ja meinetwegen Ministerpräsident, gut, ja selbstverständlich können Sie sich auch was einbilden, werden ja von uns gut bezahlt. Der Ministerpräsident von München seinerzeit hat es nicht abgestritten, als ich ihm auf die Schulter klopfte und sagte: „Um Ihren Titel und Ihren Rang, um Ihren Sessel will ich Sie nicht bringen, wir bezahlen ja gut. Warum sollen wir nicht? Sonst wissen wir ja gar nicht, wer Sie sind!" (...) Sagte er: „Mensch, Gröning, sind Sie doch offen, muß schon sagen, haben Sie eine offene Schnauze!" „Ist mir gleich", sagte ich, „wie Sie das bezeichnen, denn aus meinem Mund kommt nichts Unwahres, ich mache aus meinem Herzen keine Mördergrube!" sage ich, oder stimmt es nicht? Und da wollte er sich für mich einsetzen, und der gute Mann hat sich auch eingesetzt.

(6) Dazu hat Gott Sie nicht bestimmt, daß Sie so einem „Gott", so einem Menschen, der sich Gott nennt, so einem

Menschen, der seine Mitmenschen erniedrigt, der sie unterdrückt, dienen. Nein, so hat Gott das Leben hier nicht gewollt! Na ja, Sie mußten ihm dienen.

Oh, wenn ich hier jetzt beginnen wollte, was das heißt „dienen"! Wie Menschen mir so oft dieses Wort gesagt – sie sind auf das Brot, sie sind auf die Arbeit, sie sind auf das Geld angewiesen. Und wenn ein Mensch da und dort eine Wohnung zur Verfügung gestellt erhalten, wenn man auch gesagt hat: „Hier kannst du umsonst wohnen!", dann muß er so viel dafür tun, er hätte es leichter gehabt, wenn er Miete gezahlt hätte und vieles andere mehr. Nur nicht von Menschen abhängig sein, nur von Einem, wie es auch in Wirklichkeit ist: Wir alle sind von Gott abhängig. Ohne Gott gibt es kein Leben! Denn Gott ist das Leben selbst!

Die Jagd nach materiellen Dingen

(1) Der Mensch führt die Jagd nach materiellen Dingen.

(2) Das erste Ziel war bei den Menschen hauptsächlich das irdische Ziel. Das Ziel war, hier viel zu gewinnen im Erdenleben an materiellen Dingen, um dadurch noch mehr erreichen zu können, um nachher ein friedliches Leben führen zu können. Hier, liebe Freunde, haben Sie das wirkliche Ziel verfehlt. Dazu hat Gott Ihnen ein Erdenleben hier nicht geschenkt und dazu auch nicht Ihren Körper. Was haben Sie, wenn Sie viele irdische Güter besitzen? Dann geht es Ihnen so, wie vielen dieser, die heute zu den reichsten der Reichen zählen. Das Gute, das Göttliche können Sie sich mit Geld, mit Gold, auch Brillanten, mit sonstwas, was Sie haben, nicht erkaufen. Wenn Sie die ganze Erde bereisen müßten – das können Sie, aber die Gesundheit erkaufen nicht. Geld ist Macht, Gesundheit ist Allmacht! Und das ist das größte Reich, das verstehe ich unter „reich sein". Wer einen anderen Reichtum bevorzugt, wer da glaubt, daß ihm das mehr sagt und mehr gibt – dann bitte! Mit dem habe ich noch nichts gemein, der muß erst eine Lehre daraus ziehen.

(3) Der Mensch ist nun eben mal zu verlocken, weil er das Schöne liebt, das Natürliche nicht. Er liebt das Schöne, das Äußere, er läßt sich leicht verlocken. Und hier ist es dem Menschen in Fleisch und Blut übergegangen, daß er sagt: „Wenn ich nur Geld habe, dann habe ich alles." Der Mensch ist tatsächlich heute zum größten Teil so gestellt, daß er für Geld alles tut. Also ist der Mensch käuflich zu erwerben.

(4) Der Mensch braucht das Geld, sonst müßte er einen Warenaustausch machen, wie es früher war, als es noch kein Geld gab, und das kann er nicht. Folglich besteht das Geld schon zu Recht (...). Aber daß es den Menschen so verlockt und so verführt, das ist nicht richtig.

(5) Der Mensch denkt an sein Geschäft, um sein Leben zu erhalten. Das Schmutzige daran ist nur, daß er zu weit greift. Nicht auf dem Geldsack sitzen und die Mitmenschen verkommen lassen, das darf nicht sein, das ist sündhaft, und das kann der Mensch vor dem Herrgott nicht verantworten. Sonst habe ich nichts dagegen, ob der eine arm oder reich ist. Jeder so, wie er kann. Wer sich die Mühe macht, wer Köpfchen hat, alles daransetzt – es muß solche und auch solche Menschen geben.

(6) Wir sollen nicht raffen, d. h. nicht einer Sucht, womöglich einer Geld-, einer Habsucht verfallen.

(7) Die Menschen können von Gott aus hier auf dieser Erde reich sein, aber sie dürfen ihr Herz nicht daran hängen.

(8) Es stört mich nicht, wenn Menschen etwas besitzen, im Gegenteil, ich freue mich mit den Menschen, die etwas besitzen, aber sie dürfen nie vergessen, daß sie auch nur Menschen sind.

(9) Der Mensch soll von sich aus Gutes tun an seinen Mitmenschen und sich nicht als Herr aufspielen. Das ist falsch, denn letzten Endes sind wir nur Menschen. Und wenn der eine und der andere mehr hat, dann soll er sich freuen, aber deswegen seinen Mitmenschen nicht knechten.

(10) Das, was ich damit gesagt haben will, ist, daß einzelne Menschen sich Respekt verschaffen, Macht und Besitztum, und mit diesem den kleinen Menschen triezen. Wenn da der eine

und der andere Geld hatte und Besitztum und so ein armes Menschenkind kam, das hungrig war, nicht einmal etwas auf dem Leibe noch im Leib hatte, da war es angewiesen, das für diesen Menschen zu tun, was er von ihm verlangte. Das ist nicht richtig, denn ich sage nach wie vor: Liebet euren Nächsten mehr als euch selbst! Wir Menschen dürfen nie vergessen, daß wir Kinder Gottes sind, wir müssen helfen, wo wir nur helfen können!

(11) Müssen wir das nicht tun, wenn Christus sagt: „Folget mir!"? Folgen kann nur der, der sich von all dem Irdischen löst, sich nicht an das Irdische klammert, sondern der sich an den klammert und zu dem hingezogen fühlt, zu dem er gehört. Nur dieser kann Gott folgen.

(12) Folgen kann nur der, der sich von dem löst, was er hier an irdischem Gut besitzt. Ich will hier nur einen Fall hervorholen. Ein Großbauer gesellte sich zu Christus. Er war einige Tage bei Ihm, und Christus sagte: „Wenn du Mir weiter folgen willst, dann mußt du deinen Hof, mußt du dein Besitztum aufgeben, sonst kannst du Mir nicht folgen. Du bist da mehr als hier. Hier kannst du nicht soviel aufnehmen. Entschließe dich, Ich zwinge dich nicht, du entscheidest selbst!" Ist da nicht ein Zeichen gegeben, daß Gott jedem Menschen einen Willen gegeben und Christus selbst keinen Menschen um diesen seinen Willen gebracht, daß er selbst zu entscheiden hat? Aber dieser Bauer sagte: „Aber Herr, wie sollte ich meinen Hof, mein ganzes Besitztum aufgeben?" „Ja", sagte Christus, „du kannst es aufgeben, wenn du willst!" „Ja, aber wo soll ich damit hin? Wie soll ich das machen?" – „Gib es den ärmsten der Armen, damit hilfst du ihnen, du kannst es verteilen, so daß jeder etwas hat." – „Ja, und wo bleibe ich, dann habe ich ja nichts!" – „Dann geh zu deinem Hof, dann kannst du Mir nicht folgen!" Verstehen Sie das richtig! Denn dadurch ist er gehindert, er denkt zurück: „Ich habe mein Besitztum und folge Ihm hier, ich bin immer

da, ob da auch alles seine Richtigkeit hat, und ich folge Ihm hier. Nein, das kann ich nicht!" Dieser Großbauer hatte sich entschlossen, zu seinem Hof zurückzugehen. Christus war ihm nicht böse. Nein, er mußte ja auch erst lernen.

Spielsäle sind etwas Teuflisches

(1) Ein Spielsaal, wie ich dieses kenne, ist etwas Teuflisches! Was dort geschieht, daß Menschen sich nach Geld sehnen und in dem Glauben leben, wenn sie Geld haben, haben sie alles! Nein, sage ich, umgekehrt ist auch was wert! Nicht das Geld stellt den Menschen zufrieden. Der reichste Mensch, gleich wie er sein mag, wenn er Geld hat und die Gesundheit ihm fehlt, so besitzt er gar nichts. Nein, das Schlechteste, was ein Mensch besitzen kann, ist und bleibt das Geld, wenn ihm die Gesundheit fehlt. Die Gesundheit ist und bleibt das Wertvollste, das Wertvollste aller Menschen. Wenn er diese besitzt, ist er der reichste Mensch, dann kann er stolz und froh sein und sich auf dieser großen, göttlichen Erde wohl fühlen und von all dem genießen, was der Herrgott für uns Menschen geschaffen.

Erbschleicherei ist eine Schande

(1) Kaum ging ein Mann von seinen Angehörigen, kaum war die Nachricht da, daß er tot ist, dann ging das Geschreie los: „Er war doch so gut!" Dann kamen die Angehörigen, selbst die Kinder, vor allem ein Kind und sagte: „Mutti, die Anzüge von Papa, die kriegt doch mein Mann!" (...) Sie hat daran schon gedacht, was der Papa so alles gehabt hat. Ich sage: Pfui Teufel!

Viele haben ja schon darauf gelauert: „Wenn er mal stirbt, kann ich viel von ihm erben." Freunde, stellen Sie sich nicht darauf ein, lassen Sie das! Es gibt doch Menschen, wie ich auf der anderen Seite so oft gehört ... – ich will diese Ausdrücke nicht gebrauchen, nur einen: „Wenn die Alte ...", auf der einen Seite und auf der anderen Seite: „Wenn der Alte nur erst einmal tot wäre, dann könnten wir dies, das und jenes erben, dann haben wir Geld, dann haben wir Möbel, dann haben wir das Haus, und dann sind wir aus allem Dreck draußen." Pfui Teufel, wie Menschen so sein können! Aber sie sind nun mal so! Ist das richtig? Haben Menschen sich hieran nicht versündigt?

Ich sage es deshalb, damit Sie nicht auch hier hinein verfallen, wie Menschen in der üblichen Weise leben, wie sie sprechen, wie sie handeln. Ich warne Sie davor, wenn Sie auch diesen Menschen verfallen, sind Sie dem gleich, dann wird es Ihnen nicht gut ergehen. Das ist das Schändlichste, was Menschen nur tun können! Lassen Sie ihn da, sorgen Sie noch für ihn! Gehen Sie nicht nur hin, um ihm zu helfen, um ihn zu bewirten, wenn er es nicht mehr kann, nur um zu erben! Nein, aus reiner Nächstenliebe! Führen Sie nicht den Gedanken, daß, wenn Sie ihm helfen, Sie das wirklich erben werden! Nein, lassen Sie!

Ich habe vielen Menschen geholfen – Gott sei Dank! Geerbt habe ich noch nichts, Freunde. Obwohl man mir vieles versprochen hat. Es ist oft vorgekommen, daß es hieß, ich sollte das erben. Sage ich: „Nein, ich will es nicht! Das war nicht mein Ziel, das war nicht mein Bestreben, das will ich nicht!"

Wenn auch Sie nur etwas so wären! Es bringt Ihnen doch kein Glück und keinen Segen, wenn Sie sich nur darauf einstellen, möglichst viel zu erben! Nein! Aber so ist der Mensch, so lebt er, das ist eine Macht, das ist die Macht der Gewohnheit! Das haben Sie auch gelernt von Ihren Vorfahren, von Ihren Eltern, von Ihren Nachbarn, Sie haben gehört und gesehen, und nun glaubten Sie, das wäre richtig, das müßten Sie auch so tun. „Sieh mal, du hast einen reichen Onkel, und du hast eine reiche Tante, du mußt immer lieb und nett zu ihr sein! Der reiche Onkel, der wird dir alles überschreiben, du wirst alles von ihm erben, und du hast die reiche Tante, du wirst alles von dieser erben!" Und so ein Kind sagt sich: „Na ja, wenn das so ist, dann muß ich schon so tun." Das sind Heuchler, das sind Lügner, das sind Betrüger! Aber wer ist schuld, na? Der Mensch, soweit er menschenhörig wurde. Wenn er auf Gott gehört, hätte er gesagt: „Nein, das will ich nicht!" Aber die Menschen beeinflußten sich: Die Älteren die jüngere Generation dahingehend, so zu sein. Und ich sage, Freunde, ich wage es gar nicht, weiter hier fortzufahren, wieviel Schändliches in den Familien zustande gekommen ist, wie die Menschen sich an ihren Nächsten schon versündigt hatten. Und es kam alles auf sie wieder zurück!

Die richtige Einstellung zum Tod

(1) Der Mensch, er kommt und vergeht wie die Blumen, wie die Bäume, wie die Sträucher. Eines wird vom anderen abgelöst. Heute stehen Sie Posten auf dieser Erde. (...) Von Zeit zu Zeit wird man abgelöst. Und so werden Sie auch abgelöst – ich auch.

(2) Ich selbst habe zwei Kinder verloren, ich weiß, wie es ist, ich selbst mußte es auch dulden. Aber ich habe den Tag gewußt, auch die Stunde und mußte dieses mit mir durchs Leben tragen. (...) Dieses wissen, dieses tragen, und dann noch nicht mal dabei verzagen! Aber wenn das so ist, meine Kinder sind nicht tot. Der Körper dieser Kinder ist nur tot, die Seele lebt weiter. Es wäre eine Schuftigkeit überhaupt, diesen Ausdruck zu brauchen: „Dieses Kind ist tot." Nein, der Körper ist tot! Der Mensch, wie alle Lebewesen auf dieser Erde, läuft seinen Weg, geht sein Leben durch. Es ist Ihnen nicht unbekannt bei Tieren: In einem Jahr sind es Raupen, im anderen Jahr Schmetterlinge, und viele andere Tiere verwandeln sich auch. So ist es auch beim Menschen! (...) Ich bitte Sie, überhaupt keinen Ihrer Angehörigen – für alle Zukunft, für Ihr weiteres Leben – für tot zu sprechen, wenn der Körper tot ist. Dann vergäße man ja den Menschen, aber man spricht ja immer von ihm, also kann man nicht sagen, daß er tot ist. Wenn man ihn totsagt, muß man ihn vergessen.

(3) Was tun Sie, wenn einer abgegangen ist? Haben Sie mal gehört, daß ich einem Freund, wenn er einen seiner Angehörigen verloren hat, mein Beileid ausgesprochen habe? Nein, das tue ich nicht. Möglich, daß Sie glauben, ich handle falsch, das tue ich nicht! Wie oft habe ich das von Menschen gehört, daß sie Gott lästerten, und es wollten Gläubige sein. Wie Sie immer sagen: „Gläubig bis dorthinaus!" Sollte ja nicht einer gegen die Kirche, sollte ja nicht einer gegen seinen Glauben sprechen! Oh, da wurde er schon wütend: „Das darf er ja gar nicht!" Aber er

zeigte da, daß er doch Böses in sich hat! (...) Da ist das Zeichen, daß der Mensch doch kein Gläubiger ist, und hier, wo einer seiner Angehörigen abberufen worden ist, wie Gott das ja nur so bestimmt hat, da heißt es dann auch: „Er war ja nie krank, er ist doch so jung, und Gott ist so ungerecht, nimmt mir meinen besten Freund, nimmt mir mein Kind, nimmt mir meine Frau, nimmt mir meinen jungen Vater, den Bruder, die Schwester, das ist doch ungerecht, es kann doch keinen gerechten Gott geben, das gibt es doch nicht! Da und dort sind so viele Kranke, alte, kranke Menschen, die könnte er doch zu sich nehmen, nicht hier diesen jungen Körper, nicht hier meinen Liebsten, den ich so liebgewonnen habe, den muß ich jetzt von mir geben!" Freunde, wie haben Sie da Gott gelästert, wie haben Sie sich da an Gott versündigt! Ist Ihnen das klar?

Der Mensch ist nicht nur einmal auf dieser Erde

(1) Jeder Mensch bringt schon sein Schicksal mit auf die Welt.

(2) Die Erinnerungen an frühere Erdenleben sind dem Menschen nicht genommen worden – nein! Der Mensch hatte das in dem vorherigen Leben nicht so in sich gefestigt. Er hat nicht so fest daran geglaubt, und er hat das wieder verloren. Es ist ihm nicht wieder in Erinnerung gekommen. Er hatte das nicht in diesen seinen heutigen Körper hineintragen können, um dieses seinem Bewußtsein zu übergeben. Daher ist er unwissend geblieben. Daher sage ich: von nun ab wird es ernst, ihr müßt es nur richtig verstehen. Und so ihr das Gute jetzt beherzigt, werdet ihr es immer bei und auch in euch tragen. Und so wie der Wechsel des Körpers vorkommt, werdet ihr das immer wieder mitbekommen und später in einem anderen Erdenleben, wenn ihr wieder mal auftaucht in einem noch sehr jungen Körper, werdet ihr so viel Gutes, Wahres von euch geben, daß jeder Mensch darüber sprechen wird und auch sagen wird: „Das ist ein Wunderkind." Wohl verstanden! Der hat das mitbekommen, der hat es in dem vorherigen Leben in sich zu festigen gewußt, und das ist das Wichtigste. Und deswegen soll es jetzt ernst werden, ihr sollt zur wirklichen Tat übergehen und sollt wirklich das tun, was ihr hier zu tun habt, sonst ist das vergeudete Zeit: Ihr könnt immer wieder zur Erde kommen, immer wieder einen anderen Körper haben, und immer wieder wißt ihr von nichts, immer wieder müßt ihr von vorn anfangen.

Ohne Glauben kein Leben

(1) Ein Mensch ist nur dann wert, als solcher angesprochen zu werden, wenn er glaubt.

(2) Gott wird helfen, so der Mensch daran glaubt, so er den guten, den göttlichen Willen hat, in dem er ja zu leben bestimmt ist, und so er den Glauben an Gott nicht verliert. Und Gott hilft ihm, glaube er nur!

(3) Glauben Sie doch, daß Sie nicht alleine sind, glauben Sie doch, daß Sie ein göttliches Geschöpf, glauben Sie doch, daß Sie ein Kind Gottes sind! Glauben Sie doch, daß Gott Ihnen alles gibt, was Er für Sie, was Er für jedes Lebewesen bestimmt hat! Natürlich muß jedes Lebewesen das aufnehmen!

(4) Wer an seine Gesundheit glaubt, der glaubt an Gott. Der einzige Arzt ist Gott. Gott ist der Sender, du der Empfänger. Heilungssuchende sind Gottsuchende.

(5) Wenn Sie nur glauben, daß Sie das Heil erfahren werden, dann ist Ihnen schon geholfen. Glauben Sie nur!

(6) Ich will nichts Neues bringen, sondern nur den Fall (...), wo ein Kindchen, das ich noch nicht gesehen, noch nicht zu Gesicht erhalten habe, einen vollgelähmten Körper hatte. (...) Es hatte nur von einem Mädel (...) eine Kugel verabreicht erhalten. Der Name „Gröning" ist nicht gefallen. Dieses Mädel hat diesem Kind die Kugel gegeben: „Mein liebes Kind, glaubst du, daß Gott dir die Kraft wiedergeben wird, daß du wieder gesund wirst?" „Ja, Tante, daran glaube ich!" „Komm, hier hast du eine Kugel, und verlier sie nur nicht!" „Nein! Oh, das kitzelt, oh, das wird warm, oh, sieh mal, Tante, wie die Beine schon sind, ja, ich glaube, sieh mal, wie die Beine sich schon bewegen!" Und so

fing das Kind gleich zu strampeln an, weil es das Leben bejahte, das nicht mehr in dem Körper, nicht mehr in den Gliedern vorhanden war. Das ist Glauben! Die Eltern hatten es aufgegeben, deshalb, weil die Ärzte sagten: „Da können wir nichts machen." Aber dies Kind zeigte es ja und wollte nur mit dieser Tante, mit diesem Mädel alleine sein und zeigte Abwehr, weil das Kind fühlte, die Eltern stören nur. Und so ging es rapide, es ging sehr schnell, und das Kind war auf den Beinen! Und es wurde gesund, es ist noch gar nicht lange her. Im Frühjahr war ich dort, im März hat das Kindchen die Kugel gekriegt, und kurz darauf ist es gesund geworden. Als ich letztens unten war, leider habe ich es nicht gesehen, muß auch nicht sein, aber eines: ein Glücksgefühl! Es hat es zugelassen, es hat geglaubt, daß wieder das Leben in die Glieder eintreten wird, hat sich geöffnet, hat sich ganz Gott hingegeben. Ja, die Verbindung zu Gott hat das Kind gehabt! (...) Das Kind sprach mit offenem Herzen: „(...) Ja, ich glaube, daß ich wieder gesund werde!" So nebenbei hat es auch gesagt: „Die Mutti glaubt nicht mehr!" Das ist treffend. „Aber ich glaube!" Und schon passierte es. Schauen Sie, Freunde, könnte es Ihnen nicht auch so gehen? Warum glauben Sie nicht?

(7) Nicht nur heute und morgen, nein, Ihr ganzes Leben lang sollen Sie den Glauben an unseren Herrgott stärken und mit ihm leben.

(8) Das Schwerste hierbei ist, daß der Mensch dem göttlichen Glauben, den er in sich führt, auch genau nachgibt und dementsprechend lebt. Es soll nicht nur so sein, wie Menschen sich das bisher vorgestellt haben, daß sie einmal in der Woche, und das ist der Sonntag, ins Gotteshaus gehen und dort beten, und damit wäre das wieder für die Woche abgetan, und er kann sich bewegen, wie er gerade Lust und Liebe dazu hat. Das ist falsch! Wenn ich sage, ich glaube an den Herrgott, so muß ich

auch dementsprechend der Mensch sein, muß Vorbild sein und muß mich dementsprechend als Mensch auch bewegen und muß auch zeigen, daß ich ein guter Mensch bin.

(9) Setzen Sie – ich sage es noch einmal – dieses Wort „Glauben" in die Tat um! Tun Sie es! Gehen Sie doch den Weg, der für Sie bestimmt ist!

(10) Christus sagt: „Folgen kann nur der, der da glaubt. Folget mir!"

(11) Viele Menschen sagen, sie glauben an Gott, und sie lästern Gott, sie schenken Ihm keine Beachtung, sie haben keine Verbindung. Das ist nur der lose Mund, nur der Glauben, in den sie sich versetzt haben, der in Wirklichkeit aber kein Glauben ist und durch den sie überall gegen den Willen Gottes nicht nur sprechen, sondern auch wirken, daß sie alles das tun, was gegen Gott spricht. Sind Sie jetzt noch ein so gläubiger Mensch? Waren Sie ein gläubiger Mensch? Ich frage, wollen Sie jetzt einer werden? Dann umkehren! Dann sich wirklich nicht mehr versündigen und nie mehr gegen den Willen Gottes arbeiten, auch nie ein Heuchler sein und sagen: „Ich glaube", sondern setzen Sie dieses Wort „Glauben" in die Tat um! Tun Sie es, dann ist es gut! Dann haben Sie wieder heimgefunden, zurückgefunden, und dann wird die Hand Gottes Sie führen. Aber ergreifen Sie die Hand, lassen Sie sich führen, dann wird es gut sein!

(12) Nichts wissen sie [die Menschen] von Gott, obwohl sie sich in den Glauben versetzen, sie seien ein gläubiger Mensch. Aber das Wort „Glauben" ist ihnen geläufig geworden, (...), kommt auch von dieser Macht, von dieser Macht der Gewohnheit: „Ich glaube", ohne zu überprüfen, ob das der wirklich wahre Glauben ist, ob der Mensch wirklich an das glaubt,

was er selbst in Wirklichkeit, in Wahrheit ist, ob der Mensch wirklich überzeugt ist von dem, was er ist und wozu Gott ihn bestimmt hat.

(13) Sie haben kein Selbstvertrauen. Sie haben nicht den Glauben an das Gute, das Gott für Sie bestimmt hat. Und Sie glauben auch gar nicht, obwohl Sie es sich immer wieder aufs neue einreden. Denn so ein gläubiger Mensch sind Sie noch lange nicht! Gott gibt dem Menschen alles, daß er gläubig werden kann, aber der Mensch nimmt es nicht an. Er bildet es sich nur ein, er lebt nur in dem Glauben, er wäre es, er wäre das, woran er glaubt. Aber er tut nie das, was er zu tun hat. Er tut nie das an sich, er tut nie das um sich, er tut nie das an seinen Nächsten.

(14) Sie alle glaubten, erst dann den festen Glauben haben zu können, wenn Ihnen der Herrgott persönlich vor Augen erscheint. Sie haben zum Teil nach Jahren immer noch geglaubt, es müßte so sein. Nein. Der Herrgott ist und bleibt für uns Menschen der Unsichtbare, aber doch der Spürbare. Jeder spürt es an seinem eigenen Leib, so wie er den Glauben in sich hat, und er verspürt, daß die Hilfe Gottes die einzige, die größte und die beste nur sein kann.

(15) Der Herrgott räumt einem Menschen nicht das Recht ein, daß er sagt: „Ich möchte Ihn sehen, Er muß helfen, dazu ist Er da." Das ist falsch, so sieht es nicht aus! Das Recht kann der Herrgott keinem Menschen einräumen, daß er als einzelner Mensch, obwohl er ein guter Anhänger ist, ein gut gläubiger, ein gottgläubiger Mensch, sich das anmaßt. Wer tatsächlich den wahren, göttlichen Glauben in sich trägt und auch dementsprechend lebt, der darf diesen Glauben nicht nur in Worte umsetzen, sondern in Taten. Und wenn das geschieht, dann hat er wohl ein Anrecht – aber immer noch kein Anrecht, den Herr-

gott zu sehen. Denn dann ist er ja kein gläubiger Mensch, denn hier heißt es, nicht nur das zu glauben, was man sieht! Aber es ist doch so, daß der Mensch es dann am eigenen Leibe verspürt.

(16) Ich weiß, daß viele den Glauben an Gott verloren haben, so daß der eine und der andere sagt: „Ja, wenn es einen Herrgott gäbe, dann würden wir besser leben, würde der Krieg nicht sein, würde Er es nicht zulassen, daß Kirchen, daß Wohnungen zerstört werden, daß wir aus der Heimat vertrieben werden."

(17) Der Mensch fühlte sich schon alleine, er fühlte sich schon gottlos. Er sagt natürlich: „Ich bin nicht gottlos, ich bin ein Gottgläubiger!" Aber in Wirklichkeit hat er Gott nicht mehr in sich getragen, er hatte Gott verlassen, er ist auch ein Gottverlassener.

(18) Wo bleiben Sie? Wo sind Sie? Wo ist überhaupt der wirkliche Mensch? Wo ist noch Natürliches in ihm? Nach außen hin gesehen schämt er sich sogar zu sagen, daß er ein Gläubiger ist! Oder aber auf der anderen Seite brüstet er sich, um sich nur zu behaupten, um all das zu verstecken, all das zu tarnen, was er hinter sich gelassen hat an Bösem, indem er die Menschen nur beschwichtigen, betäuben will, indem er sagt, er sei ein Christ, er sei ein Gläubiger! Ein wirklich wahrer Christ kann nur der sein, der Christus so folgt, wie Christus es von uns erwartet, wie Seine Lehre uns das alles sagt! (...)
Natürlich muß der Mensch all das tun, was er sich selbst und seinen Nächsten schuldig ist! Und ich frage Sie, warum sagte Christus: „Folget Mir!"? Wer folgt Ihm? Wer tut all das, was er zu tun hat? Wer ist hier mal zur Tat übergegangen? Wo ist der Mensch, wo sind die Menschen, wie weit ist die Menschheit abgegangen von dem Weg, der uns, der alle Menschen zu Gott führt? Das ist der Weg, meine lieben Freunde, den Christus uns aufgezeigt, den wir zu gehen haben! Aber nicht nur, daß wir

sagen, wir gehen ihn, nicht nur, daß wir sagen, wir glauben an Ihn, nicht nur, daß wir sagen, wir sind ein Gläubiger, wir sind ein Christ; wir bitten, wir beten, wir gehen zur Kirche, wir gehören dieser oder jener Konfession an bzw. einer Glaubensgemeinschaft. Aber was tut der Mensch in Wirklichkeit? Setzt er das alles in die Tat um, so wie er sich herausstellt, als ein wirklich gut gottgläubiger Mensch? Tut er wirklich all das, was er zu tun hat, was er tun müßte, um ein Gottliebender zu sein? Ja, meine lieben Freunde, dazu gehört mehr, viel, viel mehr!

(19) Wie viele Menschen es doch so abzutun wissen, indem sie von sich aus behaupteten und heute noch behaupten, sie seien ein gläubiger Mensch, sie beten, sie seien ein Christ, und sie haben immer geglaubt, und sie haben zu Gott gebetet, und Er hat sie nicht erhört, und sie sind von dem Übel nicht frei geworden. Nein, Freunde, Sie müssen sich von dem Übel abwenden! Sie dürfen sich niemals mit dem, das Sie als Übel empfinden, abgeben. Und dürfen sich auch nicht mit dem Übel abfinden, indem Sie gleichgültig werden, wie viele doch gleichgültig geworden sind: „Da ist nichts mehr zu machen, da ist nichts mehr zu helfen. Ich werde so langsam dahinsiechen, es kann mir kein Mensch mehr helfen." Er sagt nicht von sich aus, daß Gott ihm helfen kann, ihm helfen wird. Wenn er den ersten Schritt zu Gott tut, damit wird ihm geholfen. Er, der Mensch, muß sich Gott nähern, er muß den Weg gehen, den Christus uns an- und auch aufgezeigt hat. Wir müssen Ihm folgen; der Mensch muß alles dazu tun. Tun heißt, zur Tat übergehen. Sich nicht nur mit eigenen Worten trösten oder womöglich mit Worten Ihrer Nächsten trösten lassen. Und sich nur in einen Glauben versetzen, daß Sie von sich aus sagen, daß Sie glauben, aber dieses Wort „Glauben" niemals in die Tat umsetzen und immer wieder Zweifel aufnehmen. Zweifel aufnehmen heißt das Gute anzuzweifeln. Sie verabscheuen das Gute, Sie werfen es von sich, und Sie können es niemals in sich aufnehmen, und Sie werden das Gute auch niemals in und noch viel weniger

um sich fühlen, sondern da wird erst recht das Böse in Ihnen haften und wird Sie und Ihren Körper herabwürdigen, so daß Sie da dann dem Siechtum ausgeliefert sind.

(20) Viele glauben gar nicht, und sie sagen: „Jesus ist tot. Er ist gekreuzigt." Sie glauben nicht mehr, daß Er unter uns ist. Sie glauben nicht mehr, daß Er auf dieser Erde ist, sie glauben überhaupt nicht mehr. Sie tun es auch damit ab, das sei eine weit zurückliegende Geschichte, es sei eine Religionslehre geworden. Und sie sagen auch von sich: „Der Mensch muß ja einen Glauben haben. Ohne Glauben könnte er nicht leben, ohne Glauben könnte er nicht existieren. Und er muß auch einer Formation angehören, er muß auch einer Konfession angehören, und der Ordnung halber muß er auch einer Nation angehören. Und weiterhin – na ja, er muß sicher auch im Leben etwas tun, er muß seinen Beruf haben ..." Und das ist aber alles.

Meine lieben Freunde, überlegen Sie jetzt genau, wie Sie sich selbst versündigt haben, wie Sie immer wieder der Sünde, wie Sie immer wieder dem Bösen verfallen sind! Wie Sie immer wieder nur dem Bösen dienten – denn Sie hatten sich ja mit dem Bösen abgegeben, viele sogar schon abgefunden, denn Sie haben sich verloren gesehen. Sie hatten keine Kraft mehr, sich von dem Bösen zu befreien! Natürlich keine Kraft deshalb mehr, weil Sie alles mögliche selbst versucht haben und auch viele Versuche anstellen ließen von Ihren Nächsten. Sie selbst gaben sich und das Gute auf, und Ihr Nächster sagte: „Ach, ich habe alles versucht, ich kann nicht helfen!"

Wer so weit gesunken ist, wer so weit von dem guten, göttlichen Weg abgekommen ist, und wer sich heute nicht mehr beraten, nicht belehren läßt, wer heute nicht mehr den Rat Christi befolgt, wer heute nicht mehr das tut, wer heute nicht mal mehr den Gedanken aufnimmt, das zu tun, sondern nur daran glaubt, das müßte alles so kommen, so wie er es sich denkt, (...) – und das wäre dann alles ... Nein, das ist nichts. Was es ist? Doch nur das Böse!

(21) So Sie heute noch nicht glauben können, so will ich es für Sie tun, bis Sie wirklich glauben können. Und so Sie heute noch nicht bitten, noch nicht beten können, so will ich das auch noch für Sie tun.

(22) Ich glaube nicht an den Menschen, sondern für den Menschen.

(23) Ich verabscheue entschieden das Böse (Krankheit) und glaube fest an all das Gute im Menschen, auch für denjenigen, der heute noch nicht glauben kann oder will. Daher sehe ich hierin meine Lebensaufgabe: für all die zu beten, die es nicht können. Ich werde es solange tun, bis sie selbst dazu in der Lage sind.

Die ersten Christen - Vorbilder für die Menschheit

(1) Diese Menschen, die Christus seinerzeit schon folgten, die hatten hier kein Erdenglück. Es waren Menschen, die von der bösen Seite verfolgt wurden, die sich in den Erdhöhlen, in den Katakomben, aufgehalten und die hernach da vorgeholt wurden, im einzelnen wie auch im großen ganzen den Menschen vorgeführt zur Belustigung, indem sie, diese Leiber, den wilden Tieren zum Fraß serviert wurden – man hat diese Menschen verlacht und verhöhnt. Das waren Menschen, die für Sie das größte Vorbild sind, die Christus folgten. Auch als man Christus zu Tode gemartert hat, auch als man Christus an das Kreuz genagelt, als man Ihn schändlichsterweise behandelt hat, ließ Er alles über sich ergehen! Es waren doch getreue Gläubige, die Ihm folgten und die nach diesem Erdenleben gar nicht fragten. Im Gegenteil, sie waren auch nicht entmutigt, sie waren so im festen Glauben: Gott ist bei uns! Sie wußten ganz genau, hier geht es nur um den Körper, und wer den Tod überwunden hat, der hat es geschafft. Und diese Menschen hatten bei Lebzeiten den Tod überwunden. Sie haben sich nicht gefürchtet! „Gott ist bei uns!" – Aber Sie glaubten noch nicht daran! Diese Menschen – ja. Waren das keine Vorbilder für Sie? Haben die Menschen nicht alles für Sie hergegeben?

Bruno Gröning über die Kirche

(1) Gehen Sie in das Gotteshaus, beten Sie dort andächtig. Nicht wie bisher, daß einzelne, vielleicht auch viele, nur dorthin gegangen sind, um zu sehen, was der eine oder andere Mensch für Kleidung hat, und über ihn zu reden und vieles andere Schmutzige, was ich selbst mit eigenen Augen und Ohren gehört und gesehen habe. Nicht nur jetzt, nein, überall wo es mir nur irgend möglich war, in die Kirche zu gehen, gleich welche es war, habe ich dort derartiges erlebt, was Ihnen persönlich auch nicht fremd ist. Das soll man nicht tun, wenn man zur Kirche geht! Dort soll man fromm und andächtig beten und dem Herrgott für all das danken, was Er Gutes an den Menschen getan hat.

(2) Es gibt Menschen, die können nicht den Mund halten. Einmal sehen sie schwarz auf allen Gebieten, zweitens können sie nicht sehen, daß ein Mensch etwas Gutes tut. Da sollen diese Menschen lieber nicht zur Kirche gehen, denn das ist eine große Sünde: Geht zur Kirche, und statt andächtig zu beten und danach zu leben, zieht er über andere Menschen her. Er sieht alles Schlechte.

„Laßt Taten sprechen!"

(1) Viele Menschen sagen: „Jawohl, ich gehöre diesem oder jenem Glauben, jener Religion an, ich gehe zur Kirche, ich bete, ich tue so manches, d. h., ich glaube an Gott." Wie hier Menschen sagen: „Ich glaube an Gröning." Damit ist es nicht gut getan. Richtig ist es, wenn sie tatsächlich nachher halten, was sie versprochen haben, d. h., Worte in die Tat umsetzen! Wenn ich sage: „Ich glaube", das sind Worte. Aber die Taten sprechen, daß es ausgeführt wird. So sollen auch Sie alle, nicht nur in Worten, gottgläubige Menschen sein, nicht nur zur Kirche gehen, um dort das Gebet herunterzuleiern, nein, Sie sollen auch zeigen, daß Sie Kinder Gottes sind, daß Sie in dem Herrgott Ihren Vater sehen.

(2) In Worten ist der Mensch zu einem gewissen Teil Christ geblieben, (...) indem er immer behauptet, er glaubt an Gott, aber nur in Worten, sehr wenig in Taten. Ich garantiere, ich bin unter Menschen gewesen, Tausende an der Zahl. Ich hatte ein armes Menschenkind vor mir gehabt, und von diesen Tausenden hat sich nur einer erbarmt, diesem Menschen zu helfen.

(3) Nur mit guten Taten kann der Mensch beweisen, daß er mit Gott lebt.

(4) Gott dienen heißt helfen. Jede Hilfe führt den Menschen zum Heil.

(5) Die Verbindung kann man nur aufrechterhalten durch Taten. Nur Taten sprechen lassen, nicht die leeren Worte.

(6) Ich spreche immer: (...) Weniger reden, mehr schaffen!

(7) Das Reden an und für sich nutzt gar nichts, wenn der Mensch das Gesprochene nicht beherzigt.

(8) Entscheidend ist immer noch die gute Tat, nicht Worte. (...) Im anderen Falle müßte ich Schulungsabende einführen oder Vorträge halten oder Propaganda machen. Aber ich will ja keine Mitglieder, keine Anhänger werben. Das ist ja logisch, wenn Sie nur Vorträge hören würden und nichts verspüren – dazu sind Sie ja letzten Endes nicht hergekommen.

(9) Wer diesen Weg gehen will, der muß Gutes tun, er muß gut sein, gut sein zu seinen Mitmenschen, nicht in Worten, sondern in Taten.

(10) Es gibt so einzelne wenige Menschen, die sagen auch, sie tun nur Gutes, damit sie wieder Gutes erfahren. Nur ganz wenige von diesen sind echt, die wirklich nur Gutes tun, um ihren Nächsten zu helfen. Und das geht bis aufs Letzte, könnte man manchmal sagen, aber sie gehen nicht unter. Es kommt immer wieder das Gute auf sie zurück. Da haben sie verloren, da haben sie alles hingegeben – und da haben sie schon wieder Neues erhalten. Weil sie es nicht gewollt haben. Das kommt alles von selbst. Ja, da zeigt sich Gott. Gott gibt ihnen einen guten Lohn!

(11) Die Tat ist alles! Gott hat nicht viel gesprochen. Er hat alles in die Tat umgesetzt, wie Er es wollte, Gott ist nichts unmöglich!

(12) Danken wir unserem wirklichen, großen Gastgeber, danken wir Gott selbst, doch nicht mit Worten, sondern gehen wir zur Tat über! Tun Sie das, was Sie sich selbst, d.h., was Sie Gott schuldig sind!

Die Weisheiten der Bibel

(1) Nehmen Sie die Bibel zur Hand, nehmen Sie die Heilige Schrift. Studieren Sie sie nicht nur, nicht nur, daß Sie sie in Ihrem Hirn aufnehmen, nein, beherzigen Sie das Gute, beherzigen Sie das, was Sie daraus als gut schon empfinden.

(2) Da sind so viele wahre Worte Christi, bitte, lesen Sie die Bibel, lesen Sie das Alte, das Neue Testament, lesen Sie alles! Und besonders die Worte Christi, alles, was Er sagte!

(3) Genau gesagt, hat Christus uns auch sagen lassen über die Heilige Schrift, daß auch wir das gleich Gute tun können, wenn wir es nur wollen. Lesen Sie es bitte, gehen Sie dem genau nach und befolgen Sie alles, was uns durch die Lehre Christi übergeben worden ist.

Jesus Christus, der Erlöser

(1) Gott hat uns alles gegeben. Er sandte uns Einen, Seinen Sohn für alle Menschen, die Er auf den Weg führen sollte, der zu Gott, unserem Vater, führt.

(2) Was ist Christus für uns? Warum schenkte Gott Christus hier ein Erdenleben? Warum schenkte Er Ihm dazu diesen einen, Seinen ebenfalls so wundervollen Körper? Und warum war Christus uns immer in allem ein großes Vorbild? Was wollte Gott damit, und was sollte Christus hier? Er hat uns soviel des Guten, des Göttlichen, soviel von Gott vermittelt! Was wir alles tun können, wenn wir nur glauben, wenn wir all das in uns aufnehmen, was Gott für uns bestimmt hat! Ja, meine lieben Freunde, dieses alles lehrte Christus uns, Er war uns und ist uns und wird uns immer ein großes wie auch ein sehr gutes, das beste Vorbild sein!

(3) War Christus der Menschheit nicht das größte Vorbild? Hat Er nicht viele Wunder bewirkt? Hat Er den Menschen dafür nicht den Beweis gegeben, ohne daß Er es wollte? Denn die Tat war es. Er glaubte es, Er wußte es, denn das Wissen hat Er nicht von sich, sondern das hat Er von Gott. Und er tat all das, was Er zu tun hatte, all das, was Gott Ihm sagte. Er ging dahin, wohin Gott Ihn führte, nicht Menschen. Und Er sprach all das, was Gott zu Ihm gesprochen. Und dabei geschah es. Niemals, liebe Freunde, ist es ein Mensch, sondern es ist und bleibt immer Gott.

(4) Ein wirklich wahrer Christ kann nur der sein, der Christus so folgt, wie Christus es von uns erwartet, wie Seine Lehre uns das alles sagt. Und daher war Christus dreiunddreißig Jahre auf dieser Erde, d. h. in dem Körper, den Gott Ihm für dieses Erdenleben geschenkt, damit Er uns all das vermitteln

kann, was Gott für uns, für die gesamte Menschheit zu sagen hat! Denn anders haben die Menschen nicht mehr auf Gott hören können.

(5) Es wird Ihnen klar, daß das Erdenleben Christi nicht umsonst gewesen ist, denn Gott hat dieses Erdenleben für Christus deshalb bestimmt, weil es Gott nur so am ehesten möglich war, uns, d.h. den Menschen, durch die Lehre Christi auf den Weg zu führen, den Gott für die gesamte Menschheit bestimmt hat. Und das ist und bleibt alleine der Weg, der diesen, (...) der jeden einzelnen Menschen wirklich zu Gott führt. Aber zwei Herren, meine lieben Freunde, können Sie nicht dienen. Nicht auf der einen Seite dem Bösen und auf der anderen Seite Gott! Und dazwischen sind Sie ein Heuchler, ein Lügner, ein Betrüger, Sie sind nicht einmal ehrlich zu sich selbst. Dieses alles müssen Sie ablegen, all das, ich sage es noch einmal, all das, das Sie bisher in diesem Erdenleben als böse empfunden haben, müssen Sie ganz beiseite stellen. Sie müssen dem Bösen den Rücken kehren. Sie müssen den anderen Weg gehen. Und daher rufe ich Sie auf zur großen Umkehr! Gehen Sie den Weg, so wie er Ihnen von Gott – uns allen durch Christus – bestimmt ist!

Was müssen wir Menschen tun? Was ist das für eine Lehre, die Lehre Christi? Ist das alles, wenn der Mensch von sich aus behauptet, von sich aus sagt: „Ich bin ein Christ."? Ist das alles? Müssen wir das nicht tun, wenn Christus sagt: „Folget mir!" Folgen kann nur der, der sich von all dem Irdischen löst, sich nicht an das Irdische klammert, sondern der sich an den klammert und zu dem hingezogen fühlt, zu dem er gehört. Nur dieser kann Gott folgen. Der kann und wird auch durch die Lehre Christi das werden, wozu Gott ihn bestimmt hat. Da gibt es kein Hin und Her, kein Für und Wider.

(6) Es ist nun mal die Lehre Christi, die Sie beherzigen müßten.

(7) Christus – Sein Leben müssen wir erstreben.

(8) Wer sich heute nicht mehr beraten, nicht belehren läßt, wer heute nicht mehr den Rat Christi befolgt, wer heute nicht mehr das tut, wer heute nicht mal mehr den Gedanken aufnimmt, das zu tun, sondern nur daran glaubt, das müßte alles so kommen, so wie er es sich denkt, (...) – und das wäre dann alles ... Nein, das ist nichts. Was es ist, doch nur das Böse!

(9) Wem nicht zu raten, dem ist auch nicht zu helfen! Und Christus selbst hat uns den guten, den besten, den einzigen Rat gegeben, den wir Menschen, den alle Menschen zu befolgen haben. Und so Sie jetzt richtig folgen – und daß Sie nichts verlangen, sondern wirklich all das erlangen, was für Sie bestimmt ist –, dann werden Sie viel Gutes an sich selbst, viel Gutes an Ihrem eigenen Körper, auch viel Gutes an dem Körper Ihres Nächsten erfahren! Glauben Sie nur!

(10) Der Mensch hat es nötig, mit Gott verbunden zu sein. (...) Und mehr wollte Christus nicht, mehr wollte Gott nicht, das ist die wirklich wahre, göttliche Lehre, das ist die Lehre Christi, wie Er sie uns, wie Er sie der Menschheit mit auf den Weg gegeben hat! Gottverbundensein, das ist alles!

(11) Christus hat uns soviel des Guten mit auf unseren Lebensweg gegeben. Warum haben die Menschen das Gute nicht beherzigt, warum haben sie es nicht in sich aufgenommen? Warum haben sie nie all das getan, erst mal, was sie sich selbst schuldig sind? Und daran hat es gehapert, und nun ist es wichtig, daß Sie wirklich, wirklich und ehrlich dazu übergehen, daß Sie das Versäumte nachholen, indem Sie jetzt das tun, immer das tun, was Sie sich selbst schuldig sind, und daß Sie wirklich diesem Ihrem Körper, der doch ein göttliches Geschenk ist, Beachtung schenken und daß Sie sich wirklich öffnen, wirklich dem Guten, wirklich Gott hingeben und daß Sie diese wahre, göttliche Sendung in sich aufnehmen und daß Sie alles Gute

wirklich beherzigen! Beherzigen heißt, daß Sie es aufnehmen! Und dann werden Sie auch fühlen, wie der Lebensstrom durch Ihren Körper nur so fließt! Und je mehr Sie des Guten aufnehmen, desto wohler werden Sie sich fühlen, desto eher wird die Ordnung in Ihrem Körper zustande kommen. Ja, liebe Freunde, mehr wollte Christus nicht.

(12) Jesus Christus wußte, daß jede Krankheit durch Sünde kommt. Deshalb ermahnte er den Kranken nach der Heilung: „Sündige hinfort nicht mehr, daß dir nicht etwas Ärgeres widerfahre!"

(13) Wie Gott sich hier zeigte, indem Er durch den Körper Christi wirkte. Wie oft Christus auch gesagt hat: „Nicht Ich, sondern dein Glaube hat dir geholfen!"

(14) Christus hatte auch nicht alle – wie es in einem Buche geschrieben steht – geheilt, die geheilt werden wollten, nein – auch nicht alle blieben gesund, wie es da heißt „geheilt". Viele hatten auch diese Heiligung, Sie sagen „Heilung", wieder verloren, auch das hat es gegeben.

(15) Über Christus selbst hat man viel gesprochen. Man hat Ihm viel Böses angetan, Er hat alles geduldig getragen. Für wen? Weil Er feige war? Nein, für uns! Damit wir zur Erkenntnis kommen, damit wir Ihn erkennen können, wie groß und mächtig Gott doch ist und wie gerecht, und wie ungerecht die Menschen sind.

(16) Das Kreuz (...) ist die Sünde der Welt. Ja, es wurde damit der größte Menschenfreund gemordet.

(17) Christus ist immer unter den Menschen, Er ist nicht tot, es gibt keinen Tod, es gibt nur eine Erlösung!

Weihnachten, das Fest des Erlösers

(1) In dem so wundervollen Weihnachtslied „Stille Nacht, heilige Nacht" ist alles Weitere enthalten.

(2) Natürlich müssen Sie alle Jahre immer wieder, wo Sie nur einmal im Jahr an die Geburt Christi erinnert werden, die Sie mit dem einen Wort „Weihnacht" abtun, dieses immer wieder neu in sich aufnehmen, sich darauf besinnen, bzw. das Liederbuch zur Hand nehmen oder sich eine Schallplatte vorspielen oder von einem Menschen vorsingen lassen, der den Text eines jeden dieser Lieder beherrscht, der den Text genau kennt und Ihnen das in der Melodie so deutlich zu verstehen gibt, was für uns, was für den Menschen, was für die gesamte Menschheit die Geburt Christi bedeutet. Hören Sie bitte gut zu, und geben Sie acht, was auch diese Lieder, der Gesang und die Musik Ihnen bieten, woran Sie erinnert werden, denn der heutige Tag [Weihnachtsfeier im Freundeskreis Bruno Grönings] soll ja nur die Vorbereitung dafür sein, daß Sie das heilige Fest, das Christfest, auch zu würdigen wissen! Und daß auch Sie wissen, was es für Sie bedeutet, was es für alle Menschen in der heutigen Zeit überhaupt bedeutet!

Und wie der Mensch sein müßte, daß er sich nicht nur mit dem abfindet, indem er sagt: „Ich glaube ja, ich bin ja dabei, ich weiß das Fest auch zu heiligen, ich weiß es zu würdigen!" Ob und inwieweit er es tut, meine lieben Freunde, davon können Sie mich nicht anders überzeugen, als daß ich mich selbst überzeugt habe, wie Menschen dieses Fest von sich aus feiern. Feiern tun sie es nur so, wie sie es gewohnt sind, ohne daß sie wirklich mit dem ganzen Herzen dabei sind. Und es ist mehr oder weniger auch nicht der geringste Glaube dabei, daß der Mensch das Gute, das Christliche, das Göttliche zu beherzigen weiß und daß er nie den Gedanken dafür aufgenommen hat, dieses alles für sich und für seinen Nächsten in die Tat umzusetzen! (...)

Meine lieben Freunde, die Weihnachtslieder bringen Ihnen schon die Weihnachtsstimmung. Es ist ganz nach Ihrer Art, ganz nach Ihrer Gewohnheit. Das ist die Weihnachtsvorfreude, das ist die Adventszeit, in der Sie diese Lieder singen, in der Ihnen hierdurch in Erinnerung gebracht wird, daß das Weihnachtsfest sich Ihnen nähert. Und was Sie noch weiter in Ihren Augenschein genommen, ist der Adventskranz, an dem Sie zu jedem Advent ein Licht mehr anzünden. Und somit können Sie niemals vergessen, wie nahe das Weihnachtsfest, wie Sie es doch nicht anders zu bezeichnen wissen, auf Sie zukommt. Das ist die Weihnachtsvorfreude, das bringt Weihnachtsstimmung! Und das ist überhaupt eine so gute Stimmung, wo der Mensch sich dahingehend zeigt, daß er ein lebensfroh bejahender Mensch ist.

Aber es geht ihm nicht alleine nur um das Leben, um das Hiersein, sondern es geht ihm mehr um die Feier, mehr oder weniger – genauer gesagt – geht es ihm um all das, was er sich an Geschenken erhofft. Geschenke irdischer Art, die er von seinen Nächsten erwartet. So brav und so treu er gewesen ist zu seinen Nächsten, demnach wird das Geschenk sein. Das weiß er ganz genau. Und gerade in diesem Weihnachtsmonat wird er alles von sich aus dazu tun, um ein wirklich braver Mensch dem gegenüber zu sein, von dem er sich viel Gutes, d.h. ein großes, ein gutes Geschenk erhofft. Ja, das sind nun mal die Gewohnheiten, in denen der Mensch lebt.

Was ihm das eigentliche Fest sagt, und woran er hier alle Jahre noch einmal immer wieder aufs neue erinnert wird, dafür und darüber hat er noch nie einen richtigen, guten Gedanken aufgenommen, worauf er sich vorbereiten müßte. Nicht nur immer wieder alle Jahre an die irdischen Geschenke denken, sondern auch an das Geschenk Gottes, das Gott ihm selbst geschenkt hat: diesen einen, seinen so wundervollen Körper! Aber letzten Endes weiß der Mensch dieses alles gar nicht mehr. Er weiß nicht einmal sich selbst Beachtung zu schenken, er weiß gar nichts von all dem, auch von dem nichts, was seine

Geburt, sein Hiersein, sein Erdenleben für ihn bedeutet, daß Gott ihm Bestimmtes mit auf den Weg gegeben hat, was er hier zu tun, zu lassen hat, was hierin seine Aufgabe, die wichtigste Aufgabe, diese seine Lebensaufgabe ist! All das ist den Menschen, der Menschheit, schon gar nicht mehr bewußt! Wenn ich jetzt die Frage an Sie richte: „Was bedeutet für Sie dieses Fest, das Sie bald zu feiern gedenken? Was bedeutet für Sie die Geburt Christi? Was ist Christus für uns? Warum schenkte Gott Christus hier ein Erdenleben? Warum schenkte Er Ihm dazu diesen einen, Seinen ebenfalls so wundervollen Körper? Und warum war Christus uns immer in allem ein großes Vorbild? Was wollte Gott damit, und was sollte Christus hier? Er hat uns soviel des Guten, des Göttlichen, soviel von Gott vermittelt! Was wir alles tun können, wenn wir nur glauben, wenn wir all das in uns aufnehmen, was Gott für uns bestimmt hat! Dieses alles lehrte Christus uns, Er war uns und ist uns und wird uns immer ein großes wie auch ein sehr gutes, das beste Vorbild sein!

Heißt es nicht in dem Lied „Stille Nacht, heilige Nacht", daß Christus der Erlöser ist? (...) Wie Sie es auch selbst singen: nur mehr oder weniger dem Text keine Beachtung schenken, mehr oder weniger diese Melodie, die Ihnen ja weiter nichts als nur die Weihnachtsstimmung gebracht hat, denn im Sommer oder Frühjahr oder im Herbst würden Sie das nicht singen. Es ist doch etwas Bestimmtes, und es ist soviel Bestimmtes in diesem allen enthalten, Bestimmtes für Sie, für jeden einzelnen, Bestimmtes für alle Lebewesen, für all das, was Gott vor allen Dingen für uns, für den Menschen geschaffen hat.

Aber warum, wieso, weshalb dieses alles, meine lieben Freunde? Warum gibt es da alle Jahre so ein Gerede, warum gibt es alle Jahre die eine Feier? Warum immer dieses Oberflächliche? Warum haben Sie all das nicht beherzigt, niemals beherzigen können bzw. nicht einmal beherzigen wollen, denn Ihre Einstellung war bestimmt eine ganz andere, nie die, die es hätte sein sollen! Christ, der Retter ist da! Ja, meine lieben Freunde,

Sie singen es, aber Sie wissen es nicht, Sie glauben nicht daran, Sie haben das nicht beherzigt! Sie haben nie all das befolgt, was Christus uns durch Seine Lehre hier für unser weiteres Erdenleben übergeben hat.

Wo bleiben Sie? Wo sind Sie? Wo ist überhaupt der wirkliche Mensch? Wo ist noch Natürliches in ihm? Nach außen hin gesehen schämt er sich sogar zu sagen, daß er ein Gläubiger ist! Oder aber auf der anderen Seite brüstet er sich, um sich nur zu behaupten, um all das zu verstecken, all das zu tarnen, was er hinter sich gelassen hat an Bösem, indem er die Menschen nur beschwichtigen, betäuben will, indem er sagt, er sei ein Christ, er sei ein Gläubiger! Ein wirklich wahrer Christ kann nur der sein, der Christus so folgt, wie Christus es von uns erwartet, wie Seine Lehre uns das alles sagt. Und daher war Christus dreiunddreißig Jahre auf dieser Erde, in dem Körper, den Gott Ihm für dieses Erdenleben geschenkt, damit Er uns all das vermitteln kann, was Gott für uns, für die gesamte Menschheit zu sagen hat! Denn anders haben die Menschen nicht mehr auf Gott hören können. Und das bedeutet für uns die Geburt Christi! Natürlich muß der Mensch all das tun, was er sich selbst und seinen Nächsten schuldig ist!

Und ich frage Sie, warum sagte Christus: „Folget Mir!"? Wer folgt Ihm? Wer tut all das, was er zu tun hat? Wer ist hier mal zur Tat übergegangen? Wo ist der Mensch, wo sind die Menschen, wie weit ist die Menschheit abgegangen von dem Weg, der uns, der alle Menschen zu Gott führt? Das ist der Weg, den Christus uns aufgezeigt, den wir zu gehen haben! Aber nicht nur, daß wir sagen, wir gehen ihn, nicht nur, daß wir sagen, wir glauben an Ihn, nicht nur, daß wir sagen, wir sind ein Gläubiger, wir sind ein Christ! Wir bitten, wir beten, wir gehen zur Kirche, wir gehören dieser oder jener Konfession an bzw. einer Glaubensgemeinschaft. Aber was tut der Mensch in Wirklichkeit? Setzt er das alles in die Tat um, so wie er sich herausstellt, als ein wirklich gut gottgläubiger Mensch? Tut er wirklich all das, was er zu tun hat, was er tun müßte, um ein Gottliebender zu sein? Ja, meine lieben Freunde, dazu gehört mehr, viel, viel mehr! Und deswegen kann ich es nicht deutlich und laut und oft genug sagen, bis das ein und das andere in den Menschen eingedrungen, so daß er das alles, was er als gut empfindet, weiterhin in sich aufnimmt, daß er sich selbst immer Beachtung schenkt, und daß er immer das für seinen Körper aufnimmt, was Gott wirklich für ihn bestimmt hat. Denn das alles ist möglich, das ist Wahrheit! So und auch dafür hat Gott uns geschaffen, dafür schenkt Er uns hier ein Erdenleben.

Und ich sage es noch einmal, und es kann nicht oft genug gesagt werden, daß der Mensch jetzt wirklich wissen müßte, was uns Menschen, was der gesamten Menschheit die Geburt Christi bedeutet. Aber dieses werden Sie nicht früher zu wissen erhalten, Sie werden nicht früher dafür das Verständnis aufbringen, bis Sie sich selbst verstanden haben, bis Sie verstanden haben, was Ihre Geburt, was Ihr Hiersein, Ihr Erdenleben für Sie bedeutet. D.h., daß Sie zur Selbsterkenntnis kommen, daß Sie selbst erkannt haben, all das erkannt haben, von dem Sie überzeugt, zu dem Sie gehören. Nie früher werden Sie den Kampf gegen das Böse aufnehmen können. Nie früher werden Sie frei werden von all dem, das Sie als böse, nicht nur um sich, sondern auch in sich selbst, in Ihrem eigenen Körper, empfunden haben.

(3) Ich sage es nicht nur so hin, wie Sie es sonst zu sagen gewohnt sind, indem Sie sagen: „Das heilige Christfest", und damit fertig. Nein, wir müssen es auch zu heiligen, wir müssen es zu würdigen wissen. Und wir müssen uns auf dieses Fest vorbereiten. Wir müssen uns von allem Bösen lösen, und wir müssen wirklich alles Gute erst mal für uns tun, jeder für sich, damit er diese guten Erfahrungen sammelt, an sich sammelt und auch in sich sammelt. Die Geburt Christi werden Sie nicht früher verstehen und werden auch für diese nicht früher das Verständnis aufbringen, bis Sie diese Erkenntnis in sich aufgenommen, daß Sie wissen, was für Sie diese Ihre eigene Geburt,

Ihr eigenes Erdenleben bedeutet. Ich sage es noch einmal ganz deutlich, bis Sie zur Selbsterkenntnis gelangt sind und daß Sie von sich selbst nicht was, sondern das wissen, was Sie in Wirklichkeit, in Wahrheit sind. Dann werden auch Sie sich wirklich auf das heilige Fest, auf den wirklichen Erlöser vorbereiten, so daß Sie es bis zu diesem Tag auch würdig sind, das heilige Sakrament – alles Gute, das Gott für Sie bestimmt hat – zu empfangen.

(4) Ich habe nichts dagegen, so Sie sich heute schon auf ein Geschenk Ihres Nächsten freuen; wo Sie glauben, daß Sie von ihm, von Ihrem Nächsten ein gutes Geschenk erhalten werden. Und ich habe auch nichts dagegen, so Sie den einen wie den anderen Ihrer Nächsten ebenfalls beglücken, ebenfalls beschenken wollen. Denn diese irdischen Geschenke sind uns, sind den Menschen auch Beweis dafür, daß der Mensch sich hier im Göttlichen dahingehend zeigt, was er durch diesen seinen Körper, den Gott ihm für ein Erdenleben verliehen hat, Schönes und Gutes, Nützliches wie Erfreuliches schaffen kann. (...) Ich brauche das jetzt nicht in einzelnen Details aufzuzählen, denn Sie wissen, wenn Sie nur eine Geschäftsstraße durchgehen, in Schaufenster schauen, was für Wundervolles Menschenhände geschaffen haben. Nicht, daß ich dagegenspreche, im Gegenteil! Und Sie selbst wissen ja auch, was Sie besitzen, was Sie sich selbst erarbeitet, sich selbst angeschafft haben, und was Sie schon an Geschenken bis heute von Ihren Nächsten erhalten haben. Oder womöglich, daß Sie sich auch selbst ein Geschenk gemacht haben. Auch dieses gibt es viel, daß der Mensch sagt, ich beschenke mich selbst. Dieses soll und ist auch das Zeichen dafür, wozu Gott uns einen Körper gegeben, daß wir mit ihm schaffen können, auch schaffen sollen, daß wir uns erfreuen, daß wir was schaffen können. Nur sollen wir nicht raffen, d. h., daß wir nicht einer Sucht, womöglich einer Geld-, einer Habsucht verfallen. Das darf nicht auftreten, so weit darf es nicht führen.

(5) Wie müßten wir, wie müßte der Mensch sich gerade hier, an dem Erinnerungstag der Geburt Christi, Gott gegenüber dankbar zeigen, daß Gott uns den wirklichen Erlöser sandte, der uns auf den Weg führen sollte und uns auch auf den Weg geführt hat! Nur folgten Menschen Ihm nicht, nur setzten sie dieses alles nicht in die Tat um, sie waren und wurden zu bequem. Sie gehören ja auch heute einer modernen Zeit an. Wer das so auffaßt und auch weiterhin in diesem Glauben so lebt, der ist auf dem falschen Weg. (...) Nun glaube ich, Sie so weit geführt zu haben, daß Sie jetzt wissen müßten, was für uns die Geburt Christi bedeutet und daß wir uns speziell alle Jahre einmal an den Geburtstag, an die Geburtsstunde zurückerinnern, an die Geburtsstunde Christi. Und genau das gleiche müssen Sie auch an sich selbst tun, damit Sie wissen, was für Sie diese Ihre eigene Geburt, Ihr eigenes Hiersein, Ihr eigenes Erdenleben bedeutet, zu dem Sie doch wirklich von Gott diesen Ihren Körper geschenkt erhalten haben. Dann werden Sie das Leben zu heiligen, das Leben zu würdigen wissen. Denn überall, wo Leben ist, da ist Gott!

Gebot der Nächstenliebe

(1) Wer Gott liebt, hilft den Menschen.

(2) Der Mensch ist ein Geschöpf der Liebe. Was in der Liebe geschaffen, kann nur in der Liebe leben. (Liebe ist Gott.) Was du liebst, mußt du dir erhalten.

(3) Liebe dich, dann deinen Nächsten. Kein Leben ohne Liebe.

(4) Gibt es einen Grundsatz, nach dem man sein ganzes Leben richten kann? Ja – die Nächstenliebe!

(5) Liebe deinen Nächsten mehr als dich selbst.

(6) Der Mensch darf nicht vom, sondern für den Menschen leben.

(7) Sie sollen wissen, daß Sie zusammengehören. Sie sollen Ihren Nächsten lieben wie sich selbst. Das ist mein Wunsch, das ist mein Wille, daß dieses geschieht. Sowie dieses geschieht, daß die Menschen wieder zusammenfinden, so wird diesen allen die Möglichkeit der Hilfe zuteil werden.

(8) Sie sollen Mensch zu Menschen sein. Liebe deinen Nächsten wie dich selbst! Nicht gehässig sein, nicht falsch, niemandem etwas Schlechtes antun, Sie sollen alle gut sein, gut untereinander. Sie sollen wissen, daß Sie zusammengehören, ob arm oder reich.

(9) Das Wunderbarste, die größte Stärkung und das Schönste und Größte, was man einem Menschen schenken kann, ist das Vertrauen, ist der Glaube. Kein irdisches Gut steht höher

(...). Das ist das Höchste, daß der Mensch einem seiner Nächsten ein Versprechen gibt und daß er glaubt, daß er dieses – Selbstvertrauen und Glauben, das Vertrauen in seine Nächsten – auch in die Tat umsetzen wird.

(10) Der Mensch ist verpflichtet, dem anderen unter die Arme zu greifen. Oder wenn Sie einen Menschen finden, der zu Boden fällt, daß Sie sofort bei der Hand sind und ihn aufrichten.

(11) Das kann man schon als Mensch tun: seinen Mitmenschen, vorerst den nächsten, zu helfen. Wenn es jeder tut, dann ist ja wieder der Friede auf Erden. Und wenn ein Land, d. h. ein Mensch oder hier eine Nation der anderen gegenüber nicht gehässig ist, dann haben wir auch den Frieden auf Erden. Und das ist alles, das ist viel, da brauchen Sie nicht in Zank und Streit leben, der zuletzt zu einer Schlägerei ausartet, Schlägerei im Kleinen und Krieg im Großen.

(12) Die Gehässigkeit kommt ja von dem einzelnen Menschen, indem er das nicht einmal leidet oder duldet, daß es seinem Mitmenschen bessergeht. Er gönnt ihm, wie der Mensch immer sagt, nicht das Auge im Kopf. Das muß aufhören, das soll besser werden. Liebet euren Nächsten – ich sage nach wie vor – mehr als euch selbst! Mir ist ein Mitmensch immer lieber, ich selbst vergesse mich, ich denke nicht an mein Leben, ich denke an das Leben meiner Mitmenschen.

(13) Mein Grundsatz ist der: das Volk soll erkennen, daß wir Menschen unter uns die Pflicht haben, uns gegenseitig zu helfen.

(14) Helfen ist Liebe.

(15) Ich würde es begrüßen, wenn Sie sich restlos zur Verfügung stellten, damit Menschen geholfen und geheilt werden können. Dann hat das Elend nicht nur eines Volkes, sondern aller Völker, aller Menschen, mal ein Ende.

(16) Nichts ist zu schwer für den, der liebt.

Neid und Haß müssen aufhören

(1) Nie neidisch sein! Der eine hat, und der andere hat nicht. Das Beste und Größte, was Reichtum ist, ist ja nicht das Geld, wie Sie dachten. Reichtum ist Gesundheit, Gesundheit ist alles, mehr als Geld. Und deswegen haben Sie keine Berechtigung, über den anderen Menschen, der etwas mehr Geld hat, zu sagen, daß er reicher ist.

(2) Jeder Mensch liebt sein Land, seinen Garten, seine eigene Bekleidung, sein Besitztum. Aber deswegen darf auch hier der Neid nicht so groß werden, daß sich Menschen vielleicht erdreisten und sagen: „Nur wir Deutschen ...". Genauso kann der Russe sagen: „Nur wir Russen ...", und der Engländer: „Nur wir Engländer sind Menschen" oder der Amerikaner: „Nur wir sind Menschen." Nein, das wäre falsch!

(3) Ausland klingt mir so komisch, als wären die Menschen keine Menschen.

(4) Bisher waren Haß und Neid nicht nur unter den Deutschen, sondern unter allen Völkern der Erde. Auch dieses muß einmal ein Ende haben. Ein Ende hat es erst dann, wenn jeder den Glauben zurückgefunden hat. Dann gibt es keine Gehässigkeiten unter ihnen, unter den Völkern der Erde. Und der Weltfriede ist dadurch gesichert.

(5) Wir wollen keinen Menschen verachten, wir wollen die Bruderliebe und vor allen Dingen die Schwesterliebe in uns aufnehmen und gut zueinander sein, wollen zu unserem Christentum zurückkehren, das viele Menschen seit Jahrzehnten verloren haben, wollen den Weg zu Gott zurückfinden.

Jeder Krieg ist satanisch

(1) Wo Gott, da die Liebe – wo Satan, da die Kriege.

(2) Im Kleinen sieht es so aus: Erst der Neid, dann kommt Zank und Streit und dann die Schlägerei. Im Kleinen. Im Größeren sieht es auch so aus: Ein Land, nicht das Land, sondern die Menschen eines Landes sind neidisch auf ihren Nachbarn. Erst der Neid, dann kommt Zank und Streit, und dann kommt, im Großen gesehen, der Krieg. So weit ist der Mensch gekommen. Wenn man auch vom Frieden redet, es ist unmöglich, den Frieden herbeizuführen. Sie als Deutsche sagen: „Was habe ich mit dem Engländer, Amerikaner, Franzosen, Russen oder sonst irgendeinem Menschen zu tun, das ist mein Feind." Sie sind so weit gekommen, es wurde Ihnen mitgegeben, diese Menschen als Feinde anzusehen. Nein, es ist nur Ihr Nachbar, nicht Ihr Feind!

(3) Krieg, Krieg, Zank und Streit, Not und Elend, und jeder Krieg bringt immer einen Haufen Krankheit mit sich. Und das ist die seelische Krankheit. Was einzelne hier schaden, können sie nie mehr gutmachen. Die haben einen Blutrausch, wie es auf der anderen Seite auch noch Menschen gibt, die einen Goldrausch haben. Und durch den gehen sie in einen Blutrausch über. Arme Menschen!

(4) Das satanische Werk heißt Vernichtung – auch Krieg. (All das Göttliche zu zerstören.) Der Mensch zeigt ganz offen, daß er dem Satan verfallen ist. Der Krieg hat große Schäden hinterlassen, alle diese werden nach und nach beseitigt (siehe Häuser usw.), den Menschen aufzubauen, daran denkt keiner, und wenn, dann wird der einzelne aufs schärfste bekämpft.

(5) Der Krieg 1914/18 so auch 39/45 hat große Schäden hinterlassen. Der Mensch befleißigt sich auf allen Gebieten des Wiederaufbaus. Was Menschenhände geschaffen haben und was nun zerstört ist, kann nur von Menschenhänden mit Gottes Hilfe (der göttlichen Kraft) wieder aufgebaut werden. Was aber von Gott geschaffen und vom Menschen vernichtet, kann nur von Gott wieder aufgebaut werden. (Hier der wahre, göttliche Glaube. Umkehr.)

(6) Sie müssen hören und meine Worte – worum ich Sie immer wieder bitte – genauestens befolgen, Obacht geben, und überhaupt diesem nachgehen und weiterhin fest entschlossen sein, diesen guten Weg weiter zu gehen. Dann haben wir den Frieden auf Erden!

Liebet eure Feinde!

(1) Was gibt uns die Veranlassung, überhaupt untereinander bösartig zu sein? Ich sage: Liebet eure Feinde!

(2) Das will ich Ihnen in der Hauptsache sagen, so Sie ihm, Ihrem Nächsten, böse sind, dann tragen Sie das Böse schon hier hinein. Darum bin ich keinem böse. Warum sind Sie ihm böse? Niemandem böse sein, Freunde! Böse sein heißt, daß Sie das Böse aufgenommen haben, das ist schon teuflisch. Davon lassen Sie in Zukunft ab!

Bruno Gröning und seine Feinde

(1) Ich bin stolz, stolz darauf, daß ich bis zum heutigen Tage meinem größten Todfeind immer das Allerbeste gewünscht habe. Nicht Gleiches mit Gleichem vergelten. Wenn der eine böse ist, muß der andere ihm gut entgegenkommen. Ich beachte den ungläubigen Menschen nicht, aber auf der anderen Seite doch, indem ich sage, solange er nicht zu der Erkenntnis gekommen ist, daß diese Sache doch etwas anderes ist, als er sich gedacht hat, lasse ich ihn beiseite stehen. Aber wenn ihm das Empfinden in Leib und Seele aufgegangen ist: „Ich habe doch viel Schlechtes getan", dann hat er schon viel gewonnen.

(2) Auch gebe ich Ihnen zu wissen, daß ich meinen größten Todfeinden, einem wie dem anderen immer noch so gut bin, daß ich ihnen immer noch das Allerbeste von Herzen wünsche. Daß Menschen so schlecht sind, dafür können sie auf der anderen Seite nichts, weil der Satan in einzelnen schon gewühlt hat und nichts unversucht läßt, sich ihrer zu bemächtigen. Ich bitte Sie alle von ganzem Herzen: Machen Sie sich frei vom Schlechten, vom Satan! Er gehört nicht zu uns, er gehört woanders hin. Wir sind und bleiben Kinder Gottes.

(3) Ich liebe meine Feinde, nur eines muß ich tun: sie herausstellen, damit jeder weiß, wer sie sind. Ich bin sehr stolz darauf, daß ich bis zum heutigen Tage immer noch meinen Todfeinden das Beste wünsche und das auch in Zukunft so bleiben wird.

(4) Ich könnte ja meine Feinde vernichten, aber ich denke nicht daran und führe auch nicht im Schilde, etwas derartiges zu tun.

(5) Menschen sind zu mir gekommen und haben mir immer wieder dazu geraten: „(...) Vernichten Sie doch Ihre Feinde!" Nein, wenn ich das täte, wäre ich ja ein Schwächling. Aber weil ich das nicht bin, denke ich ja gar nicht daran. (...) Diese göttliche Kraft anzuwenden, um etwas Böses zu tun, das wäre mehr als satanisch, das wäre das Schlimmste, was es überhaupt nur geben kann! Ich wünsche nach wie vor immer noch meinen größten Todfeinden das Allerbeste! Wie sich jeder bettet, so schläft er. Jeder soll das tun, was er nicht lassen kann, was er für richtig befindet. Wie und ob er damit fertig wird, ist dann seine Sache. Wenn sich einer etwas einbrockt, muß er es auslöffeln! Also lassen wir ihn den Weg ruhig gehen, ich werde da keinen abhalten, ich werde Sie auch nicht zwingen und sagen: „Sie müssen!" Nein.

(6) Ich habe noch keinem Menschen weh getan, noch habe ich ihm ein Unrecht zugefügt. Ich könnte ja so manches, ich könnte den Menschen total vernichten, der mir hier entgegensteht. Und viele Menschen haben zu mir gesagt: „Vernichten Sie doch diese Menschen, es liegt doch in Ihrer Macht!" Habe ich gesagt: „Nein, das wäre eine Schwäche meinerseits, wenn ich diese göttliche Gabe dazu benützen würde, und ich lehne es ab." Und das wissen meine Feinde ganz genau, daß ich ihnen nichts Böses tun werde. Denn ich gehe nicht den Weg, um Böses zu tun, sondern um Menschen zu helfen und sie zu heilen, sie auf den richtigen Weg zu führen, und dieser ist der wahre, göttliche, von dem der Mensch vor Jahrtausenden abgezogen wurde von der satanischen Macht.

(7) Ich könnte ja, wie viele Menschen es von mir verlangten – bitte jetzt aufzupassen, daß nachher nichts entstellt wird –, ich könnte so viel mit auf den Weg geben, daß dies tatsächlich nicht gut wäre. Man schreibt ganz richtig, wenn man sagt: „So gut wie Gröning heilende Strahlen aussenden kann, kann er auch vernichtende aussenden." Aber Gott sei dank, das ist mein

Stolz, das habe ich bis zum heutigen Tage noch nicht getan, nicht einmal an meinen ärgsten Feinden, und werde es für alle Zukunft auch nicht tun. Die sollen denselben Weg wieder zurückgehen, wo sie hergekommen sind, und das ist der satanische Weg. Menschen, wie sie am Werk waren, die nichts unversucht gelassen haben, den Menschen ins Unglück zu stürzen.

(8) Ich arbeite so, daß ich nicht einmal meinem größten Todfeind das Schlechte, sondern immer nur das Beste wünsche. Ich sage nur eines: Hier ist eine Wand, du gehörst nicht in unsere Reihen, du darfst nicht in unserem Haus bleiben, geh dorthin, wo du hergekommen bist.

(9) Von meinen Feinden halte ich mich fern; so nehme ich mich auch vor meinen Freunden in acht.

(10) Ich hasse eigentlich nichts, auch hier in diesem Fall keinen Menschen, und ich habe bis zum heutigen Tage immer noch meinem größten Todfeinde das Allerbeste gewünscht. Nur habe ich darum gebeten, meine Nähe zu meiden. Sie sollen sich selbst entscheiden, ob sie den guten, den wahren, göttlichen Weg einschlagen oder auf dem satanischen bleiben wollen. Denn die Tatsache ist – wie eine Zeitung (...) geschrieben hat –, wenn Gröning heilende Strahlen aussenden kann, so wird er auch in der Lage sein, vernichtende Strahlen aussenden zu können. Ja, wenn ich so gestellt wäre, dann könnte ich es. Aber bis zum heutigen Tage und solange ich leben werde, werde ich das letztere, das Schlechte nicht tun, ich bleibe hier auf dem guten, göttlichen Weg und werde nur Gutes tun. Und wenn man auch hier nichts unversucht läßt, mich mit aller Gewalt zu vernichten, so stelle ich diesen satanischen Menschen nicht viel in den Weg. Ich gehe hiervon nicht ab und werde mein ganzes Leben – ich muß es noch einmal betonen, damit ich nicht verkannt werde – nur Gutes tun. Und der böse Mensch kommt früher oder später auch zu Verstand, indem er sich sagt: „Der tut uns

nicht einmal etwas Schlechtes, obwohl er dazu in der Lage wäre, obwohl er es könnte." Und so weit ist es vereinzelt auch schon gekommen, daß die Menschen, die nichts unversucht gelassen haben, mich zu bekämpfen, sich entschuldigten für ihre schlechte Tat. Und ich sage nach wie vor: Mich selbst kann kein Mensch schädigen, auch nicht vernichten. Was der eine oder andere hier tut, d. h., wo er glaubt, mich schädigen zu können, schädigt er nicht mich, sondern den armen Kranken. Alle Menschen, die bereit sind, den guten Weg einzuschlagen, die auf die Hilfe und auf die Heilung warten, für die wird der Weg von Zeit zu Zeit durch diese satanischen Menschen gesperrt, und sie müssen warten, und sie müssen leiden.

(11) Auch an die, die mich noch nicht mögen, auch wenn sie schimpfen, auch wenn sie Böses über Gröning gesprochen haben, bestellen Sie bitte von mir einen recht lieben Gruß, und sagen Sie ihnen, sie sollen weiter schimpfen, bis sie das Böse losgeworden sind! Ich bin ihnen nicht böse, keinem böse. (...) Also bestellen Sie bitte von mir einen recht herzlichen, lieben Gruß!

Er entlarvt seine Gegner

(1) Mit schmutzigen Mitteln versucht man, die Sache hier zu zerschlagen. Darauf weiß ich genau zu antworten! Ich warte ja nur darauf: Äußert euch doch, zeigt doch mal, wer ihr seid, ich will doch erst eine Handhabung. Ich kann doch einen Menschen erst als Dieb bezeichnen, wenn er etwas gestohlen hat. Ich brauche Zeugen, die das gesehen haben, dann entlarve ich den Menschen als Dieb. Ich will die Wahrheit herausgestellt haben. Um etwas unternehmen zu können, lasse ich jeden Menschen schalten und walten, wie er will. Er wird sich selbst festfahren.

(2) Was Menschen bisher nicht unversucht gelassen haben, ist das gewesen, an diesem kleinen Mann mit seinem Wissen und Können Geld zu verdienen. Sie glaubten, hier eine Goldgrube gefunden zu haben. Sie haben auch zum Teil die Möglichkeit gehabt, Geld zu verdienen, aber einen Nutzen davon haben sie Gott sei Dank nicht! Auch diese Menschen mußte es geben, und zwar um herauszustellen, wer der Mensch ist, daß der Mensch über Leichen geht und nicht danach fragt, ob dem Kranken geholfen wird oder nicht. Es gibt Menschen, die über Leichen gehen, die können einen Kranken ruhig liegen sehen. Diese Menschen haben nie danach gefragt, sie haben nichts unversucht gelassen, in meiner Nähe zu sein. Ich weiß, es wird hier und dort die Frage aufgeworfen: „Ja, wenn der Mann so viel weiß, warum hat er das nicht gewußt? Vielleicht weiß er nichts?" Ob und inwieweit ich etwas weiß, werden Sie nach und nach zu wissen bekommen. Aber dieses mußte sein, dieses Material hat zu diesem Aufbau gefehlt, um für Sie alle den Weg frei zu bekommen! Ich muß einzelne Menschen haben, die, wie Sie sonst immer zu sagen pflegen: „Er mußte den Buckel hinhalten." Er wußte ja gar nicht, weshalb ich ihn an meiner Seite geduldet habe. Er sollte, weil ich wußte, was er wollte. Einen Schaden zugefügt, einen direkten Schaden zugefügt, hat er

nicht. Die Zukunft wird es beweisen, daß ich mich bei diesen Menschen bedanken werde. Und zwar werden sie alle namentlich in einem Büchlein festgehalten, daß sie nicht mehr entrinnen können. Bisher war dies in der Zeitung festgehalten, aber die Zeitung wird weggeworfen, ein Büchelchen bleibt, und jeder sieht, wer sie sind.

(3) Menschen haben bisher nichts unversucht gelassen, mich daran zu hindern, zu helfen und zu heilen. Ich könnte sie Ihnen alle aufzählen! Ich weiß, wer sie sind, ich weiß sie auch namentlich – oh, ich weiß mehr. Wenn ich über die Zeit verfügte, könnte ich Ihnen alles sagen, was diese Menschen tun und lassen. Ich verfolge schon die Menschen, das sehen sie mir nur nicht an. Ich bin so klein, schlicht bin ich sowieso und kann auch ein dummes Gesicht machen. Ja, und da fallen die Menschen immer rein und merken doch nichts.

(4) Wenn man manchmal so ein blödes Gesicht macht, dann kriegt man viel heraus.

(5) Ich habe den einen wie den anderen laufend gewarnt. Ich lasse ihn ein gewisses Stück Weg gehen. Erst warne ich ihn, das sieht genauso aus wie im praktischen Leben: Ein Mensch will über einen zugefrorenen Teich gehen oder einen See. Und ich warne diesen Menschen, wenn er noch festen Boden unter den Füßen hat: „Vorsichtig, gehen Sie diesen Weg, in der Mitte ist das Eis sehr dünn, und Sie können einbrechen. Scheuen Sie nicht den Weg!" Tut er es, ist es gut; tut er es nicht, dann lebt er nur noch Minuten. Denn wenn er über diese Eisfläche geht und einbricht, dann hat er gelebt, und dann ist sein Plan zerschlagen, dann ist nichts mehr von ihm zu sehen. Sein Ziel hat er dann nicht erreicht! Und so habe ich jeden gewarnt, über diese Eisfläche zu gehen, da droht Gefahr. Aber keiner hat sich dieses sagen lassen, weil ich tagein, tagaus, nachtein, nachtaus mich nur mit den Kranken beschäftigte. Und jeder glaubte, ich hätte

geschlafen, ich hätte nichts von ihrem Tun gewußt. Ja, ich habe sie gehen lassen müssen, um den Beweis zu stellen, daß es tatsächlich nur satanische Menschen waren. Und ich ermahne jeden, auch ehrlich zu bleiben. Wer das tut, der wird leben!

Geschäftemacher um Gröning

(1) Auch hier hat man nichts unversucht gelassen, mit meinem Tun und Wirken die schönsten und besten Geschäfte zu machen. Und diese Menschen, die ich beiseite gestoßen habe, haben auch geheuchelt, sie haben auch gesagt: „Ich will hier mitarbeiten, ich will helfen, das ist etwas Gutes, etwas Schönes, hier mitarbeiten zu dürfen." Ich habe ihnen nur mit ganz leisen Worten zu wissen gegeben: „Lassen Sie sich nicht verführen, das Geld ist verlockend, das ist das Schlechte, das ist das Teuflische, das ist das Satanische!"
Aber wie schön gesprochen: „Ich will, ich freue mich, hier mitarbeiten zu dürfen, Menschen zu helfen, an Ihrer Seite zu stehen, um für den Menschen den Weg frei zu machen und ihm dort den Weg zeigen, wo das Gute, wo das Göttliche ist." Gesagt, nur nicht getan. Und jetzt zeigte sich das wahre Menschengesicht, als das Verlockende kam – das Geld.

(2) Menschen haben nichts unversucht gelassen, mit meinem Namen und meiner Person Geschäfte zu machen. (...) Ich gebe Ihnen aber zu wissen, daß sie dabei zu Fall kommen!

(3) Es waren Menschen am Werk, die hier auch nichts unversucht gelassen haben, sich dieses Geschehen hier zunutze zu machen, und sagten: „Aha, dieses kann noch eine Goldgrube werden, wir werden noch mal reich an Geld und Besitztum." Diese Menschen machten sich das zunutze. Und so wurde mein Tun und Wirken voll und ganz entstellt.

(4) Sie [die Geschäftemacher] haben nichts unversucht gelassen, dieses Gute, Göttliche zu nutzen, indem sie hierin eine Goldgrube gesehen und nichts unversucht gelassen haben, für dieses jetzt das Gold zu scheffeln. Und als ich diese Menschen abgeschoben habe, da wurden sie bösartig, da zeigten sie, wer

sie sind. Und alle diese Menschen, die heute und schon weiter zurück nur Schlechtes gesprochen und Schlechtes geschrieben haben, das sind diejenigen, die einstmals an meiner Seite standen, die ebenso gegaukelt haben und taten, als ob sie auch zu den Guten zählten. Sie haben nie danach gefragt, den Menschen die Hilfe und die Heilung zu geben, d.h., daß sie diesen armen Kranken den Weg frei machten, indem sie mir Heilsäle bzw. Heilstätten schafften, damit ich den Weg zu den Kranken frei hatte. Das war nicht ihr Wille, das war nicht ihr Weg. Der eigentliche Weg war der, daß sie in diese Goldgrube hineingingen, um Gold für sich in ihr Säckel zu schöpfen! Und somit kann ich sagen, daß der Satan am Werk ist, der sich in diese Menschenleiber verkrochen hat und auch nichts unversucht läßt, den Kampf aufzunehmen.

„Mein Kampf dem Bösen!"

(1) Mein Kampf dem Bösen, mein Leben ist Gott.

(2) Es gibt Menschen, die immer wieder dagegenarbeiten, die nichts unversucht lassen, mir das Leben schwerzumachen, obwohl ich ja kein Nutznießer dieser Sache sein will. Ich habe mich den Menschen verschrieben. Ich glaube nicht, daß ich es verdient habe, daß Menschen mir den Weg schwermachen. Kommen Sie an meine Seite, verfolgen Sie mein Leben, mein Treiben, dann werden Sie sagen: „Nein." (...) Sie brauchen Essen, brauchen Ihre Ruhe. Ich brauche keine Ruhe, kann Tag und Nacht arbeiten. Aber eines gebe ich Ihnen mit auf den Weg: Mich kann keiner verzerren und abbringen von diesem guten Weg!

(3) Soeben haben Sie gehört, was alles für schlechte Menschen am Werk sind, dieses gute, dieses große, göttliche Werk zu zerstören. Nichts läßt man unversucht. Aber wir brauchen uns gar nicht zu wundern, wenn wir uns die Frage wieder stellen: Wie war es, als unser Jesus auf der Erde war, was hat man da alles angestellt, wie hat man da nichts unversucht gelassen, Ihn zu vernichten? Ich gebe Ihnen zu wissen, daß ich heute schon genauso dastehe, daß Menschen es nicht scheuen, genau dasselbe zu tun, was man früher getan hat. Ich werde verfolgt auf Steg und Weg. Man hat versucht, mich irgendwie zu vergiften. Man hat versucht, mich zu verschleppen, d.h. gefangenzuhalten, damit ich vielleicht dort der Vernichtung entgegengehe. Nichts ist diesen Menschen schlecht genug, mich aus dem Wege zu räumen. Ich sage Ihnen hier offen, daß ich nichts fürchte. Der Herrgott ist bei mir! (...) Ich bin in der Lage, gegen jeden anzutreten. (...) Das Leben gehört nicht mir, sondern mein Leben gehört Ihnen allen, um Ihnen allen helfen zu können. Und daß ich gestört werde, das läßt mich kalt. Aber die Ant-

wort muß ich geben, komme, was da wolle. Für mein Leben fürchte ich nicht. Ich weiß, daß niemand in der Lage sein wird, mich auf diese Art und Weise, wie sie beabsichtigt haben, beiseite zu bringen. Das wird ihnen nicht glücken. Ich stehe nicht allein, der Herrgott ist bei mir, so wie ich mit Ihm immer gelebt habe und weiter zu leben gedenke. Das ist mein Schutz, den ich habe. Einen menschlichen Schutz brauche ich mehr oder weniger nicht.

(4) Ich werde da nicht einen Millimeter zurücktreten, Menschen zu helfen. Mein Weg geht weiter, komme, was da wolle! Der Herr sei bei mir!

(5) Ich werde mich durchzusetzen wissen, obwohl einzelne wenige Menschen am Werk sind, die mir schon nach dem Leben trachten. Ich fürchte den Tod nicht – von mir aus, wenn hier einer darunter ist, bitte, ich stehe hier. Ich brauche mich nicht zu fürchten. Ich sage nur: Wehe dem! Ich brauche auch keinen menschlichen Schutz, d. h. keinen persönlichen menschlichen Schutz. Ich gebe Ihnen zu wissen, daß mein Leben so besteht, daß ich tatsächlich unter dem reinen, göttlichen Schutz stehe, und wenn es sein soll, dann soll es sein. Aber noch ist es nicht soweit, und gegen alle diese wenigen Gegner werde ich den Kampf aufzunehmen wissen, sie werden genommen, wie sie kommen!

(6) Alle die schmutzigen Menschen haben nichts unversucht gelassen, mich in meiner Arbeit, mich in der Hilfe, die ich Ihnen vermitteln soll, zu stören. Vier Vergiftungen sind da, aber ich bin noch nicht tot, so weit ist es noch nicht gekommen. Nur, ich merke noch nichts davon, obwohl ich das meiste genommen habe. Aber machen Sie sich deswegen keine Sorgen, ich trinke es literweise.

(7) Daß ich bekämpft werden muß, ist mir klar. Ich kann alles gut verstehen, bin auch keinem Menschen böse darüber, daß er mich bekämpft.

(8) Wie es früher vor 2000 Jahren war, so hat sich bis heute noch nichts geändert. Wenn hier und dort mal ein Mensch aufgetaucht ist, der nicht nur Gutes zu tun gedachte, sondern dieses auch ausführte, so hat man nichts unversucht gelassen, diesen Menschen zu beseitigen. Bei mir sieht es nicht anders aus, daß Menschen nichts unversucht lassen, mich voll und ganz zu zerstören, damit mir die Möglichkeit nicht mehr gegeben ist, den Menschen zu helfen, wo hier tatsächlich Hilfe not tut.

(9) Man hat alles mögliche versucht, mich unschädlich zu machen, damit ich nicht mehr in der Lage bin, kranken Menschen zu helfen und sie zu heilen. (...) Das sind einzelne Menschen, die glaubten, daß ich ihnen das Butterbrot nehmen wollte. Ich nehme niemandem das Brot, ich will ihnen im Gegenteil noch etwas draufgeben. Denn Sie alle sollen leben, sogar gut leben. Es muß jeder dazu beitragen, daß jedem Menschen so bald wie möglich geholfen wird.

(10) Sie alle müssen wissen, daß der Teufel als solcher nichts unversucht läßt, sich in den Menschenleibern zu verstecken und sie zum Bösen zu führen. Des Teufels Spiel ist aus! Wenn er auch hier und dort etwas von sich merken läßt, so ist es weiter nicht schlimm. Ich weiß meinen Gegner zu bekämpfen.

(11) Solange ich hier auf dieser Erde lebe, habe ich nichts unversucht gelassen, den Kampf mit dem leibhaftigen Satan aufzunehmen.

(12) Daß es Menschen gibt, gegeben hat und auch weiterhin geben wird, die nichts unversucht lassen, mich zu bekämpfen, und zwar aus dem einfachen Grund – und es ist Ihnen wohl

auch bekannt –, weil ich eine Kampfansage gemacht habe gegen Geschäftemacher. (...) Und gerade, weil es nun mal in der Welt einen Menschen gibt, der uneigennützig arbeitet, nicht für sich, sondern um den Menschen zu helfen, wird er von diesen nicht verstanden werden. Man hat hier nichts unversucht gelassen, alles so auszuschlachten, um auf irgendeine Art und Weise Geld zu verdienen. Anfänglich mit meinem Namen und jetzt sogar mit meiner Person. Aber das bedrückt mich gar nicht, im Gegenteil, ich fühle mich immer stärker dadurch!

(13) Diese Schmutzfinken fühlten sich nur wohl, wenn sie lebten, wenn sie viel Geld verdienten, sie fragten nicht nach der Krankheit aller Menschen, nein, je kränker das Volk, desto besser lebten sie.

(14) So viel Schmutzigkeit: Pfui Teufel!

(15) Schweine fühlen sich nur im Schmutz wohl.

(16) Es haben mich ja Menschen zu sehr verzerrt, daß ich nicht mehr ruhig sein kann, um dort laufend zu arbeiten, wozu ich mich verpflichtet fühle, daß ich immer wieder verzerrt werde und immer wieder richtigbiegen muß, was andere krummgebogen haben. Aber ich besitze die Kraft, das, was diese Menschen verbogen haben, wieder geradezubiegen.

(17) Ich will nicht von meinem Kampf sprechen. Nein, es ist kein Kampf, es ist eine Selbstverständlichkeit, daß ich mich durchsetzen mußte, um Ihnen allen, die Sie schon jahrelang auf Heilung warteten, die Heilung von unserem Herrgott und durch unseren Herrgott zu übermitteln. Ich habe, kurz gesagt, keine ruhige Stunde gehabt, und ich verzichte auch für mein weiteres Leben darauf. Ich bin nun eben einmal dazu da und fühle mich verpflichtet, mein ganzes Leben für Ihre Gesundheit einzusetzen.

(18) Ich mache mir das Leben nicht schwer, ich selbst nicht, nur von menschlicher Seite ließ und läßt man nichts unversucht, mir den Weg schwerzumachen. Aber obwohl diese Menschen das getan haben, so werde ich mich zur gegebenen Zeit dafür bedanken, daß Menschen nichts unversucht gelassen haben, mir den Weg schwerzumachen. (...) Aber es ist nicht so leicht, sich durchzusetzen, und deshalb bin ich statt schwächer immer fester geworden. Ich bin nicht abgegangen, im Gegenteil.

(19) Ich werde mich nicht von dem abbringen lassen, was ich schaffen muß, schaffen will und auch schaffen werde!

(20) Wenn ich heute menschenhörig wäre und auch all das hören würde, wie Menschen mich selbst mit Schmutz und Dreck beworfen, und kein Verständnis für diese hätte, dann wäre ich unter dieser schmutzigen, schweren Last schon zusammengebrochen. Aber ich habe weder dafür ein Ohr noch ein Auge, noch habe ich dafür einen Mund, noch nehme ich den Gedanken auf, daß ich mich mit dem beschäftige, mit dem Menschen sich beschäftigt haben, was Menschen doch Böses von sich gegeben und wie sie mich mit all diesem Bösen überschüttet, überworfen haben – wenn ich mich mit dem abgeben würde, dann wäre ich über kurz oder lang auch dem Bösen verfallen, dem Bösen ausgeliefert und würde zu guter Letzt auch nur dem Bösen dienen.

(21) Spiele ich den Beleidigten? Fühlte ich mich denn geschwächt, wenn Tausende und Tausende von Artikeln durch die Zeitung flogen, daß man den Gröning als den übelsten Menschen hinstellte! Ich wollte sehen, nur einer würde derartiges erleben, daß man nur einen Artikel über ihn schreiben würde und veröffentlicht, dann würde er seelisch zusammenbrechen. Bin ich zusammengebrochen? Nein! Nie! Das ist dem Bösen nicht geglückt, denn ich weiß, daß es das Böse ist, das Böse kann mich nicht herabwürdigen, ich lasse mich von dem Bösen

nicht einfangen, ich lasse mich nicht verlocken und verleiten. Ich spiele auch nicht den Beleidigten, ich bin auch nicht der Gekränkte. Warum? Weil ich weiß, daß das nicht der Mensch ist, sondern daß das Böse hier am Werk ist, das in den Menschen eingedrungen, und daß das Böse ihn hier zu bösen Taten verleitet und zu bösen Taten zwingt.

(22) Ich bewahre auch weiterhin die himmlische Ruhe, die himmlische Geduld.

(23) Ich habe diesen Menschen, die vom Teufel besessen sind, immer richtig zu antworten gewußt.

(24) Alle Gangster laufen sich fest.

(25) Meine Antwort an all meine Gegner, die mich hassen müssen: Was meine Gegner tun mußten, haben sie restlos getan und sind damit am Ende. Ebenso habe ich getan, was ich tun mußte, dieses aber ist erst der Anfang.

Das Heilverbot

(1) Ich bin immer gehindert worden, indem ich immer wieder eins vor Augen sehe: Verbot, Verbot und nochmals Verbot! (...) Hier geht es nicht um das eigene Leben, sondern darum, den kranken Menschen zu helfen. Und davon gehe ich nicht ab, komme, was da wolle! Ich kann nicht vorübergehen, wenn ich Menschen sehe, die so krank daliegen und keine Hilfe haben können. (...) Wieviel Not und Elend ist in den Wohnungen verborgen! Die Krankenhäuser sind überfüllt. (...) In fast jeder Wohnung liegt ein kranker Mensch.

(2) Überall Menschen, die Hilfe, Heilung suchen am laufenden Band. Mir tut es bis in die Seele leid, wenn ich dann immer wieder das eine Wörtchen vor mir sehe: Verbot! Wie mir da zumute sein muß und gewesen ist, brauche ich wohl nicht zu erwähnen. Dies können nur meine engsten Mitarbeiter verstehen.

(3) Was mich immer wieder erschüttert, ist das, daß man nichts unversucht läßt, mir den Weg zu den Kranken zu versperren. Das sieht aber in einem Einzelfall so aus: Sie sehen einen Kranken, einen Ihrer Angehörigen liegen, voller Schmerzen, voller Leiden, und es wird Ihnen verboten, zu diesem hinzugehen, ihm zu helfen. Er liegt flach, er kann sich nicht mehr bewegen, er kann sich nicht helfen. Ich weiß nicht, ob Ihnen das Herz bluten würde, wenn Sie diesen Menschen mit diesem schweren Leiden liegen lassen müssen, daß Sie ihm keine Hilfe geben können. Ich weiß nicht, ob Sie das Herz haben, daß Sie das mit ansehen können. Ich kann es nicht!

(4) Daß Schwierigkeiten hier und dort auftreten, habe ich gewußt.

(5) Es ist mir nicht unbekannt, daß Menschen, die Schlechtes tun und schlecht denken, schlecht sprechen und das Schlechte in die Tat umsetzen, eine Strafe erhalten müssen, weil sie ihre Mitmenschen ins Verderben zu stürzen versuchen. Da leuchtet es mir ein, daß man diese Menschen, die nicht anders können, als Schlechtes zu tun, festhält, daß man sie aus den Reihen aller Menschen herauszieht und sie sicherstellt. Aber eines kann ich nicht verstehen, daß, wenn ein Mensch nur Gutes nicht nur zu tun gedenkt, sondern bereits getan hat und das sein ganzes Leben weiter tun wird, man ihm derartiges verbietet. Wie unklug es doch ist, daß man, ohne überzeugt zu sein, einfach verbietet, kranke Menschen zu heilen.

(6) Tut man Böses, ist es nicht gut, tut man Gutes, ist es auch nicht gut. Was soll ich jetzt tun?

(7) Wenn ein Mensch etwas Schlechtes tut, wird er bestraft. Und zwar das menschliche Gesetz, das von Menschen geschaffen, verbietet es den Menschen, etwas Schlechtes zu tun. Ich sage nach wie vor: Wenn einer etwas Böses tut, geschieht die Strafe schon zu Recht, soweit sie richtig geklärt wird. Ich kann aber nicht verstehen, daß, wenn es Menschen gibt, und hier ein kleines Menschenkindchen – ist gar nicht so groß, Sie sagen immer der „große" Gröning, ich bin nur 1,68 m groß –, aber daß dieser Mensch nur Gutes getan hat und auch weiterhin Gutes zu tun gedenkt, daß ihm das verboten wird, kann ich nicht verstehen. Ich weiß, woher das kommt, ich sehe ja so weit, so tief.

(8) Ich wüßte nicht, daß Menschen ein Recht haben, mir derartiges zu verbieten. Mir ist bekannt, wie auch Ihnen allen, daß, wenn ein Mensch etwas Böses tut, er eine Strafe erhält. (...) Hier bei mir hat man nichts unversucht gelassen, trotz all dem Guten, das ich bisher an Menschen getan – nicht, daß ich mich loben will –, (...) mich zum Sturz zu bringen. Und diese Men-

schen, die dieses gewagt, noch wagen und weiterhin wagen werden – ich sage es heute nach wie vor –, das sind die schlechten, die satanischen Menschen, die derartiges nie dulden würden. Ehrlich gesagt, ich weiß nicht mehr, wofür der Mensch von einem Menschen bestraft werden kann. (...) Wer Schlechtes tut, wird bestraft, wer Gutes tut, ebenfalls!

(9) Soll es strafbar sein, wenn ich den Leuten den Weg zeige, wie sie wieder gesund werden und den richtigen Weg dazu finden? Tausende, die angeblich unheilbar krank sind, könnten gesunden, wenn sie davon wüßten (...). Ich füge doch mit meiner Tätigkeit niemandem Schaden zu, im Gegenteil sogar, ich helfe doch überall, wo die Hilfe entsagt wurde!

(10) Es gibt kein Gesetz, das mir mein Wirken, Menschen zu helfen, verbieten kann. Deshalb können keinem, auch nur einem einzigen Menschen, Rechte eingeräumt werden, die nicht vorhanden sind. In meinem Fall suchte man deshalb einen Grund und glaubte auch, diesen gefunden zu haben: Vergehen gegen das Heilpraktikergesetz. Ich habe weder das Geringste mit Heilmethoden der Heilpraktiker noch mit der Schulmedizin zu tun. Meine Heilmethode ist für die Wissenschaft noch ein unerforschtes Gebiet geblieben. Ich habe das beste Verständnis für die Wissenschaft, die bereits Tausende von Jahren besteht, wobei schon unzählige Millionen Menschen beschäftigt waren und es auch noch sind. Daß der Weg der Wissenschaft nicht 100%ig richtig war, beweist alleine einmal die Zahl der Wissenschaftler, die das Gefühl verdrängten und dafür den Verstand sprechen ließen. Mit dem Verstand kann ich bestimmt nicht verstanden werden.

(11) Es geht niemals an, daß das heutige Gesetz sein Verbot dahingehend ausspricht, daß, wenn Menschen geholfen werden kann, dieses unmöglich gemacht wird, weil der Helfer nicht eine amtliche Bestätigung dafür aufweisen kann, noch, daß man

ihm diese jemals aushändigen wird. Es ist unverständlich und beschämend, daß durch die mir auferlegte Strafe und die Verbote durch die Gesetze nicht alleine der Helfer – also ich selbst – getroffen wird, sondern daß denen in der Not nicht weitergeholfen werden darf, die nirgendwo anders Hilfe finden können, weil das Gesetz es verbietet. Es bedarf einer Klärung dieser ganzen Angelegenheit deshalb, weil die bereits vollzogenen Heilungen niemals auf dem Gebiete der Medizin oder der Heilpraktik liegen, nicht liegen können, denn es sind hier Menschen, die bereits vor Jahrzehnten von Ärzten oder Heilpraktikern aufgegeben worden waren, geheilt worden, geheilt worden deshalb, weil sie durch meine Glaubensvorträge zum Empfang der Kraft des Lebens und somit wieder zu ihrer Gesundheit geführt worden sind.

Hierzu möchte ich einen Ausspruch Bismarcks einflechten: „Wem Gott die Kraft gegeben, Menschen zu heilen, dem darf sie die Polizei nicht nehmen."

(12) Ich unterscheide mich von den Heilpraktikern sehr stark, weil ich keine Krankheit zu behandeln gedenke. Dieses überlasse ich denen, die das Recht behördlicherseits erhalten haben. Außerdem verordne ich keine Arzneien. Ich lehne es ab, Krankengeschichten zu erfahren. Ich gebe jedem Hilfesuchenden den guten Rat, so er eine Behandlung seiner Krankheit erwartet, sich an einen Arzt zu wenden. Kurz gesagt, ich tue nur das, was auch jeder tun muß: helfen und nochmals helfen! Meine Hilfe liegt aber auf einer anderen Grundlage.

(13) Ich darf und werde gegen dieses menschliche Gesetz Ihretwegen nicht verstoßen. (...) Ich habe tatsächlich gegen das menschliche Gesetz noch nicht verstoßen. Wie weit ich zu gehen habe, weiß ich.

(14) Die Behörde weiß selbst nicht, auch die Justiz weiß es nicht, wieviel Blöße sie sich hier gegeben hat.

(15) I) Wer gibt wem das Recht, mir zu verbieten, kranke Menschen, die tatsächlich von ärztlicher Seite voll und ganz aufgegeben sind, zu heilen?

II) Unzählige Tausende Kranke (siehe Traberhof), Wohnungen und Krankenhäuser warten hoffnungsvoll auf Heilung. Wer übernimmt die Verantwortung?

III) Ich klage alle diejenigen an, im Namen aller Kranken, die es verbieten, Kranke zu heilen.

IV) Ein verbotswidriges Gesetz besteht zur Zeit nicht in Deutschland, ebenso nicht in anderen Ländern.

V) Ein Vater trägt für seine Familie die volle Verantwortung, er hat auch für das Wohl aller Familienmitglieder zu sorgen usw. (siehe Vater Staat).

VI) 1) Wer bildet den Staat? Die Menschen.
2) Wer ist verpflichtet, für das Wohl des Staates Sorge zu tragen? Die Staatsführung.
3) Sind wir für das Wohl der Staatsführung verantwortlich oder ist die Staatsführung für unser Wohl verantwortlich?

(16) Es geschieht doch, was geschehen soll, habe ich gesagt, als ich zum ersten Mal das schriftliche Verbot erhielt. Da habe ich das allen Heilungssuchenden zu wissen gegeben, daß ich das schriftliche Verbot erhalten habe. Ich habe folgendes gesagt: „Ein menschliches Gesetz gibt es nicht, das mir verbieten kann, Menschen zu helfen und Menschen zu heilen. Für mich kommt nur ein Gesetz in Frage, und das ist das wahre, göttliche. Und wenn man mich in eine Regentonne steckt und mit derselben vergräbt, so geschieht doch, was geschehen soll."

(17) Allen meinen Freunden versichere ich, daß ich weiterhin helfen werde, sooft man mich ruft und benötigt. Trotz aller großen Widerstände und Hindernisse werde ich Sie niemals (...) im Stich lassen.

„Ich bin und bleibe gotthörig"

(1) Trotz aller Widerstände wird es mir auch weiterhin Gebot sein, meinen Freunden und ihren noch leidenden Mitmenschen zu helfen.

(2) Ich bin nicht menschenhörig, sondern nur gotthörig. Ich kenne die weltlichen Gesetze und befolge nur die göttlichen.

(3) Ich unterstelle mich nicht einem menschlichen Gesetz, mein Gesetz bleibt das rein göttliche.

(4) Es gibt für mich ja kein menschliches Gesetz, das mir derartiges verbieten kann. Das habe ich auch schon in Herford gesagt: „Für mich gibt es nur ein Gesetz, und das ist das göttliche. Und das göttliche wird es mir nicht verbieten!"

(5) Der Mensch hat nur etwas mitbekommen von Menschen, (...) er wurde nicht mehr von Gott geführt, sondern nur noch von Menschen, und hat menschliche Befehle ausgeführt. Warum? Ich tue es nicht! Mit mir können Sie machen, was Sie wollen, ich gehe einem menschlichen Befehl nicht nach. Ich tue das, und ich glaube, vor aller Menschheit verantworten zu können, daß mein Tun und Wirken gut ist.

(6) Es kommen immer wieder Menschen, die nichts unversucht lassen, und sagen: „Herr Gröning, das müssen Sie so tun, jenes müssen Sie anders tun." Wenn ich mir dies alles anhören würde und wenn ich dieses alles befolgen würde, so könnte ich überhaupt nichts mehr. Richtig handle ich, wenn ich mich von einem Menschen nicht beeinflussen lasse, daß ich den Weg gehe, den ich zu gehen gedenke. Denn von einem Menschen sich lenken zu lassen, wäre verkehrt. Ich lasse mich auch lenken, lenken von der göttlichen Kraft.

(7) Ich bin überzeugt. Oder glauben Sie, daß Sie mich überzeugen können? Nein! Ich höre ja auf keinen Menschen. Ich habe wirklich nicht mal auf meine leiblichen Eltern gehört, wenn sie sagten, ich sollte dies, das und jenes tun. Wenn sie ungerecht gewesen, habe ich gesagt: „Nein, das tue ich nicht." Natürlich gab es Ohrfeigen! Macht nichts. Aber ich sträubte mich immer und auch heute noch und werde es auch immer tun. Ich tue nie das, was Menschen wollen, sie müssen mir das auch nicht sagen, erst recht nicht verlangen von mir. Nein, tue ich nicht! Denn ich bin ja gar nicht menschenhörig, bin nur gotthörig! Mehr nicht.

(8) Ich darf nicht so gleichgültig sein. Ich darf nicht auf Menschen hören. Ich muß gotthörig bleiben. Und das bleibe ich auch. Brauche ich Ihnen gar nicht zu versprechen. Ich bin Ihnen hierin keine Rechenschaft schuldig. Rechenschaft sind Sie sich selbst schuldig. Aber ich tue es einfach. Ich bin Ihnen ein kleines Vorbild! Denn wenn ich heute menschenhörig wäre und auch all das hören würde, wie Menschen mich selbst mit Schmutz und Dreck beworfen, und kein Verständnis für diese hätte, ja, meine lieben Freunde, dann wäre ich unter dieser schmutzigen, schweren Last schon zusammengebrochen.

Bruno Grönings Leidensweg

(1) Der Weg für Sie war versperrt mit Dornengestrüpp, den habe ich Ihnen frei gemacht. Gehen Sie jetzt!

(2) Es gibt der Menschen so viele, und es lohnt sich schon, daß man ihretwegen auch leidet.

(3) Ich bin für meine Güte verfolgt worden, man hat nichts unversucht gelassen, man wollte mich einsperren, obwohl ich nur Menschen geholfen, nur Gutes getan habe.

(4) Ich bin meinen Kreuzweg schon gegangen. Ich habe mich selbst aus der Gefangenschaft freischlagen müssen. Es läßt kein Mensch etwas unversucht! Der größte Teil, der zu mir gekommen ist und noch kommen wird, nicht nur Deutsche, auch Ausländer, viele, viele sind gekommen, aber alle wollten sie nur verdienen.

(5) Ich bin Schläge gewohnt.

(6) Ich habe hier nichts zum Lachen.

(7) Ich weiß, ich bin als der größte Verbrecher hingestellt – aber unser Jesus, mit dem hat man dasselbe getan, und den hat man noch ans Kreuz genagelt –, aber das macht nichts. Ich gebe mein Leben, damit die Menschheit leben kann, und will nichts unversucht lassen, das der Menschheit mit auf den Weg zu geben, daß sie leben kann. Ich fühle mich verpflichtet, den Menschen aufzuklären, und lasse nichts unversucht. Und wenn einer von euch sagen will, es gibt keinen Herrgott, so lasse ich mich dafür in Stücke reißen. Ich gehe von meinem Glauben nicht ab!

(8) Ich bin nicht belesen. Aber man hat mir einige Schriftstücke zugesandt. Ein kurzer Auszug aus dem Neuen Testament. Jesus hat ja auch gewußt, welches seine Jünger sind. Er wußte ganz genau, daß Er ans Kreuz genagelt wird, das wußte Er alles. Nur einzelne Seiner Jünger konnten Ihn nicht verstehen, daß Er sterben muß, daß Er hier bald erlöst sein wird, daß Er zu Seinem Vater geht – zu unserem Vater, hat Er gesagt. Aber Er hat es geduldet, Er mußte diesen letzten Weg gehen, damit die Menschen endlich zu Verstand kommen und damit tatsächlich den wahren, göttlichen Glauben in sich aufnehmen und danach leben. Und genauso ist auch mein Weg der Weg des Leidens! Ich leide nicht für mich, ich hätte es nicht nötig. (...) Ich habe vieles nicht nötig, und doch muß ich trotz meiner Güte und Hilfsbereitschaft leiden. Nicht, daß ich mich deswegen hervorheben will, sondern weil viele Menschen am Werk sind, die alles nicht verstehen.

(9) Ich habe die Überzeugung erhalten, daß ich in Freundeskreisen, ob im größeren oder im kleineren Rahmen, immer wieder, so ich auftauchte, mit neuem Schmutz und Dreck angegangen, beworfen, überschüttet wurde, so daß ich immer wieder weiter nichts zu tun hatte, als mich von diesem Dreck, der mir erneut entgegengebracht, erneut gesammelt, mit dem ich immer wieder erneut überschüttet wurde, frei zu machen. Und da ging die schönste und beste Zeit verloren, so daß doch ein Teil an, auch in meinem Körper haftete, daß auch ich in ein Leid verfiel und daß ich immer wieder alles mögliche daransetzte, um von diesem Übel frei zu werden, daß Menschen endlich einmal auch das Gute hören und dem Guten folgen. Es war schwer, es sind schwere Jahre. Ich habe keinen rosigen, sondern ich habe nur einen Weg zu gehen: einen dornigen Weg. Und dieser Weg ist derart verschüttet, derart versperrt, den muß ich frei machen, den mache ich frei, und wenn ich ihn frei gemacht, dann wird er immer wieder aufs neue versperrt.

(10) Ich muß das verantworten, was Freunde falsch getan haben. Ich muß dafür geradestehen wie ein Vater, wie ein Familienvater. Mich zieht man zur Verantwortung.

Warum hat man sie nicht vorher erkannt?

(1) Über Christus selbst hat man viel gesprochen. Man hat Ihm viel Böses angetan, Er hat alles geduldig getragen. Für wen? Weil Er feige war? Nein, für uns! Damit wir zur Erkenntnis kommen, damit wir Ihn erkennen können, wie groß und mächtig Gott doch ist und wie gerecht, und wie ungerecht die Menschen sind. Und von diesem Sündhaften sind die Menschen heute noch behaftet, sie sind noch nicht frei, sie tun es weiter. Es sind Menschen auch hier auf dieser Erde gewesen, die viel Wahres von sich gegeben, aber viele fanden keine Anerkennung zu Lebzeiten. Nach dem Tod! Bei Christus auch nach dem (...), was die Menschen Tod nennen, ja, da ist Er heilig, ist Er der Sohn Gottes, und die anderen, das sind die Heiligen. Aber erst nach dem Tod. Im Leben – nein – ist keiner heiliggesprochen, oder doch? Ein Mensch kann ja einen Menschen nicht heiligsprechen! Aber ich sage, da ist die Feigheit! Warum hat man ihn nicht vorher erkannt? Jetzt kann er den anderen nicht mehr schädigen und sagen, er sei ein Heiliger. „Er war ein Heiliger", sagt man auch, „er ist ein Heiliger", und man betet zu ihm. Aber er war doch hier – nicht nur Christus, viele Menschen auch noch nach Ihm, hier gibt es auch einige wenige. Da ist es gar nicht so, (...) solange er noch lebt, Sie sagen, solange er noch leibt und lebt – nichts –, hernach kommt man erst darauf – ja, dann kann er ja nicht mehr schädigen. Dann können wir es ja sagen, und dann nehmen wir diese seine Lehre an, und davon können wir leben.

Der Aufbau des göttlichen Werkes

(1) Das Wichtigste ist immer der Anfang, von einem kleinen Maßstab aus gesehen. (...) Ein Haus ist auch nicht aufgebaut mit einem einzigen Stein, da liegt ein Stein auf dem anderen. Und es kostet Arbeit, so einen Bau herstellen zu können. Und dazu müssen auch viele Hand anlegen, denn Eile tut manchmal not, so daß dieses geschieht und der Bau fertig wird. Ein altes Sprüchlein: „Viele Hände machen bald ein Ende", d. h., daß der Bau fertig wird. Und so ist es auch in diesem Falle, daß dieses göttliche Werk wieder im Entstehen ist, und zu diesem Bau gehören auch viele Hände, die daran schaffen sollen, daß es, wie es schon im Entstehen ist, auch fertiggestellt wird und werden kann. Aber das Material, das man dazu benötigt, ist das Material, das der eine und der andere Ihrerseits, sowie er die Heilung, das Gute empfangen hat, auch dazu beiträgt, indem er das schriftlich bestätigt. Und diese schriftliche Bestätigung ist der Baustein zu diesem großen, göttlichen Werk, nicht nur auf deutschem Boden, sondern auf der ganzen Erde.

(2) Alles wahrhaft Große auf Erden wächst aus etwas Geringem empor.

(3) Einen Anfang muß es haben, auf einem Boden muß es geschehen. Mein Wunsch war und ist es auch noch geblieben, daß dieses hier auf deutschem Boden geschehen soll, daß hier das Fundament gelegt werden soll für diesen großen, herrlichen Bau.

(4) Ich folge nur Einem, und das ist Gott. Und wenn Sie jetzt auch dem folgen, zu dem Sie gehören, dann gibt es das Gefolge. Und das ergibt den ganzen Freundeskreis.

(5) Die Unwahrheit darf hier nicht hineingetragen werden, erst recht nicht die Gehässigkeit, im Gegenteil, nichts Böses.

(6) Später kommt es soweit, daß sogar alle Nationen erfaßt werden. Darum geht es mir.

(7) Ich werde ein Tonbandarchiv aufstellen, das den höchsten Wert, den Wert aller Menschen wieder neu einigt, so daß auf diesen Tonbändern all das gesprochen ist, das auch späterhin noch in der Schrift festgehalten werden wird und festgehalten werden kann, daß ich den Kommenden hinterlasse, wie wir heute das Werk ins Leben rufen, wie wir heute den Menschen führen, wie wir heute den Menschen das Gute miteingeben, daß ich euch die gute Saat mitgebe und ihr schon ein Träger dieser sein könnt, um die Saat dem zu übergeben, in dem sie aufzugehen hat, der später dann dieses Werk führen wird. Und der wird wieder den weiteren Auftrag dafür erhalten, daß dieses Werk nicht in unrechte, nicht in die schlechten Hände gerät – wie das Werk Christi, das Er selbst Seinerzeit ins Leben gerufen hat –, nicht wieder in die Hände der Sünder, nicht wieder in die Hände des Bösen, nicht wieder in die Hände der Geschäftemacher fällt. Liebe Freunde, das darf dieses Mal nicht eintreten. Und ich sage, es wird auch nicht eintreten, wenn wir heute zu dem Ernst des großen Ganzen übergehen. Ich mache keine Sprüche, denn mir ist jedes Wort wie auch jede Tat, mir ist mein Hiersein das Allerheiligste.

(8) Ich arbeite so, daß ich nicht einmal meinem größten Todfeind das Schlechte, sondern immer nur das Beste wünsche. Ich sage nur eines: Hier ist eine Wand, du gehörst nicht in unsere Reihen, du darfst nicht in unserem Haus bleiben, geh dorthin, wo du hergekommen bist!

(9) Jeder von den engsten Freunden soll und wird auch das Wissen dafür erhalten, wozu ich einst dieses Werk ins Leben gerufen und vor allen Dingen, was das Wichtigste ist, wozu dieses mein Hiersein, das Erdenleben, bestimmt ist. Es geht hier um bestimmte Dinge, um das Bestimmte, d.h., was für den Menschen so von Gott bestimmt ist. Nicht um meine, nicht um eine Bestimmung, nicht um die Bestimmung eines Menschen, auch nicht um die eines Menschen, der irgendwo in einem Lande an der Spitze steht als regierendes Glied des Landes. Nein, hier geht es um den ganzen Weltraum, hier geht es um das Erdenleben und um den, der über uns hier zu bestimmen hat und schon bestimmt hat, und dieses Bestimmte müßte der Mensch wissen. Ich glaube, liebe Freunde, zum Teil wissen Sie, wer es ist. Das kann kein Mensch sein, sondern es kann nur der sein, der uns, der den Menschen, der diese Erde, der alles, alles geschaffen hat für uns, für Sie und für alle, die noch nach uns, nach dem Menschen der heutigen Zeit, kommen. Es geht um alle (...) Lebewesen, denn überall da, wo Leben ist, da ist Gott!

(10) Seid offen, habt ihr so weit glauben können, daß das so weit um sich greift und daß dieses Werk dazu ins Leben gerufen worden ist, alles, aber auch alle Lebewesen hier zu erfassen, um den Menschen von morgen das Leben zu geben, so wie es nicht der Wille des Menschen, sondern wie es der Wille Gottes ist? Aber ihr sollt heute Gott erkennen lernen, Gott erkennen können, damit ihr es den Nächsten von morgen sagen könnt.

(11) Der Weg vom Himmel zur Erde ist im Werden!

Die Mitarbeiter im göttlichen Werk

(1) Nur der kann tatsächlich mit hierin behilflich sein, der sich voll und ganz in den Dienst Gottes stellt, der auf Gott hört, nicht auf Menschen, und der dem Wort Gottes folgt und der wirklich das tut, was er zu tun hat.

(2) Wer hier mitarbeitet, muß sein Leben haben, muß es bestreiten können, ich selbst kann ihm nichts auszahlen.

(3) Einen festen Wohnsitz werde ich persönlich nicht haben. Meine engsten Mitarbeiter schon, die werden einen festen Sitz haben. Aber ich muß beweglich sein, ich muß unterwegs sein, ich will keinen Weg scheuen. Nichts ist mir zuviel.

(4) Den Mitarbeiterstab werde ich den Erfordernissen entsprechend erst dann erweitern, sowie ich die Eignung der einzelnen Personen genau überprüft habe. Eine endgültige Vollmacht, in meinem Namen sprechen zu können, erteile ich nur dem, der in der Lage ist, selbstlos und gewissenhaft mir zur Seite zu stehen.

(5) Es geht nicht an, und es wird auch nicht sein in aller Zukunft, daß es nur einen Menschen gibt, der da glaubt, sich einschleichen zu können, groß Versprechungen macht und nichts tut. Hier wird jedes Wort, das zum Werk notwendig ist, in die Tat umgesetzt.

(6) Viele Freunde sagten bisher immer: „Das ist zu schwer, der ist mir nicht angenehm, der redet mir zuviel, und der tut zuviel dieses, das und jenes, er hat mit diesem und jenem Umgang. Nein, mit dem wollen wir in unserem Freundeskreis nichts zu tun haben." Da, sage ich dir, bist du ein Faulpelz, da bist du ein Taugenichts, wenn du das nicht übernimmst und diesen Menschen so nach und nach, so du die himmlische, die

göttliche Ruhe in dir aufgenommen hast, doch zum Guten bewegst. Darin liegt ja die Hauptaufgabe, denn ihr wart ja alle nicht so rein, und die meisten waren überhaupt nicht rein, sie waren nur unrein. Und ich habe sie von dem Unreinen soweit befreit, daß sie heute rein sein können. Gott geb's, und Gott gibt's, daß der Mensch auch immer zur Reinheit stehen kann. Es fragt sich nur, ob der Mensch es will. Aber man muß ihn immer wieder angehen – und wie gesagt, ich wiederhole es noch einmal zum Schluß, daß es tatsächlich hier auf jeden einzelnen, vor allen Dingen auf den engsten Freund ankommt, daß er sich die Arbeit und die Mühe macht und dem Nächsten, diesem Armseligen, hilft, der da so verkrampft, bei dem sich die Seele bereits geschlossen hat.

(7) Da ist es unsere Pflicht, den Menschen aus den Klauen des Bösen herauszuziehen, damit er nicht noch ein größeres Unheil stiftet. Das Unheil wird in dem Menschen immer größer statt kleiner, es gibt immer mehr Not und Elend auf dieser Erde. Aber einer muß mal da sein, der muß mal zufassen. Und der eine können auch Sie sein, das muß nicht ich sein, aber Sie müssen erst Erfahrung sammeln, anders ist es nicht möglich. Sie müssen erst von allem überzeugt sein, Sie müssen wirklich an sich selbst lernen, Sie müssen wirklich zur Selbsterkenntnis kommen.

(8) Führen wir den gemeinsamen Kampf gegen das Böse, gehen wir gemeinsam den Weg, der alle Menschen wirklich zum Guten führt.

(9) Unser Freund [Gemeinschaftsleiter von Berlin] ist sehr bescheiden, wenn er sagt, daß es wenige sind, die er erfaßt hat. Es sind bis jetzt tausend Adressen, ja, und die tausend bringen wieder einige tausend. Wie vorsichtig unser Freund sein muß, vorsichtig dahingehend, indem er die Gemeinschaft (...) so aufbaut, daß er nicht dahingehend überfallen wird und hernach

nicht Herr seiner Aufgabe sein kann. Systematisch muß er sie aufbauen. Und es ist eine schwere Aufgabe. Ich weiß, daß es nicht soviel dieser Freunde gibt, die sich hierin berufen sehen und die hierin auch eine wirkliche Lebenserfüllung haben. Sie alle, liebe Freunde, haben mehr oder weniger mit sich selbst zu tun und werden nicht einmal fertig, und Sie könnten sich wirklich nicht um einen Freundeskreis kümmern, und das wird auch hier nicht erwartet. Es sind immer nur einige wenige, die wirklich dazu berufen sind. Wirklich nur einige wenige, die soviel Güte in sich aufnehmen, um für all ihre Nächsten, die ebenfalls zu uns gehören, soviel gute, gütige Kraft aufzunehmen, wie der Nächste sie wirklich nötig hat. Das ist eine der schönsten Aufgaben, eine schönere Aufgabe gibt es nicht! Aber wer fühlt sich dazu berufen? Sie könnten es noch nicht sein. Aber, liebe Freunde, nicht daß Sie jetzt sich deswegen schämen, oder daß ich Sie womöglich beschämend hinstelle, nein, das nicht, Sie können es nicht. Mein Wunsch führt nur dahin, daß Sie von sich aus wirklich alles dazu tun, daß Sie erst mal selbst in den Genuß des Guten kommen, daß Sie selbst erst mal soweit sind. Was danach wird, das stellen Sie selbst fest. Sammeln Sie erst Erfahrung. Das ist mir vorerst mal das Wichtigste! (...)

Unser Freund ist wirklich den Menschen ein Vorbild, indem er sagt: „Meine Zeit ist auch deine Zeit." Es ist nur eine Zeit, wie es nur einen Gott gibt. Und wie jeder nur einen, seinen Körper hat. Und er weiß auch, daß wir diese Zeit nützen müssen, nur muß der Mensch sie zu nützen wissen. Die Zeit will genützt werden, darf nicht ungenützt bleiben. Nützen Sie die Zeit, dann ist es gut! Und auch das haben wir aus dem Munde unseres Freundes gehört, daß er nicht nur Kraft, nicht nur Energien hier aufnehmen will, nein, sondern die Worte aufnehmen will, die ich Ihnen hier zu sagen habe, um diese dann auch weitergeben zu können.

(10) In diesem Jahr wird es Freunden aus der russischen Zone wohl schwer möglich sein, hierherzukommen. Aber doch dürfen sie nicht vergessen werden. Und doch müssen wir sie in unserem Herzen tragen, und doch müssen wir ihnen das zukommen lassen, was sie für ihr weiteres Erdenleben benötigen, auch wenn sie von der bösen Seite angegangen werden, daß auch sie sich frei fühlen, daß sie sich nicht alleine fühlen und daß ihnen geholfen wird. Die helfende Hand reicht nach überall! Ich betone noch einmal, daß Gott hier keine Grenzen gesetzt sind. Es gibt hier keine Grenzen, es gibt hier keine Zonen. Es gibt auch keine Sektoren. Und Nationen spielen hier auch keine Rolle. Nun, wenn der Mensch aber so weit angelangt ist, daß er selbst Wahres erfahren, so kann er das Wahre wiedergeben.

(11) Auch Sie können die göttliche Kraft weitergeben, wenn Sie sich darauf einstellen; ich helfe dann mit!

(12) Allen wird Gott helfen, nur glauben müßt ihr, das ist die Bedingung. Ohne Glauben kein Leben, das habe ich oft gesagt. Ich habe noch viel, viel mehr zu sagen. Natürlich muß dann aber auch jeder folgen, vor allem dem, woran er glaubt. Und wenn ich etwas sage, woran er im Moment noch nicht glauben kann, dann ist das Vertrauen schon gebrochen, dann kommt schon das Mißtrauen. Da gibt es schon einen Abbau. Da hat es mit dem Aufbau schon nichts mehr zu tun. Da kann man schon diesem Werk nicht mehr dienen. Also, Freunde, wie vorsichtig man sein muß! Und ich will euch heute, ab heute, fest in mein Herz einschließen. Enttäuscht mich nicht! Tut das, woran ihr jetzt glaubt. Ich führe euch immer nur zu einem, zum Guten, nur zu Gott!

(13) Ich sorge mich nie um das, was Menschen als Sorgen angenommen, wie Menschen sich um mich und auch um das Werk gesorgt. Das alles braucht keiner. Er braucht sich nicht zu sorgen, sondern er braucht sich nur hier in die göttliche Füh-

rung zu begeben. Da wird er das auch nicht als Sorge, sondern als Pflicht empfinden, und er wird irgendein ganz anderes, ein viel schöneres, ein besseres Gefühl in sich tragen, daß er selbst von sich sagt: „Ich kenne mich nicht wieder."

(14) Warum kommt ihr zu mir, d. h., warum steht ihr zu mir, und warum schafft ihr für das Werk? Warum seid ihr überhaupt hier? Fühlt ihr euch angezogen, oder ist es nur Neugierde, oder versetzt ihr euch nur in den Glauben, oder ist es etwas in euch, was ihr noch nicht erkannt habt, was euch dazu bewegt, daß ihr einfach hier sein müßt und gerne hier seid und auch gerne hört auf das, was ich sage? Wenn ja, da kommt noch eines dazu, daß ihr das Gehörte aber auch befolgt. Fragt euch selbst nicht: „Warum, wieso ist es möglich?" Es hat manch ein Mensch gesagt: „Ja, warum habe ich es verdient? Ich bin doch ein sündhafter Mensch, ich habe doch im Leben nie Gutes getan!" Sag ich: Ja, lieber Freund, jetzt sprechen Sie die Wahrheit. Sie sind zur Wahrheit übergegangen. In der Lüge groß geworden, zur Wahrheit übergegangen, Sie sind zur Selbsterkenntnis gekommen. Soeben sagen Sie, Sie sind es nicht wert, daß Sie derartiges zu sehen, zu hören bekommen und daß Sie sich von vielen Dingen überzeugen dürfen, wie Sie auch überzeugt worden sind, wovon Menschen auch nicht das Geringste mehr gewußt haben. Und da staunt der Mensch, aber gerade dieser eine Punkt, dieser eine Moment ist es ja, wo er ehrlich geworden ist, wo er zugibt. Man spricht doch so oft, wie Menschen es so oft von sich sagen: „Den Schweinehund, den du in dir hast, dem mußt du erst den freien Lauf lassen. Den darfst du nicht in dir tragen, den muß du ablegen, mit dem darfst du nichts Gemeines mehr haben, sonst mußt du Gemeines mit ihm tun." Den Schweinehund – was Menschen unter diesem Wort verstehen – brauche ich nicht mehr groß zu betonen und herauszustellen. Aber es geht um so vieles, vieles, vieles mehr, was wirklich viele noch nicht gewußt haben.

(15) Die Augen und Ohren, die um uns liegen, die sind hellwach, und die warten nur auf einzelne wenige Worte und reimen sich dann ihr eigenes.

(16) Und doch will ich engsten Freunden etwas mehr mit auf den Weg geben, und doch will ich ihnen etwas mehr sagen, und doch will ich sie in vieles mehr einweihen, wenn sie wirklich dem Guten folgen, über den einweihen, zu dem sie gehören. Aber das muß sich erst jeder selbst verdienen, und der Mensch muß es wert sein, daß ich es ihm sage. Sonst gehöre ich auch zu denen, die die wertvollsten Perlen so einfach vor die Säue werfen. Und das ist das, was ich nicht will, was ich nicht möchte und was ich auch nicht darf. Und deswegen werde ich weiterhin hierin schweigen.

(17) Ihr sollt heute Gott erkennen lernen, Gott erkennen können, damit ihr es den Nächsten von morgen sagen könnt.

(18) Wer sich die Arbeit und Mühe macht, hier in meinem engeren Kreis, der wird leben, der wird auch gut leben. Und der wird auch mit Bestimmtheit den Lohn vieler gesund gewordener Menschen erhalten, so daß sie sagen: „Das sind unsere Wegbereiter, die haben uns den Weg frei gemacht, die haben es gewagt, die haben auch Tag und Nacht gearbeitet, obwohl sie dafür nicht belohnt werden konnten. Sie haben auch ihr Leben dafür eingesetzt und keine Arbeit noch Mühe gescheut, für Sie den Weg tatsächlich frei zu machen, daß ich zu Ihnen kommen kann oder umgekehrt."

(19) So Sie wirklich im Dienste Gottes stehen – Gott gibt Ihnen einen, Seinen Lohn. Und der ist nicht klein, der ist groß. Und so ist es auch schon vielen Menschen ergangen, die im Leben viel Böses getan, deshalb, weil sie vom Bösen behaftet waren. Und wenn sie einmal im Leben Gutes getan, dafür erhielten sie ihren Lohn. Und jetzt an diesem Punkt angelangt,

könnte ich Ihnen viele Freunde aufzählen, d. h., die zu unseren Freunden heute zählen, diese früher vom Bösen Behafteten, die Böses taten und zu all dem nur einmal Gutes an einem ihrer Nächsten – und schon wurden sie von dem Bösen befreit. Schon ging das Übel von ihnen ab, schon kam das Gute, das sie bejahten, zu dem sie heute noch stehen und durch das sie vielen, vielen Menschen auch zu ihrem Glück, zu ihrem Heil, zu diesem Reichtum verhelfen, den sich doch jeder selbst erarbeitet. So ist es richtig.

(20) Werden auch Sie ein wirklich wahrer, ein guter, ein ehrlicher, ein liebvoller, ein liebwerter Freund dieses Freundeskreises!

(21) Wer schon seit Beginn das Leben hier richtig begonnen hat und wirklich in der göttlichen Führung geblieben ist und jetzt so gegenwärtig ist, ja, da ist eine ganz andere Zukunft, der erfüllt hier diese eine, seine Mission, seine Berufung, und dann darf er heimgehen! Er baut hier das auf, was die böse Seite zerstört hat, er steht hier nur im Dienste Gottes, und so er heimkommt, wird Gott ihm einen, Seinen Lohn geben! Wir können uns nicht erhöhen, das kann nur Gott, und Er sagt: „Hier, jetzt stehst du auf diesem Posten, jetzt tust du wieder dieses, das und jenes, das Leben geht weiter."

„Ich helfe weiter!"

(1) Alle Menschen müssen sterben, ich auch. Den Körper wird man in die Erde legen, aber ich werde nicht tot sein. Wer mich rufen wird, für den werde ich dasein, und ich helfe weiter. Aber dann wird jeder aus sich die Hilfe und Heilung erleben.

(2) Ich habe in Herford gesagt, daß in Zukunft jeder sein eigener Arzt sein kann, d.h., er wird so gesteuert vom Herrgott, daß er die Heilwelle automatisch empfängt, wenn er sich dem Herrgott beugt, wenn er weiß, daß es einen Herrgott gibt, wenn er das größte Bestreben hat, in diesem wahren, göttlichen Glauben zu leben, nicht nur in Worten, sondern in der Tat.

(3) In Zukunft ist fast jeder Mensch sein eigener Arzt.

(4) Ich kann Ihnen das von hier aus nur zurufen, daß ich selbst schon dabei bin, aber ganz dabei bin! Glauben Sie es nur, überzeugen Sie sich davon! Es ist nicht nur Gerede von mir!

(5) Ich bin's, dein Freund!

(6) Ich will dem Menschen mit Rat und Tat zur Seite stehen und ihm den guten Weg zeigen. Und so brauchen auch Sie mich nur zu rufen, und ich bin sofort da – bitte nicht die Vorstellung zu bekommen persönlich da, sondern im Geiste. Wenn Sie irgendwann mal Schmerzen haben, so rufen Sie mich, und es geschieht, was geschehen soll!

(7) Aufzuhalten ist es nicht. In der ganzen Welt soll sich die Heilung vollziehen.

Nicht jeder Wunsch wird erfüllt

(1) Wenn ich sage: „Hier, mein Herr, darf ich Sie für das weitere Leben führen?", beantworten Sie mir diese Frage mit „Ja". Dann sage ich: „Seien Sie mir bitte nicht böse, wenn Sie sich ein Ziel in den Kopf gesetzt haben und dieses Ziel nicht erreichen, daß Sie es deswegen nicht erreichen, weil Ihr Ziel die größte Gefahr für Sie sein kann." Dann können Sie sich aufs Motorrad, ins Auto oder in die Eisenbahn setzen oder setzen wollen, Sie werden das Ziel – was Sie sich als Ziel gesetzt haben – nie erreichen, da droht Gefahr. Das Motorrad ist nicht imstande, es fährt bis zu einer gewissen Grenze und bleibt stehen.

(2) Hilfe erhält der Mensch ebenfalls. Ich kann genauso jeden Menschen führen, daß er nicht in der Lage ist, irgendwo ins Unglück zu gehen noch ins Unglück geführt zu werden. Er wird verhindert, obwohl er vorerst schimpft, wenn er sein Ziel nicht erreicht, wie er sich das so gedacht. Er weiß auch nicht, wie das kommt. Und das tue ich hier an Menschen, die sagen: „Ich lege mein Leben in Ihre Hände, führen Sie mich bis zu meinem Ende!" Und ich führe diese Menschen tatsächlich nur auf den guten Weg, und da halte ich sie fest, so daß sie niemals auf den schlechten Weg kommen können. Hierzu sage ich Ihnen nur eines: Es ist Ihnen nicht unbekannt, was im vergangenen Jahr von dem Motorradfahrer, der sein Ziel nicht erreichen konnte, in der Zeitung stand. Er hatte mir vorher sein Leben in die Hand gegeben und mir das größte Vertrauen geschenkt, ihn weiter zu führen, so daß ich ihm sagte: „Schön, das werde ich tun, aber schimpfen Sie bitte nicht, wenn Sie mal Ihr Ziel nicht erreichen können, das hat dann seine Richtigkeit, denn dann tue ich es nur deshalb, damit Sie nicht Gefahr laufen."

Es hätte dann eben nicht ein, sondern noch mehr Menschenleben gekostet. Und so konnte er mit seinem Motorrad fahren, wie er wollte, er kam über eine bestimmte Grenze nicht hinaus, der Motor arbeitete nicht mehr. Zurück ist das Motorrad so gefahren, wie es noch nie gefahren ist, wo er sonst eine Viertelstunde zu dem Weg brauchte, hat er dies nun in sechs Minuten geschafft. Aber zu seinem eigentlichen festgesetzten Ziel ist er nicht gekommen. Er hat nichts unversucht gelassen, ist auch in der Werkstatt mit seinem Rad gewesen. Die haben es untersucht und haben gesagt, es taugt nichts mehr, der Motor ist hin. Die Tatsache aber hat ergeben, daß er nicht hin war. Auch mit Autos habe ich derartiges gemacht. Nicht anders ist es auch im Gehen, im Tun und Wirken überhaupt. Der Mensch wird geführt, gelenkt!

(3) Wundern Sie sich nicht, wenn Sie Ihr Ziel nicht erreichen! Ein Mensch muß eilen, er muß den Zug erreichen, im anderen Fall geht ihm das Geschäft weg. Er hat es eilig, geht zum Bahnhof. Auf diesem Wege geht er in eine Parkanlage und erlaubt sich, etwas abzubrechen. Ein Beamter dieses Parkes sieht es und sagt: „Bitte Ihre Personalien!" Der Mensch regt sich auf, und sie kommen in Zank und Streit. Er kommt mit zur Wache, wird um die Personalien befragt, und währenddessen fährt sein Züglein ab, ohne diesen Menschen. Er schreit und ist wütend, ja, und sein Geschäft ist ihm durch die Lappen gegangen. Aber eine Stunde oder zwei Stunden später, er hat alles durcheinandergebracht, gezankt, geschrien, eine oder zwei Stunden später erfährt er, daß dieser Zug verunglückt ist, und fast alle Insassen getötet. Jetzt geht er denselben Weg zurück und entschuldigt sich und bedankt sich noch.

(4) Ich gebe es nie so, wie ein Mensch es will, sondern ich gebe es so, wie ich es empfange, und nicht vom Menschen. Das kann und darf und muß ich auch betonen oder euch herausstellen: wie ich es von Gott selbst empfange! Ich kann da nichts ändern und ändere auch nichts.

(5) Es ist mir tatsächlich nichts unmöglich, und trotzdem bleibe ich für Sie alle nur der kleine Gröning. Nicht der Große, nicht der Erhabene, nicht der Eingebildete.

Er führt den Menschen nur zum Guten

(1) Die Hand habe ich euch bereits gereicht. Und nicht nur, daß ich euch an der Hand führe, sondern daß ich euch mit dem Herzen führe. Das ist nämlich das Wichtigste, daß der Mensch mit dem Herzen, mit der großen, mit der göttlichen Liebe geführt wird. Es gibt kein Spielen hierin, es gibt auch nicht viel Gerede, sondern es muß das geschafft werden, was zu schaffen ist. Und daher rufe ich jeden Menschen zur Besinnung, und ich reiche jedem diese eine, meine Hand, um ihn wirklich zu führen; und ich weiß, daß ich ihn nicht falsch führe, wie ihr ja schon zum Teil erkannt habt, daß ich euch nur zum Guten führe, nur zu Gott. Und jetzt braucht ihr nicht zu zweifeln, ihr braucht nicht verzagen, ihr braucht nicht klagen. Steht immer zur Wahrheit, aber erst bitte ich euch, liebe Freunde, überzeugt euch von diesem Wort „Wahrheit", was Wahrheit ist. Das ist das Wichtigste!

Zur Wahrheit stehen

(1) Wo die Wahrheit ist, da ist Gott.

(2) Die Wahrheit hat allein Bestand.

(3) Die Wahrheit, von der er sich selbst zu überzeugen hat, ist nicht nur um den Menschen, sondern auch in dem Menschen.

(4) Suchen Sie doch die Wahrheit, nehmen Sie die Wahrheit in sich auf, damit Sie auch Wahres sagen können!

(5) Wann können Sie die Wahrheit sagen? Wann wird dieses sein? Erst dann, wenn Sie die Wahrheit am eigenen Körper erfahren haben. (...) Und weil er [der Mensch] nicht stark genug ist, deswegen sage ich, er muß sich vom Bösen abwenden, er muß erst Kräfte sammeln, Kräfte in sich aufnehmen, er muß sich erst von dem überzeugen, was Gott ist und wer Gott ist und wie Gott ist und was Gott für ihn bestimmt hat. Davon soll er sich erst überzeugen, und er wird überzeugt, so er seinem Körper Beachtung schenkt, und er wird wieder voller Kräfte sein, er wird die Wahrheit am eigenen Körper erfahren. Und dann geht er und sagt: „Ja, was wollt ihr, ihr habt mich verlacht und verhöhnt, ihr habt nur zanken und streiten können, ihr habt mir nur böse Worte gesagt, gute Worte habe ich von euch nicht gehört. Ich muß euch die Wahrheit sagen, ich habe die Wahrheit erfahren: Ihr wißt, ich habe zehn, zwanzig Jahre alles mögliche versucht, um von dem Übel frei zu werden, ich konnte nicht frei werden. Heute muß ich euch die Wahrheit sagen deshalb, weil ich sie am eigenen Körper erfahren habe. Ihr braucht es nicht zu glauben, aber ihr werdet es glauben. Seht, mein Körper war einst abgewrackt, heute ist er stark, jetzt ist er kräftig, in dieser Minute, in dieser Sekunde ist es geschehen,

oder in jener Stunde oder an dem und dem Tag ist es gewesen, und seitdem fühle ich mich wohl, und ich bleibe auf diesem Weg. Und wenn ihr diesen Weg noch nicht einschlagen wollt, dann will ich vorerst mit euch nichts gemein haben. Ihr werdet auch zur Erkenntnis kommen, ihr werdet auch noch soweit kommen, daß das Böse euch erfaßt, dann werdet ihr Gott rufen, dann werdet ihr auch den Weg einschlagen, wie ich ihn eingeschlagen habe, denn mir habt ihr alle nicht helfen können, sondern ihr habt nur eines gut verstanden: mich soweit abzuwracken, und ich danke euch dafür, daß ihr mir soviel Böses gegeben, daß ich erkannt habe, daß das Böse mir nicht gutgetan, und daß ich hier zur Erkenntnis gekommen bin, daß ich jetzt weiß, daß ich für mich selbst, für meinen Körper zu sorgen habe. Jetzt habe ich die Kraft, jetzt weiß ich meinen Weg. Diesen gehe ich, und ihr werdet alle folgen! Und wenn ihr mir noch ein böses Wort sagt oder etwas Böses antut: Ich nehme das Böse nicht mehr auf, ich habe mit dem Bösen nichts mehr gemein! Aber gebt ruhig das Böse von euch, ich nehme es nicht ab. Macht euch frei, tut es so, wie ich es mache!" Belehrt ihn! Aber wer kann wen belehren, wenn er keine Erfahrung gesammelt hat? Wie will der Mensch da zurechtkommen?

(6) Immer zur Wahrheit stehen, wie der eine und der andere die Wahrheit, die er an sich selbst und auch an seinen Nächsten erfahren hat, von der er sich überzeugen durfte, weiterzugeben hat. Nicht, um Propaganda zu machen, sondern der Wahrheit zu dienen und dem Menschen das zu sagen, denn damit ist ihm geholfen, denn von da ab beginnt auch er zu glauben. (...) Erst muß er von diesem Wort „Wahrheit" überzeugt sein. Erst muß er Erfahrungen sammeln, um erfahrungsgemäß auch seine Nächsten belehren, d.h. bekehren zu können, um ihm dann auch damit zu helfen, ihn zu führen auf den Weg, auf den sie alle geführt werden sollen.

(7) Wenn Sie zu mir kommen, offenen Herzens müssen Sie sein, Sie dürfen mich nicht belügen. Tun Sie das, dann lasse ich von Ihnen ab und sage, er muß erst ein guter Mensch werden. Wenn ich einem Menschen mal eine Frage stelle und er sie mir lügnerisch beantwortet, sage ich: „Du kannst nicht anders, warten wir ab!" Dazu benütze ich die göttliche Kraft, dazu bin ich in der Lage, jedem Menschen genau ins Herz zu schauen, ob sein Tun und Wirken falsch oder echt ist.

(8) Ich ermahne jeden, auch ehrlich zu bleiben. Wer das tut, der wird leben.

(9) Seien Sie ehrlich! (...) Faule Ausreden, das sind schon Lügen. Und damit haben Sie sich selbst belogen, sich selbst betrogen.

(10) Das Böse ist so hinterlistig und weiß sich überall ein- und anzuschleichen, wie Sie es zum größten Teil auch schon gewohnt sind durch Ihre Unehrlichkeit. Sie konnten nicht mehr so ehrlich sein, Sie konnten nicht mehr die Wahrheit sagen; denn Sie fürchteten, wenn Sie einem die Wahrheit sagten, würden Sie vieles verlieren. Aber dabei haben Sie das Irdische festgehalten, das Materielle beibehalten und das Göttliche dafür eingebüßt – das ist alles.

(11) So Sie ehrlich sind, werden Sie selbst von sich sagen: „Ja, ich war nicht immer ehrlich, und ich habe vieles aus Feigheit angenommen, und ich habe aus Feigheit die Wahrheit verschwiegen, ich habe es nicht gewagt, meinen Nächsten die Wahrheit zu sagen, obwohl ich schon einige Erfahrung gesammelt hatte, aber ich war feige." Ja, das hat dieser Mensch sich nachher selbst zuzuschreiben. Jetzt werden Sie sagen: „Ja, jetzt erteilt der Gröning uns hier Rügen!" Nein, Freunde, ich sage

nur, wie der Mensch gelebt, wie die Macht dieser Gewohnheit ihn erfaßt hat und wo er nichts anderes mehr glauben konnte als das, was er von Menschen eingegeben erhielt.

(12) Und die Feigheit, die in Ihnen steckt! „Ich kann doch nicht da und dort hingehen und meinem Vorgesetzten das sagen! Der schmeißt mich sofort raus!" Warum? Ich habe es gesagt, vielen gesagt. Und dann habe ich hinterher gesagt: „So, und jetzt meine Papiere! Ich habe Ihnen die Wahrheit gesagt. Die anderen sind feige, die sagen es nicht, ich habe es gesagt. Meine Papiere, und ich gehe ab!" Dann haben diese Menschen immer gesagt: „Nein, warum?" Da haben sie erkannt und gesagt: „O wirklich, er hat die Wahrheit gesagt! Die Papiere gebe ich Ihnen nicht. Sie bleiben bei mir!" Freunde, wenn Sie sich auch so durchzusetzen wissen, dann wird Ihnen nichts Unrechtes geschehen! Aber wenn Sie fürchten, daß Ihr Brötchengeber Sie entlassen wird, dann kommt es auch so. Denn die Furcht ist da, das Böse ist da, und Sie werden entlassen. Und wenn der eine Brötchengeber Sie aufgibt, dann ist der Brotgeber da, der doch für uns alles ist – das ist Gott, der sorgt. Wenn Sie Ihm die Treue halten, wenn Sie Ihm nicht untreu werden, wenn Sie ehrlich bleiben, wenn Sie immer zur Wahrheit stehen und wenn Sie sich von weiterem überzeugen, was Gott für Sie ist – Gott verläßt Sie nie!

(13) Haben Sie es gewagt, Menschen die Wahrheit zu sagen? Wahrheit sagen kann nur der, der weiß, was Wahrheit ist. Und der wirklich zum Guten, der wirklich zu Gott steht, der sagt hier jetzt: „Kein Pardon, ich sage Ihnen das, was Wahrheit ist!" Und daher frage ich Sie, haben Sie es schon gewagt? Vielleicht haben Sie irgendwo gemurmelt, so um die Ecke, daß er das nicht hörte, die Wahrheit konnten Sie ihm nicht sagen, deshalb, weil Sie noch nicht wissen, was Wahrheit ist. Und da ist es Zeit, daß Sie sich überzeugen, daß Sie wissen, was Wahrheit ist, damit Sie Ihrem Nächsten auch sagen können, was Wahrheit

ist. Das müssen Sie erst selbst empfinden, in dieser müssen Sie erst selbst leben, da müssen Sie sich erst selbst überzeugen, und so Sie überzeugt sind und hier leben, hier, wo die Wahrheit ist – da ist Gott!

Ja, Freunde, soweit müssen Sie erst sein! Und deswegen nehme ich es Ihnen gar nicht für übel, daß Sie feige waren; daß Sie vor Ihrem Vorgesetzten oder einem Menschen, der so hochgestellt ist, diesem feinen Pinkus, daß Sie da Bücklinge vor seinem Kleid und vor seinem Geld machten, verstehe ich sehr gut.

(14) Man darf auch nicht scheuen, den Menschen, wenn er schlecht ist, wenn er etwas Sündhaftes tut oder zu tun gedenkt, davon abzuhalten oder ihm die Wahrheit ins Gesicht sagen.

(15) Der Mensch soll nicht feige sein, er braucht es nicht sein, Gott gibt ihm so viel Kraft, daß er nicht feige ist, daß er sich von allem überzeugen kann.

(16) Die Wahrheit steht über der Lüge.

(17) Das Gute bricht sich Bahn, das Gute wird doch siegen! Ja, die Wahrheit bricht durch. Und diese kann der Mensch nur an sich selbst erfahren.

„Seien Sie nicht leichtgläubig! Überzeugen Sie sich!"

(1) Seien Sie bitte, bitte nicht leichtgläubig! Auch heute sage ich wie immer: Sie brauchen das nicht zu glauben, was ich sage! Ich verlange es ja nicht. Eine Pflicht, die Sie haben: sich selbst von dem zu überzeugen! So Sie überzeugt sind von sich selbst, daß Sie sich auch an sich, d. h. an Ihrem Körper überzeugen, dies geschieht erst dann, wenn Sie ihm Beachtung schenken. Dann werden Sie Wahres erfahren, und dann werden Sie glauben. Dann sind Sie kein Leichtgläubiger, sondern ein Überzeugter.

(2) Da will ich Sie hinhaben, Freunde, daß Sie gotthörig werden, daß Sie von Ihrer Leichtgläubigkeit abkommen, daß Sie nicht jeden Hokuspokus glauben, und daß Sie nicht mehr in Versuchungen verfallen, denn dieses wird Ihnen immer zum Übel werden. Ich versuche ja auch nicht, ich ersuche Sie doch, daß Sie das Gute wieder annehmen. Ich rufe Sie zur Ordnung! Ich will, daß Sie ein gesundes, ein gutes Leben führen, so ein Leben führen, wie Gott es bestimmt hat, und daß Sie sich mit dem Unhold, mit dem Bösen nicht mehr abgeben, auch nicht abfinden mit ihm, ihn ja nicht mehr dulden, nein, ihn von sich weisen! Wenn Sie das alles tun, da sind Sie überzeugt, dann ist alles anders, viel schöner. Da beginnt erst das Leben, d. h., da beginnt erst Gott in dem Menschen zu wirken.

(3) Mir ist es ganz egal, wie der Mensch zu Gott findet – Hauptsache, er findet zu Gott.

(4) Wie notwendig es ist, daß man Ihnen immer wieder nur die Wahrheit sagt, nur das sagt, was Sie an Wahrheit auch selbst erfahren können. Nur müssen Sie dazu übergehen, sich davon zu überzeugen! Ich will nicht, daß auch nur ein einziger, der

meinem Freundeskreis heute schon angehört, immer noch zu den Leichtgläubigen zählt. Er soll nicht ein Leichtgläubiger sein! Er hat die Pflicht wie auch ich selbst, sich von allem zu überzeugen. Und dieses kann er am ehesten tun, wenn er von sich selbst überzeugt ist. Dann wird er auch von Gott überzeugt sein, zu dem er, der Mensch, gehört.

(5) Wer wirklich folgt, der wird überzeugt. Vorerst wird er überzeugt von dem, was er selbst ist, und er wird zu dieser Erkenntnis kommen, wozu Gott ihn geschaffen und ihm hier ein Erdenleben geschenkt hat. Er wird sich seines Hierseins, seines Erdenlebens bewußt sein, und er wird weiter dem folgen, dem letzten Endes alle zu folgen haben, zu guter Letzt doch auch alle folgen werden, soweit sie sich nicht ganz dem Bösen verschrieben, soweit sie nicht ganz dem Bösen verfallen sind, soweit sie nicht ganz fest in den Klauen des Bösen leben, soweit sie nicht schon zum Diener des Satans geworden sind. Aber alle, die zwischen Gut und Böse leben, die haben noch die Chance; diese Chance sollten sie nützen. (...)

Im Leben steckt so viel. Jeder müßte diese vielen Lebenserfahrungen gemacht haben. Er müßte ein so großes Erkenntnisgut besitzen, daß er von sich aus sagen kann: „Ich habe diese und jene Erfahrung gesammelt, ich habe mich von diesem und jenem überzeugt. Ich bin überzeugt." Überzeugung beginnt immer an dem Menschen selbst, so er von sich erst überzeugt ist, dann ist er schon von Gott überzeugt.

(6) Ich beeinflusse keinen! Ich dränge niemandem etwas auf, ich stelle jedem Menschen alles frei und rate ihm immer wieder an, sich erst von allem zu überzeugen. Überzeugen, sage ich wieder einmal, ich kann es nicht oft genug sagen, wenn der Mensch von sich selbst überzeugt ist, überzeugen beginnt bei ihm selbst, das ist der Anfang.

(7) Ich bin nicht einer von denen, die leichtgläubig sind. Das will ich von Ihnen auch nicht haben. Sie sollen auch nicht das glauben, was ich Ihnen sage, aber ich überzeuge mich. Überzeugen Sie sich auch?

(8) Ich weiß, daß Sie im alltäglichen Leben stehen. Ich weiß, daß Sie in diesem Alltäglichen Gewohnheiten in sich aufgenommen haben. Ich weiß, daß Sie von Menschen, die eines älteren Jahrganges waren, verkehrt belehrt, deshalb, weil auch sie einer Macht, der Macht der Gewohnheit, verfallen sind: Menschen ohne Überzeugung, Menschen, die Ihnen wirklich nur ihre Meinung aufsuggeriert haben, ohne Überzeugung. Sie selbst sind bis zu diesem Tage, wo Sie hier im Freundeskreis Aufnahme gefunden haben, auch ohne Überzeugung gewesen. Auch Sie selbst haben alles mögliche angestellt, um hier Ihre Gewohnheit den engsten Freunden dieses Freundeskreises aufzusuggerieren. (...) Nichts wissen Sie von Gott, obwohl Sie sich in den Glauben versetzen, Sie seien ein gläubiger Mensch. Aber das Wort „Glauben" ist Ihnen auch geläufig geworden, (...) kommt auch von dieser Macht, von dieser Macht der Gewohnheit: „Ich glaube", ohne zu überprüfen, ob das der wirklich wahre Glaube ist, ob der Mensch wirklich an das glaubt, was er selbst in Wirklichkeit, in Wahrheit ist, ob der Mensch wirklich überzeugt ist von dem, was er ist und wozu Gott ihn bestimmt hat.

(9) Es soll jeder Mensch sich tatsächlich von dem überzeugen, was wirklich da ist, denn Sie können sich tatsächlich nicht auf einen anderen verlassen. Also, man soll sich nicht verlocken lassen, sondern man soll den geraden Weg gehen.

(10) Ihr sollt nicht nachschwatzen, ihr sollt nicht nachreden, was andere vorgeredet, ihr sollt nicht das schreiben, was andere euch vorgeschrieben haben, ihr sollt nie das tun, was andere Menschen, euch empfehlen, euch anraten, indem sie euch nur

ihre Meinung aufsuggerieren, und daß ihr nach all diesen Meinungen eben lebt und strebt und womöglich euch hernach zu guter Letzt, wie es auch zum Teil schon gewesen ist, in den Glauben versetzt, ihr müßt das alles so tun.

(11) Nicht verhandeln, nicht Ihre Meinung (...) zum Ausdruck bringen, sondern Ihre Überzeugung. Ich habe keine Meinung, sondern nur eine Überzeugung. Und so haben auch Sie eine Pflicht, sich selbst von dem zu überzeugen, erst was Sie sind, wer Sie sind, und daß Sie sich weiter von dem überzeugen, was Gott für Sie, für uns alle, für alle Lebewesen auf dieser Seiner Erde geschaffen hat. Das ist Ihre Pflicht!

(12) Jeder soll sein Augenmerk darauf lenken, sich nicht von Menschen, die um uns leben, beeinflussen zu lassen, die doch nur all das von sich geben, was sie in sich tragen, ob gesprochen oder geschrieben oder das, was sie tun, sondern daß jeder sich von dem zu überzeugen hat, über und von wem gerade die Rede ist, von dem gesprochen wird. Denn niemand kann einen seiner Nächsten verteidigen, wenn er ihn nicht kennt, wenn er ihn nicht durchschaut, wenn er von ihm nicht überzeugt ist, ob im positiven, genauso aber auch im negativen Sinne. (...) Entweder kann er ihn vertreten, oder er kann ihn zertreten. Zertreten dann, wenn er selbst zum Guten steht und denjenigen glaubt beurteilen zu können, um den es hier geht, ihn aber verurteilen muß aufgrund seiner Erfahrung, die er von und über ihn gemacht hat. Es kann auch umgekehrt sein, daß es einer von den engsten Freunden ist, der da glaubt, gut zu sein, und doch immer auf das Böse hört, dem Bösen leicht verfällt und dem folgt und nachredet, ohne sich von dem Guten noch von dem Bösen überzeugt zu haben.

Man könnte sie Mitläufer nennen (...), die das sehr leicht annehmen, die sich leicht in den Einfluß des anderen nicht nur versetzen, sondern hingeben, daß sie dem hernach ganz ausgeliefert sind und daß sie von dem nachher nicht freikommen.

Nein, jeder hat die Pflicht, wie auch ich selbst sie hier nur habe, mich von allem zu überzeugen. Und das ist das Wichtigste, (...) daß ihr euch immer, alles in allem, von dem überzeugt. Nicht fragen, nicht sagen, nicht klagen, sondern nur überzeugen. Nicht zertreten, sondern vertreten! Nicht verurteilen, sondern beurteilen! Wie gesagt, beurteilen kann ich nur dann – ob es ein Mensch ist oder wer es ist oder was es ist –, wenn ich den Menschen oder den Gegenstand, um den es geht, genauestens kenne. Dann kann ich ihn beurteilen. Wenn ich den Menschen nicht kenne oder den Gegenstand nicht kenne, ja, dann kann ich ihn sehr leicht, ob ich es will oder nicht, verurteilen aufgrund meiner Unkenntnis. Also, Kenntnisse muß der Mensch schon haben. Und hier liegt ja der wichtigste Kernpunkt überhaupt, daß man die Pflicht hat, sich von seinem Nächsten so zu überzeugen, damit man ihn durch all das, was er nicht nur an sich selbst getan, sondern an seinen Nächsten(...) leicht erkennen kann.

(13) Das Wichtigste ist, schweigen zu lernen, wer es noch nicht kann. In sich soviel aufspeichern, ansammeln lassen von Überzeugungen, daß er wirklich überzeugt ist, dann weiß auch er, daß Gott ihm soweit geholfen hat. Ich führe ihn nur, ich halte nur die Verbindung zu Gott, und er wird soviel von Gott empfangen. Und daß er sich wirklich von all dem überzeugen kann, was Gott ihm schon gegeben. Und daß er dann frei und offen zu jedem Menschen, zu der ganzen Menschheit danach sprechen kann, von dem er sich selbst überzeugt hat.

(14) Und das, was ich bin, wozu ich hier bestimmt bin, das will ich den engsten Freunden mit auf den Weg geben, damit sie es übernehmen und all den weiteren Nachkömmlingen, all den weiteren Menschen, die noch auf dieser Erde auch ein Leben von Gott geschenkt erhalten, daß auch sie von dieser Lehre nicht was, sondern das erfahren, was für sie hier in diesem ihrem Erdenleben von Gott bestimmt ist. Aber solange das

nicht richtig aufgenommen wird, solange der Mensch nicht das Richtige, die Reinheit, die Gottheit erfaßt hat, solange wird dieses nicht möglich sein. Und daher soll er es von Grund auf nicht erlernen, sondern richtig erfahren. Er soll die Erfahrungen selbst sammeln, er hat die Pflicht, sich selbst zu überzeugen.

(15) Lassen Sie sich (...) in Ihrer Treue und von Ihrem aufrichtigen Suchen nach dem göttlichen Weg der Erkenntnis nicht abbringen. Nur wenn wir so alle gemeinsam in der Achtung von Mensch zu Mensch diesen göttlichen Weg fest zusammengeschlossen gehen, können wir das große Ziel der inneren und äußeren Befreiung von dem Übel erreichen. Nur dann können wir Herr über die An- und Übergriffe des Bösen werden. Denn nur wer auf Gott vertraut, der hat auf keinen Sand gebaut!

Nachwort

„Um noch eines zu erwähnen, was die Wissenschaft gerade jetzt beschäftigt, erinnere ich an die Artikel in der Zeitschrift ‚Kristall' des Amerikaners Norman Vincent Peale unter dem Titel ‚Lebensweisheit; Du kannst gesund werden'. Er schrieb das erfolgreichste Buch nach dem Kriege. 13 Millionen Menschen sollen es gelesen haben und es soll seit mehr als drei Jahren zu den Bestsellern Amerikas gehören. Nachfolgend möchte ich nur einige Überschriften aus dieser Artikelserie erwähnen:
‚Langweile Dich nie. Erkenne Deine Schuld. Habe nie Angst. Handle aus Überzeugung. Ruhe Dich aus. Du mußt glauben. Suche innere Harmonie. Überwinde alle Schwierigkeiten. Glaube an den Erfolg. Besinne Dich auf Dich selber. Denke gute Gedanken. Meditiere in der Stille. Glaube an den Menschen. Sende positive Gedanken aus. Sei dankbar und zuversichtlich. Wähle das Glück. Bleibe jung. Glaube an Dein Glück. Sei gut gelaunt. Es ist schön zu leben. Sei liebenswürdig. Nicht weinen. Denke an andere. Sei glücklich. Du mußt glauben. Geistige Kraft. Suche inneren Frieden. Lausche der Natur. Finde Stille. Rudere langsam. Besiege Dich selber. Erkenne Deine Schwächen. Was Du tust, tue ganz. Sei großzügig und freundlich. Folge Deinem Herzen. Du wirst Dein Ziel erreichen. Der Erfolg ist da. Wirf Deine Sorgen fort. Glaube an das Gelingen. Räume Hindernisse fort. Gib nicht nach. Entfalte Deine Kraft. Schlafe ohne Probleme ein.'
Schlußsätze aus diesen Artikeln: ‚Jeder Tag ist ein guter Tag, wenn Du es willst. Über Glück oder Unglück entscheidest Du allein, denn Glück ist erreichbar. Der Weg dorthin steht jedem offen. Halte Dein Herz frei von Haß, Deinen Geist frei von Angst und Sorge, lebe Einfalt, erwarte wenig, gib viel, erfülle Dein Leben mit Liebe, verbreite Fröhlichkeit. Streite Dich nicht. Damit vergeudest Du unnütz Kraft. Richte all Dein Streben auf harmonische und fröhliche Aufgaben.

Setze Dir ein Ziel, und Du wirst es erreichen. Glaube an Deinen Erfolg, und er wird nicht ausbleiben. Habe Mut und Vertrauen. Ich habe in meinem Leben eine Menge Hindernisse aus dem Weg geräumt. Mit allem bin ich fertig geworden, da ich es wollte. Versuche, die Angst aus Deinem Leben zu verbannen. Sie macht Dich krank und unglücklich. Tritt ihr mit Mut und Zuversicht entgegen. Glaube daran, daß jeder Schmerz verschwinden kann. Verzweifle nie und verliere nie die Hoffnung. Vertraue auf Deine Kraft.'

Und so geht es weiter in dieser Artikelserie. (...) Ich will damit sagen, daß sich meine Lehre auf ähnlichen Grundsätzen aufbaut. Es ist doch schließlich einerlei, ob ich meine Lehre meinen Mitmenschen in Form von Vorträgen beibringe oder ob ich Bücher darüber schreibe, so wie es der Verfasser der vorstehend zitierten Schrift und viele andere bisher getan haben. Wenn das von Norman Vincent Peale verfaßte Buch in einer Auflage von 13 Millionen erschienen ist, so ist dies ein Beweis dafür, daß die Menschheit endlich wach wird und endlich anfängt, sich für solche Dinge zu interessieren. Ich könnte auch Bücher schreiben. Warum soll ich das? Wenn ich Gelegenheit habe, meine Lehre in Form von Vorträgen zu verbreiten, ist dies doch viel eindringlicher. Daß meine Lehre einen guten Sinn und Zweck hat, ist doch dadurch erwiesen, daß durch sie viele Menschen auf den rechten Weg gelangten. Dies kommt dem Staat doch zugute, und es wird ihm kein Schaden zugefügt, sondern nur Nutzen gebracht.

Diese meine Lehre ist eine ausgesprochene Lebensweisheit, nach der schon viele meiner Freunde leben und damit Erfolg hatten. Durch Annahme dieser Lehre kam in ihnen eine vollständige Umstellung zustande, die sogar in vielen Fällen zu gesundheitlichem Erfolg führte. Es ist durchaus nicht erforderlich, daß ich zu meinem Freundeskreis spreche, sondern in vielen Fällen hat es sich erwiesen, daß auch Freunde in der Lage sind, meine Lehre so weiterzuverbreiten, daß sogar auch hierdurch große Erfolge zu verzeichnen waren."

„Ich glaube mit Bestimmtheit sagen zu können, daß ich Ihnen in Worten so viel mit auf den Weg gegeben habe, daß Sie wissen, wie Sie sich zu verhalten haben, um Ihre Gesundheit zu erlangen."

„Jetzt liegt es an jedem Menschen selbst, wie er dieses zu schätzen weiß. Er kann es behalten, er kann es auch verwerfen. Das liegt am Menschen selbst, und das überlasse ich Ihnen auch."

„Ich habe Ihnen weiter nichts als nur das gesagt, was Wahrheit ist, aber erwarten Sie jetzt nicht von mir, daß ich noch weitergreife. Das Wissen führt so weit, ich müßte sagen, das ist endlos, es ist der ewige Kreislauf!"

„Wenn Sie das jetzt von mir Gesagte, d. h. das Gehörte in sich aufgenommen, nur einen Bruchteil von dem, einen ganz kleinen Bruchteil, und für sich selbst das tun, indem Sie sich auch von Ihrem Hiersein (...) auf dieser Erde, von Ihrem Körper überzeugen, dann werden Sie das Göttliche empfinden. Dann werden Sie auch Gott nähertreten können, dann werden Sie sich Ihm nähern."

„Ich wünsche Ihnen alles Liebe, Gute, das Göttliche, und nicht nur Ihnen alleine, sondern auch all denen, die zu Ihnen gehören, die Sie Ihre Nächsten nennen, und auch denen, für die Sie einen Herzenswunsch haben und für die Sie glauben, daß auch sie das Gute in ihrem Körper wieder zurückerlangen werden."

„Ich wünsche Ihnen die beste Gesundheit für Ihr weiteres Leben."

„Ich wünsche Ihnen Gottes reichen Segen! Liebet das Leben – Gott. Gott ist überall!"

Bruno Gröning

Alphabetische Inhaltsübersicht

Alle Leiden sind seelisch bedingt 61
Alle Menschen und Lebewesen sind göttlich 29
Angesprochene Gegenstände 138
Angesprochene Orte 141
Auch den Angehörigen wird Hilfe zuteil, ... 163
Bruno Gröning über die Kirche 255
Bruno Gröning und die Ärzteschaft 214
Bruno Gröning und seine Feinde 277
Bruno Grönings Leidensweg 300
Bruno Grönings Mission – Aufruf zur großen Umkehr 63
„Danken Sie nicht mir, danken Sie dem Herrgott!" 176
Das Ende des künstlichen Weges 228
Das Gute braucht Zeit 144
Das Heilverbot 292
Das Leben ist das Allerheiligste 28
„Denken Sie nicht an die Krankheit!" 114
Der Aufbau des göttlichen Werkes 304
Der Brückenbauer 70
Der freie Wille des Menschen 209
Der Körper ist ein göttliches Geschenk 127
Der künstliche Weg der Wissenschaft 225
Der Mensch ist nicht nur einmal auf dieser Erde 245
Der Mensch muß sich vom Bösen lösen 97
Der Mensch übt Selbstsuggestion aus 117

335

Der Sender 78
Der Transformator 76
Der Wegweiser 74
Die Bedeutung der Gemeinschaftsstunden 151
Die ersten Christen – Vorbilder für die Menschheit 254
Die Jagd nach materiellen Dingen 236
Die Gezeichneten 49
Die göttliche Ordnung 87
Die körperliche Haltung 137
Die Kraft des Wortes 123
Die Kraft ist an allen Orten zu empfangen 155
Die Lügenkampagnen der Presse 200
Die Macht der Gedanken 111
Die Mitarbeiter im göttlichen Werk 307
Die Notwendigkeit der Kraftaufnahme 130
Die richtige Einstellung zum Tod 243
Die Seele ist das rein Göttliche 33
Die Weisheiten der Bibel 258
Ein demütiges Werkzeug 178
Einmal im Leben Egoist sein 150
Entscheidung zwischen Gut und Böse 205
Er entlarvt seine Gegner 281
Er führt den Menschen nur zum Guten 318
Erbschleicherei ist eine Schande 241
Erfolgsberichte – die Bausteine des göttlichen Werkes 172
„Es gibt kein Unheilbar!" 67

Es ist nicht alles Gold, was glänzt 233
Es liegt am Menschen, die Heilung zu behalten 193
Es liegt am Menschen, gesund zu werden 93
Fehler sind erlaubt 96
„Geben Sie mir Ihre Krankheiten, Sorgen und Nöte!" 106
Gebot der Nächstenliebe 270
Geschäftemacher um Gröning 284
Gesunder Humor 232
Gott ist das Leben 23
Gott straft nicht 51
„Gottverbundenheit ist alles" 34
Heilversprechen werden nicht gegeben 92
Hochmut kommt vor dem Fall 40
Hypnose und Suggestion sind das Böse 120
„Ich bin hier und überall zugleich" 156
„Ich bin und bleibe gotthörig" 298
„Ich helfe weiter!" 314
„Ich lebe nicht für mich, ich lebe für die Menschheit!" 180
„Ich sehe, ich höre und fühle alles!" 165
„Ich verkaufe keine göttliche Kraft!" 183
Immer über dem Bösen stehen 108
Jeder Krieg ist satanisch 274
Jeder Versuch führt zum Übel 212
Jedes Wohnhaus ist ein Krankenhaus 62
Jesus Christus, der Erlöser 259
Laßt Taten sprechen! 256

337

Liebet eure Feinde! 276
„Mein Kampf dem Bösen!" 286
Mitleid schwächt 171
Naturheilkräuter, die wahre Medizin 223
Neid und Haß müssen aufhören 273
Nicht jeder Wunsch wird erfüllt 315
Nicht über Krankheiten sprechen 121
„Nicht verlangen, sondern erlangen!" 88
Niemand ist ohne Sünde 95
Niemals den Glauben aufgeben 68
Ohne Glauben kein Leben 246
Ohne Instinkt keine Führung 37
Regelung – Reinigungsvorgang im Menschen 157
Reich sein heißt gesund sein 191
Richtiges Verhalten nach Gemeinschaftsstunden 154
Satan, der Widersacher Gottes 41
Satanische Menschen 45
„Seien Sie nicht leichtgläubig! Überzeugen Sie sich!" 324
Selbsterkenntnis führt zur Gotterkenntnis 31
Sich Ruhe gönnen 142
Sorgen – die Krankheit aller Menschen 105
Spielregeln des Lebens 26
Spielsäle sind etwas Teuflisches 240
Unzufriedenheit als Anzeichen für Böses 110
Ursachen von Krankheiten 53
Von Medikamenten oder Operationen rät er nicht ab 221

Warum hat man sie nicht vorher erkannt? 303

„Weg mit Ratsch und Tratsch!" 124

Weihnachten, das Fest des Erlösers 263

Wer hat ein Recht auf Heilung? 82

Wer nicht hören will, muß fühlen 211

Wie Krankheiten zurückkommen 194

Wie Menschen die Heilung eines Nächsten stören können ... 169

Wunder gibt es nicht 91

Zur Wahrheit stehen 319

Zurück zur Natur 230

WEITERHIN IM GRETE HÄUSLER-VERLAG ERSCHIENEN:

Die Zehn Gebote Gottes in der Zeitenwende
Thomas Busse
ISBN 3-927 685-01-1

Erwache, o Menschheit!
Thomas Busse
ISBN 3-927 685-27-5

Wonach du streben solltest
Thomas Busse
ISBN 3-927 685-46-1

Erkenntnisse im Licht der Erlösung
Thomas Busse (Hrsg.)
ISBN 3-927 685-18-6

Die Wunderheilungen des Bruno Gröning
Thomas Busse (Hrsg.)
ISBN 3-927 685-41-0

Bruno Gröning – Lebensweisheiten 1
Thomas Busse (Hrsg.)
ISBN 3-980 1302-9-0

Bruno Gröning – Lebensweisheiten 2
Thomas Eich (Hrsg.)
ISBN 3-927 685-72-0

Hier ist die Wahrheit an und um Bruno Gröning
Grete Häusler
ISBN 3-980 1302-0-7

Einführungsschrift in die Lehre Bruno Grönings
Grete Häusler (Hrsg.)
ISBN 3-927 685-33-X

Das Wirken Bruno Grönings zu seinen Lebzeiten und heute
Thomas Eich
ISBN 3-927 685-43-7

Bruno Gröning – Revolution in der Medizin
Matthias Kamp
ISBN 3-927 685-20-8

Mein Weg über den Abgrund
Petra Kruse
ISBN 3-927 685-40-2

Reinheit
Christoph Pesch
ISBN 3-927 685-49-6

Der Wunderapostel
Original Filmmusik
komponiert von Burkhard Pesch
CD Best.-Nr. 312.2
MC Best.-Nr. 310.5